Umschlagfotos (von li. o. nach re. u.)
Jena, Haus Zuckerkandl, W. Gropius u. A. Meyer, 1927–29; Weimar-Buchenwald, Eingangsgebäude, Arch. unbek., 1937–45; Apolda, Feuerlöschgerätewerk, E. Eiermann, 1938; Ebersdorf, Schule, G. Hack u. H. Henselmann, 1953; Unterwellenborn, Kulturhaus der Maxhütte, H. Hopp u. J. Kaiser, 1955; Erfurt, Kindercafé, IGA, VEB Hochbauprojektierung Erfurt, 1953–65; Gera, Bebauung Breitscheidstraße, L. Bortenreuter (u.a.), 1972–76; Weimar, Schillermuseum, J. Seifert u. F. Michalski, 1984–88; Weimar, Musikgymnasium Schloss Belvedere, Th. van den Valentyn u. S. M. Oreyzi, 1996

Impressum

Architekturführer Thüringen
Vom Bauhaus bis zum Jahr 2000

Bauhaus-Universität Weimar, Universitätsverlag 2000
Fax: (+49) 03643/58 11 56

© beim Verlag und den Autoren

Druck
Druck- und Verlagshaus Erfurt seit 1848 GmbH

Layout
Nicola Siebert

Karten
Nicola Siebert, Beate Wahl

Umschlag
Nicola Siebert, Ulrich Wieler

Redaktion
Elke Dallmann, Carla Fehr. Heidemarie Schirmer

Sponsorship
Carla Fehr

ISBN: 3-86068-139-7

architekturführer thüringen
vom Bauhaus bis zum Jahr 2000

Inhalt

1. Einführung
8 Anstelle eines Vorwortes
12 Architektur in Thüringen zwischen 1919–2000

2. Objektteil
34 Übersichtskarte Thüringen
37 Zum Gebrauch

Westliches Thüringen
39 Stadt Eisenach
57 Wartburgkreis
73 Kreis Schmalkalden-Meiningen
95 Kreis Gotha

Thüringens Mitte
117 Stadt Erfurt
169 Stadt Weimar
199 Stadt Jena
221 Kreis Weimarer Land
229 Kreis Sömmerda

Nördliches Thüringen
237 Kyffhäuserkreis
245 Kreis Nordhausen
257 Eichsfeldkreis
269 Unstrut-Hainich-Kreis

Südliches Thüringen
281 Stadt Suhl
295 Ilmkreis
309 Kreis Hildburghausen
323 Kreis Sonneberg
333 Kreis Saalfeld-Rudolstadt

Östliches Thüringen
345 Stadt Gera
359 Saale-Holzland-Kreis
367 Saale-Orla-Kreis
383 Kreis Greiz
403 Kreis Altenburger Land

3. Anhang
422 Architektenregister
426 Ortsregister
427 Literatur, allgemein
429 Literatur, nach Landkreisen
434 Bildnachweis
    Autoren

1. Einführung

Anstelle eines Vorworts
Architektur in Thüringen zwischen
1919 und 2000

Anstelle eines Vorwortes

Anfänge
Vor drei Jahren fand ein zufälliges, aber folgenreiches Gespräch zwischen einigen wissenschaftlichen Mitarbeiterinnen und Mitarbeitern der Bauhaus-Universität statt. Sie beklagten sich im Kreis der Kollegen über das „architektonische Inseldasein" der Universität, die zwar internationale Kontakte rund um den Globus pflege, aber – wie schon dereinst das Bauhaus – offensichtlich wenig Einfluss auf das lokale und regionale Baugeschehen ausübe. Sie stellten auch selbstkritisch fest, dass sie große Teile der reizvollen Landstriche Thüringens nie besuchten, zumindest nicht, um dort „interessante, moderne Architektur" zu entdecken. Allenfalls Inseln, wie Jena mit den Bauten von Gropius und Neufert, vielleicht noch Henselmanns Universitätsturm. Ganz Verwegene schauten ab und an einmal in so exotische Orte wie das fast schon in Bayern liegende Probstzella, der Wahlheimat des Bauhäuslers Alfred Arndt. Dann kam der Architekturführer der Bezirke der DDR in die Diskussion, der aber lange nicht mehr lieferbar war und dessen Drucklegung zeitlich weit zurück lag. Einige kritisierten auch die ideologische Färbung dieser Führer, die kaum eine Wohnanlage in Plattenbauweise oder Produktionsanlage unter Angabe aller Wohnungskenndaten oder Produktionssteigerung ausließen, um zu beweisen, dass es im Lande immer weiter vorwärts gehe mit dem Aufbau des Sozialismus. Selbst die Liebhaber der Bezirksführer mussten zugegeben, dass man ganze fünf Architekturführer der Bezirke der DDR haben musste, um Thüringen in seinen Grenzen als „neues" Bundesland abzudecken. Andere vermissten wiederum Informationen über das Baugeschehen nach 1989. Nach vielen Klagen und ebenso vielen stimulierenden Getränken entstand die Idee, selbst einen Architekturführer zu „interessanter, moderner Architektur" in Thüringen zu beginnen, denn es stellte sich nach und nach heraus: Es ist viel zu entdecken! Nicht ahnend, an welches inhaltliche und methodische Problem sich die drei Gründer der Unternehmung in ihrer Euphorie gewagt hatten, begannen sie wenig später mit der Materialsammlung …

Absichten
Die Schwierigkeiten und Grenzen der Unternehmung wurden sofort sichtbar: Geringstes Hemmnis war noch, dass das Material zu dem zwar kleinen, aber doch sehr weitläufigen Bundesland ohne die Hilfe Dritter niemals zusammenzutragen war. Dieses Problem konnte durch Hinzugewinnung mehre-

rer begeisterungsfähiger und engagierter Autorinnen und Autoren und die wunderbare Unterstützung zahlreicher Institutionen behoben werden.
Genauso schwierig, wenn nicht komplizierter, war die zentrale Frage, welches Material aufgenommen werden solle, wie die zeitliche Grenze zu ziehen sei und wie die ermittelten Fakten zu interpretieren sind.
Die Antworten waren pragmatisch: Das Buch soll die wichtigsten Beispiele der Baukultur des Landes in seinen gegenwärtigen Grenzen zeigen, unabhängig von der Frage, ob sie nun biographisch oder formal mit dem Bauhaus und der „modernen Bewegung" in direkter Beziehung standen. Das Wort „modern" wurde ganz aus dem Titel verbannt. Denn: Was ist „modern"? Wann beginnt die „Moderne"? Je näher man sich mit deren Ursprüngen beschäftigt, desto weiter müsste zurückdatiert werden. Max Weber stellt in seiner Vorbemerkung zu den religionssoziologischen Aufsätzen zur Diskussion, warum gerade in Europa in den wirtschaftlichen, künstlerischen, wissenschaftlichen und wirtschaftlichen Bereichen eine Entwicklung einsetzt, die er als okzidentalen Rationalismus beschrieben hat. Die Entzauberung und Profanierung der vormodernen religiösen Welt durch autonome Künste und moderne Erfahrungswissenschaften, das Entstehen moderner Gesellschaftsstrukturen, die sich, wie Habermas in Bezug auf Weber schrieb, „...um die organisatorischen Kerne des kapitalistischen Betriebs und des bürokratischen Staatsapparates herum kristallisiert haben."[1] Anders ausgedrückt, sehen wir moderne Tendenzen in der Lebenswirklichkeit einer Gesellschaft im zwanzigsten Jahrhundert, die auf den wesentlichen, von Weber beschriebenen Faktoren beruhen: Kapitalbildung und Ressourcenmobilisierung, Entwicklung der Produktivkräfte, Steigerung der Arbeitsproduktivität, Entstehung politischer Zentralgewalten und Nationalstaaten, die Ausbreitung politischer Teilnahmerechte und urbaner Lebensformen. Dass diese Tendenzen nicht erst mit dem 20. Jahrhundert beginnen, ist selbstverständlich, sie schließen es aber weitgehend ein.
Wesentlich modern sind auch jene häufig als antimoderne Rückfälle beschriebenen Kapitel der großen deutschen totalitären Systeme des zwanzigsten Jahrhunderts, des NS-Regimes und der DDR, auch dann, wenn sie sich beispielsweise formal rückwärtsgewandt auf die großen stilgeschichtlichen Epochen beziehen, wie etwa in der NS-Architektur in Weimar oder bei den Bauten der „nationalen Tradition" in den fünfziger Jahren der DDR.

Dies kann deswegen behauptet werden, weil ihr Bezug zu Traditionen der Vergangenheit immer reflexiv und nicht „naturgegeben" war, während andere der von Weber genannten Faktoren bruchlos ideologisch integriert wurden, wie etwa die Idee der permanenten Steigerung der Produktivität der Wirtschaft.

Der große Mythos der modernen Architektur, ihre scheinbar unmittelbare Verknüpfung an gesellschaftlichen Fortschritt ist, dank zahlreicher Forschungsarbeiten, entzaubert, sie wird allenfalls durch das noch weniger erforschte Kapitel der unterschiedlichen Phasen der Moderne-Rezeption in der DDR um eine Facette bereichert.

Wir begannen also bei der Aufnahme von Gebäuden in den Architekturführer willkürlich mit dem historisch markanten Doppeldatum 1919, der Gründung der Weimarer Republik und der Gründung des Staatlichen Bauhauses, die beide durch einen geschichtlichen Zufall in der gleichen Thüringer Stadt ihren Ausgang nahmen. Trotzdem wollen wir in diesem datumstechnischen Willkürakt keinesfalls an dem populären Mythos der „Gründung" der Moderne in Weimar weiterstricken; *Theodor Fischer, Henry van de Velde* und andere wichtige Architekten in Thüringen vor 1919 bitten wir somit posthum um Nachsicht und hoffen, daß noch einmal die große Geschichte der Architektur Thüringens von den tatsächlichen Anfängen der Moderne, etwa beginnend mit dem klassizistischen Baumeister Clemens Wenzeslaus Coudray, geschrieben werde. Aber: Ein Architekturführer ist kein Geschichtswerk, höchstens ein möglichst knapper Katalog und als solcher leider im Umfang begrenzt.

Im Laufe der Ermittlungen in den Kreisen Thüringens stellte sich heraus, dass häufig die großen Städte des Landes in der Literatur bevorzugt wurden. Anstatt die ohnehin schon zahlreich und umfassend beschriebenen Bauten der großen Städte mehr als nötig in den Mittelpunkt zu rücken, war unser Bemühen deswegen, einen gewissen gerechten Ausgleich zwischen den architektonischen Brennpunkten Erfurt, Weimar, Jena und den unterschätzten anderen Kreisen herzustellen.

Viele der beschriebenen Bauten werden heute wenig geschätzt und fristen unbeachtet und vernachlässigt ein „Aschenputteldasein". Sie sind häufig von Verfall oder Abriss bedroht. Wir hoffen im Stillen, dass ein Architekturführer dem gesamten Spektrum historisch und regional bedeutender Bauten mehr selbstverständliche Wertschätzung verschafft. Wir hoffen besonders, dass Architekturinteressierte von diesem Führer dazu angeregt werden, die Vielzahl und Vielfalt der Bauten in Thüringen seit 1919 zu entdecken. Vielleicht gelingt es auch, ein wenig von der Faszination, die während der Entdeckungsreisen von manchen Bauten auf die Autorinnen und Autoren ausging dem Leser mitzuteilen.

Dem einen oder anderen Leser mag dieser Führer zu umfangreich sein, dem anderen fehlen für ihn wichtige Bauten, wieder andere werden überhaupt die Willkür des „Schnittes" mit dem Jahr 1919 für falsch erachten und gute Argumente dagegen haben. Die Autoren nehmen Ihre Kritik, Anregungen und Hinweise dankbar entgegen, um sie für eine mögliche neue Auflage zu berücksichtigen. Wichtig aber ist vor allem eines: Die interessanten Bauten Thüringens haben mehr Achtung verdient. Folgen Sie als Leserin und Leser der Einladung, sich ab und an einmal, von dem Büchlein angeregt, auf eine immer auch landschaftlich reizvolle Reise durch Thüringen zu Bauten nach 1919 machen! Es lohnt sich!

Dank
Ohne die tatkräftige Unterstützung vieler wäre dieser Architekturführer nie entstanden. Unser Dank gilt deswegen besonders den Mitarbeiterinnen und Mitarbeitern des Landesamtes für Denkmalpflege, den unteren Denkmalschutzbehörden der Kreise und Städte, den Archiven, den privaten und den öffentlichen Eigentümern von Liegenschaften, Architektinnen und Architekten sowie den Kolleginnen und Kollegen der Bauhaus-Universität, die wertvolle Hinweise aus ihren Forschungsarbeiten geben konnten. Wir danken aber auch den Autorinnen und Autoren der Architekturführer der ehemaligen Bezirke der DDR und des Dehio-Handbuchs der deutschen Kunstdenkmäler, Band Thüringen, deren Leistung wir erst richtig bewunderten, als wir selbst mit der mühevollen Kleinarbeit begannen. Ein besonderer Dank geht auch an Barbara Klinkhammer, die an jenem ersten Abend an der spontanen „Unternehmensgründung" beteiligt war, es aber nur bis zu ihrem beruflich bedingten Wegzug nach Knoxville, Tennessee, unterstützen konnte.

Gernot Weckherlin

---

(1) Habermas [6]1998, S. 9.

Architektur in Thüringen zwischen 1919 und 2000

Die Bauhausgründung zum zeitlichen Ausgangspunkt für einen Architekturführer zu erheben, ohne den „Mythos von der Gründung der Moderne" in Weimar weiterstricken zu wollen, muss kein Widerspruch sein. Vielmehr äußert sich darin der Wunsch, der Wirkungsgeschichte des Bauhauses und der nachfolgenden Architekturhochschulen auf die Baupraxis in der Region nachzugehen. Als Orientierungshilfe auf diesem weiten Feld ist der einführende Aufsatz gedacht, der die vorgestellten Bauten zu ihrer Entstehungszeit und zueinander in Beziehung setzen will. Es wurde versucht, das Wechselspiel von Kontinuitäten und Brüchen in der Architekturentwicklung darzustellen und Umstände zu finden, die Modernisierungs- bzw. Gegentendenzen beförderten. Regionale und örtliche Unterschiede wurden ebenso deutlich wie charakteristische und zeittypische Bauaufgaben.

1919–1924 Bauhaus und linksrepublikanische Regierungszeit

Das Ende des Ersten Weltkriegs und die Novemberrevolution waren Ausgangspunkte für ein neues Kapitel thüringischer Geschichte. Im Juni 1919 war es zur Konstituierung der verfassunggebenden Nationalversammlung gekommen, die mit der Verabschiedung einer bürgerlichen Verfassung der Weimarer Republik eine legitime gesetzliche Grundlage gab. Der angestrebte territoriale Zusammenschluss Thüringens gestaltete sich jedoch schwierig. Die Einbeziehung der preußischen Gebiete, einschließlich Erfurts, scheiterte am Unwillen Preußens. Tatsächlich vollzog sich die Einigung unter den wichtigsten thüringischen Herzog- und Fürstentümern. Landeshauptstadt wurde Weimar, das schon seit langem einer der Hauptschauplätze deutscher Kulturkämpfe war. Als Tagungsort der Nationalversammlung und Namenspate der Republik wurde Weimar nicht nur zum Podium von Republikbefürwortern und -gegnern, sondern zum „Kampfplatz" konkurrierender Welterklärungsmodelle. Der verlorene Krieg und der Zusammenbruch der Monarchie verlangten nach kulturellen Deutungsmustern. Bunt war die Mischung der erklärenden -Ismen und Ideologien: Expressionismus, Neuromantik, Futurismus zirkulierten.(1) Eines der Experimente – wenig später Reformkunstschule von Geltung – war das Bauhaus von *Walter Gropius.*

Grundlagen für das Bauhaus wurden bereits vor dem Krieg von dem belgischen Künstler *Henry van de Velde* geschaffen. Durch seine beratende und lehrende Tätigkeit gelangte Weimar zu gutem Ruf, was zeitgemäßes, „modernes" Kunstgewerbe anbetraf. 1907/08 hatte *van de Velde* die Gründung der „Großherzoglichen Kunstgewerbeschule" erreicht, deren Leitung er bis 1915 inne hatte.

Gera, Haus Schulenburg, H. van de Velde 1913/14

Seine architektonische Tätigkeit brachte neben privaten Wohnhäusern die beiden Hochschulbauten an der heutigen Geschwister-Scholl-Straße hervor. Während *van de Velde*s Werk im Zeichen des Jugendstils stand, gilt *Theodor Fischer* als der „Ahnherr" der Stuttgarter Schule, die für das deutsche und nicht zuletzt die thüringische Architektur der zwanziger und dreißiger Jahre prägend war. Beispiele seiner Architektur, die „trotz gefühlsmäßiger Tradition"(2) nicht rückwärtsgewandt war, sind u. a. in Jena und Sondershausen zu finden.(3)

Bevor *van de Velde* in den Jahren des Krieges von Ressentiments und provinzieller Kurzsichtigkeit aus Weimar vertrieben wurde, hatte er u. a. *Walter Gropius* als Nachfolger vorgeschlagen und damit die Voraussetzungen für dessen spätere Berufung geschaffen. *Gropius'* Bemühungen – bereits 1916 legt er „Vorschläge zur Gründung einer Lehranstalt als künstlerische Beratungsstelle für Industrie, Gewerbe und Handwerk" vor – blieben vorerst ohne Folgen. Erst 1917, als die Großherzogliche Hochschule für bildende Kunst eine Abteilung für Architektur und Kunstgewerbe forderte, kam *Gropius* wieder ins Gespräch. Am 1. April 1919 wurde er schließlich zum Leiter des „Staatlichen Bauhaus" ernannt. Im „Bauhausmanifest" erläuterte *Gropius* das Programm der Schule. Seine Idee, Künstler und Handwerker im Streben zum „Bau der Zukunft" zusammenzuführen, basierte auf einem bereits 1916 begonnen Kunstschulreformdiskurs. Entscheidende Bedeutung für den Erfolg des Bauhauses hatte die Besetzungspolitik von *Gropius*: Als erste holte er *Johannes Itten* und *Lyonel Feininger* sowie den Bildhauer *Gerhard Marcks* nach Weimar. 1920/21 kamen weitere Maler-Lehrer an die Schule. Ein Jahr später folgten *Wassily Kandinsky* und *László Moholy-Nagy*. *Ittens* Grundlagenunterricht bildete das Rückgrat der Ausbildung in der expressionistischen Frühphase der Schule. Das per Manifest zum Ziel erhobene „Gesamtkunstwerk Bau" hatte in dieser Periode fast ausschließlich symbolische Bedeutung. Trotz einiger Versuche, architektonische Themen zum Lehrinhalt zu machen, entstand keine reguläre Architekturausbildung.

Zum klassischen und nationalen Traditionsbewusstsein der Stadt Weimar stand das avantgardistische, aber auch mystizistische Bauhaus im krassen Widerspruch. Schnell wurde auch klar, dass von der Stadtverwaltung keinerlei Bau- oder andere Aufträge zu erwarten waren. Das Baubüro Gropius, welches die Bauhauswerkstätten regelmäßig in Bauvorhaben einband, konnte in den Jahren 1920–22 vor allem in Berlin bauen. In Thüringen verwirklichte es lediglich das Märzgefallenendenkmal in Weimar und den Umbau des Jenaer Stadttheaters. 1923 entstand als einziges originäres Bauwerk des Bauhauses in Weimar das Versuchshaus Am Horn. Seine Gestalt hatte wenig mit dem Neuen Bauen zu tun, eher stellt es eine Zwischenlösung dar, in der expressionistische Vorstellungen und neuklassizistischer Grundrissschematismus vermischt waren. Ähnlich trat der expressionistische Gedanke der „reinen Form" beim Kaesbach-Haus in Erfurt und beim Haus Lessner in Weimar hervor. Letzteres stammt von dem *van de Velde*-Schüler *Thilo Schoder*, der am konsequentesten versuchte, expressionistische Gestaltungen in Raumausstattungen, aber auch in die Architektur zu übertragen. Seine monumental-kristallinen Festhaus-Entwürfe blieben, wie alle anderen Versuche, in Thüringen expressionistisch zu bauen, realitätsferne Visionen.

Entwurf für eine Festhalle, Th. Schoder um 1920

Das brennendste Thema für das Bauen in den frühen zwanziger Jahren war die Wohnungsnot. Der Wohnraumzuwachs während des Kriegs war kaum nennenswert. Mehr noch als Genossenschaften und Bauvereine traten die Stadtverwaltungen als Initiatoren von Siedlungsbauten hervor. So in Weimar, wo ab 1919 die Siedlungen „Landfried" und „Heimfried" in einfachster Bauweise entstanden. In Pößneck ließ eine gemeinnützige Baugesellschaft drei Wohnanlagen nach Plänen *Heinrich Tessenows* bauen. Erst die rechtsbürgerliche Regierung konnte ab 1924 die wirtschaftliche Aufschwungphase nutzen, um im wirksamen Umfang Siedlungsbau zu betreiben.

Vor allem größere Unternehmen waren in jenen Jahren in der Lage, zu bauen und technische Entwicklungen voranzutreiben. Bemerkenswert erscheint ein Frühwerk *Schoders*, der Fabrikationsbau Golde in Gera, in dem noch Auffassungen *van de Veldes* mitschwingen. Vom führenden deutschen Unternehmen der optischen Industrie, Zeiss-Jena, wurde gemeinsam mit der Firma Dywidag die erste Betonkuppelschale entwickelt und ab 1922 gebaut. Ihr Inneres diente als Abbildungsfläche für den von Zeiss erfundenen Planetariumsapparat. Als „Zeiss-

Dywidag-Kuppel" fand sie weltweit Verbreitung, vor Ort z. B. beim Planetariumsbau von 1925/26.(4) Von der administrativen Neuordnung der Anfangsjahre hatten vor allem Banken und Behörden profitiert. Ihre architektonische Repräsentation war jedoch tradierten Gewohnheiten verhaftet geblieben. Die Bankneubauten im Erfurter Bahnhofsgebiet – Reichsbank und Deutsche Bank – oder die Sparkasse in Greiz sind von Reminiszenzen an den Neobarock und -klassizismus der Vorkriegszeit geprägt

1924–1930 Rechtsbürgerliche Regierungszeit – Moderne versus Tradition

Die unklaren Verhältnisse der Zeit nach 1919 hatten sich mit der Landesbildung normalisiert. Seitdem regierte eine sozialistische Landesregierung mit dem Ziel, eine umfassende Demokratisierung einzuleiten. Ihr gelang es beispielsweise, kultur- und bildungspolitische Reformen auf den Weg zu bringen. Durch die vom Bildungsminister *Max Greil* vorangetriebene, später jedoch vereitelte Schulreform wurden Neuansätze im Schulbau unterstützt, die sich erst Jahre später in einigen Neubauten äußerten (z. B. Bergschule Apolda).(5)

Der linke Kurs brachte Thüringen innerhalb der bürgerlich geprägten Reichspolitik schon bald eine Außenseiterstellung ein. Unter ständigem Druck der Reichsregierung und der Verweigerungspolitik der bürgerlich-konservativen Opposition ging die SPD 1923 in die Offensive und holte die KPD in die Regierung. Reichsregierung bzw. Reichswehr übernahmen darauf die Exekutivgewalt. Neuwahlen im Februar 1924 ergaben einen Triumph der bürgerlichen Parteien, jedoch keine Mehrheit, mit der Folge, dass erstmals völkische und nationalsozialistische Politiker in den Landtag eintraten. Gemeinsam verfolgten sie die Revision großer Teile der begonnenen Bildungs- und Kulturreform, deren Aushängeschild das Bauhaus war. Mit der rapiden Kürzung des Etats im Frühjahr 1924 wurde das Bauhaus faktisch liquidiert. Indes hatte es nationalen und internationalen Ruf erlangt: Mit der programmatischen Neuorientierung hin zur seriellen Industrieästhetik hatte *Gropius* 1922/23 der Anstalt die notwendige zeitgemäße Ausrichtung gegeben. Nicht mehr „Kunst und Handwerk", sondern „Kunst und Technik – eine neue Einheit"(6) hatte *Gropius* unermüdlich gefordert. Und auch auf dem Feld der Architektur postulierte *Gropius* den Übergang zum neuen, funktionalistischen Bauen, den er bereits beim Stadttheaterumbau in Jena angedeutet hatte und mit dem Haus Auerbach (1924) weiterverfolgte.

Jena, Stadttheater, W. Gropius 1922/23

Nach der Auflösung des Bauhauses Weimar kam es 1925 zur Übersiedlung nach Dessau. Dort fand die nun städtische Institution freundlichere Bedingungen vor. In Weimar nahm die thüringische Regierung – einer Empfehlung *Tessenows* folgend – Kontakt zu dem Berliner Architekten *Otto Bartning* auf. Dessen Schulprogramm stimmte zwar mit *Gropius*' Ansatz überein, präsentierte sich jedoch moderater und mehrheitsfähig. Zur Werkstattausbildung und -arbeit gesellte sich nun eine Bauabteilung, die von *Ernst Neufert* geleitet werden sollte. Einen hohen Praxisbezug in der Ausbildung garantierte das „Aktive Bauatelier", in dem die Studenten an allen Phasen realer Bauvorhaben beteiligt wurden. Zu diesem Zweck hatte *Bartning* den thüringischen Staat in die Pflicht genommen, Aufträge an die Hochschule zu vermitteln. Im „Bauatelier" entstanden z. B. das Studentenhaus und das „Abbeanum" der Universität Jena. Beide Bauten, unter *Neuferts* Leitung geplant, sind herausragende Leistungen, basierend auf dessen pragmatischer Entwurfsmethode, die Funktionsgerechtigkeit über die Theorie stellte und trotz Zurücknahme des formalen Ausdrucks nicht in übermäßige Schlichtheit verfiel.(7)

Während der Großteil der Bauhaus-Schülerschaft mit nach Dessau übergewechselt war, hatte *Bartning* einige Absolventen des Weimarer Bauhauses als Lehrkräfte an die Bauhochschule gebunden. Andere wie z. B. der Wandmaler *Peter Keler* machten sich vor Ort oder in der Region selbständig. Die Wenigsten aber wollten und konnten in den beengten thüringischen Verhältnissen eine befriedigende und erwerbssichernde Tätigkeit finden. Dementsprechend gering blieb die Wirkung des Bauhauses Weimar auf das Bauschaffen seiner Umgebung. Um so bemerkenswerter ist die Tätigkeit *Alfred Arndts* im thüringischen Schiefergebirge, der mit seinen frühen Bauten Kontrastpunkte setzte.

Probstzella, Garage des Hauses des Volkes, A. Arndt 1927

Vor allem in den größeren Städten begann mit der wirtschaftlichen Stabilisierung Mitte der zwanziger Jahre eine vergleichsweise rege Bautätigkeit. Der Wohnungsbau bekam zusätzlich durch Finanzhilfen der thüringischen Regierung Auftrieb. Während die Architektur der überall entstehenden Siedlungen grundsätzlich von den Bautraditionen der Vorkriegszeit geprägt war, begann *Schoder* in Ostthüringen Wohnungsbauten im Sinne des Neuen Bauens zu errichten. Seine Wohnzeile in Hermsdorf entsprach den Merkmalen modernen, sozialen Wohnungsbaues, wie er zeitgleich in deutschen Großstädten betrieben wurde. Kostensenkung, funktionelle und konstruktive Neuerungen entsprachen der neuen formalen Erscheinung.(8)

Dennoch war *Schoder*, der sich 1925 dem Neuen Bauen zuwandte und zu dessen ambitioniertesten Vertreter in Thüringen wurde, eine Ausnahmeerscheinung, die sich ohne die Förderung eines Geraer Kreises von Industriellen und Intellektuellen nicht hätte entfalten können. Grundsätzlich verschob sich das kulturelle Klima zugunsten der Republikfeinde und völkisch-national eingestellter Gruppen, die immer offensichtlicher versuchten, vor allem die Stadt Weimar als „Symbol und Heimstätte des wahren deutschen Geistes"(9) zu vereinnahmen. Die wichtigsten Träger von expressionistischer und neusachlicher Kunst, die Kunstvereine in Jena, Gera und Erfurt, blieben in einer elitären Minderheit. In der Architektur etablierte sich das Neue Bauen – von *Schoder* einmal abgesehen – spät. Erst um 1928, nach dem Erfolg der Stuttgarter Weißenhofsiedlung, wurde das Neue Bauen in Thüringen salonfähig.(10)

Während die ostthüringischen Siedlungsbauten häufig von sozialdemokratisch regierten Kommunen initiiert wurden, sind die später in Erfurt entstandenen Wohnblocks des Neuen Bauens Ergebnisse des Engagements hamburgischer Unternehmer. Ihre Eigenart begründet sich mit dem damit verbundenen Innovationsimport. So blieben hierzulande die Laubengangerschließung des Hamburger Blocks von *Otto Jacobsen* und die Qualität des Hansa-Blocks von *Karl Schneider* einzigartig.

Vergleichbare Leistungen wurden im Einzelwohnhausbau nur in Ansätzen erreicht. Auch hier ragen *Schoders* Bauten in Gera heraus, allen voran das Haus Meyer. Im Osten des Landes fallen Versuche einzelner Architekten (u. a. *Schreiter & Schlag*) auf, die bei ihren Wohnhausbauten die Formensprache des Neuen Bauens adaptierten. Die eigentlichen Höhepunkte des Wohnhausbaus des Neuen Bauens sind jedoch die Häuser Auerbach und Zuckerkandl (1928) in Jena von *Gropius*. Daneben stehen in der Absicht und der Gestalt gegensätzliche großbürgerliche „Herrensitze". Im Bauprogramm des „Bergfried" bei Saalfeld von *Max Hans*

Kühnes beispielsweise klingen barocke Landsitz-Vorstellungen an. Die Architektur Kühnes verschloss sich trotz traditioneller Grundhaltung aber nicht materiell-konstruktiven Neuerungen und reformerischen Aspekten.(11)

Chemnitz, Kaufhaus Schocken, E. Mendelsohn 1928–29

Neben dem Geschosswohnungsbau war der Geschäftshausbau ein weiteres Ausbreitungsfeld des Neuen Bauens. Die spezielle Bauaufgabe bot Anlass, auf traditionelle Bedeutungszitate zu verzichten und schloss von vornherein optimistischen Ausdruck ein. Die „Großstadtarchitektur" der Metropolen, geschaffen von *Erich Mendelsohn*, den *Gebrüdern Luckhardt* u. a. wurde zum Leitbild für die Bauten der Verkaufsbranche in den „goldenen Zwanzigern". Die thüringischen Kaufhaus- und Geschäftshausbauten des „neuen Typs" konzentrierten sich in wenigen Städten. Selten kam man über nachahmende Gestaltungen hinaus. Ferner stehen diese Bauten häufig im Kontrast zu ihrer kleinstädtischen Umgebung und geben somit Auskunft über eine fortschrittsgläubige Erwartungshaltung, die jedoch der tatsächlichen späteren Entwicklung nicht entsprach (z. B. Sonneberg). Zum „Verstädterungsschub" der Zeit gehörten auch die Bürohausbauten, die sich seit Anfang des Jahrhunderts herausbildeten und erst Ende der zwanziger Jahre in Thüringen als Bautyp angekommen waren. In kleinen und mittelgroßen Städten fehlen sie jedoch völlig.

Erfurt, AOK-Verwaltungsgebäude, T. Kellner und F. H. Hinssen 1928/29

Weit häufiger waren Kino-Neubauten, wie sie gleichzeitig in ganz Deutschland entstanden. *Carl Fugmann, Schreiter & Schlag* u. a. bauten in den thüringischen Städten eine Reihe von Kinos, die Ende der zwanziger Jahre dem Wandel vom noblen Art déco zu den Formen des Neuen Bauens Ausdruck verliehen.(12) Verwaltungsgebäude von Behörden, Bank- und Versicherungsunternehmen waren den neuen Strömungen gegenüber resistenter, was jedoch für die Oberpostdirektion Erfurt (Postgebäude z. B. in Sonneberg) und die Ortskrankenkassen nur bedingt zutrifft. Letztere hatten in deutschen Mittel- und Großstädten eine Serie bemerkenswerter Bauten errichtet. Auch die hierzulande entstandenen Filialen lagen über dem qualitativen Durchschnitt, auch wenn die Architektur oft traditionell blieb (Gera) oder der Versuch, das Neue Bauen zu rezipieren, misslang (Pößneck). Beeindruckend ist das Erfurter Gebäude von *Kellner & Hinssen*, neben *Schoder* die konsequentesten thüringischen Architekten des Neuen Bauens.(13)

Im Gegensatz zu diesen leistete *Schoder* auch im Industriebau, vor allem in Gera, Hervorragendes. Die eigentliche Hochburg moderner Industriekultur war Jena, wo die optische Industrie schon seit der zweiten Hälfte des 19. Jahrhunderts einen beachtlichen Aufschwung genommen hatte. In den zwanziger Jahren drängte Zeiss erstmalig auf eine zusammenhängende städtebaulich-architektonische Planung für das innerstädtische Werk. *Emil Fahrenkamps* visionäre Hochhausplanungen scheiterten an den Zeitumständen. Sein verwirklichter Fabrikationsbau demonstriert jedoch eindrucksvoll die Stellung des Werks in der Stadt. Zeitgleiche thüringische Industriebauten muten dagegen meist provinziell an.

Zur hochstehenden Jenaer Unternehmenskultur gehörte ein vorbildliches soziales und kulturelles Engagement, das sich auch in der Förderung des gemeinnützigen Arbeiterwohnungsbaus äußerte. Die Stadt galt dahingehend als „Oase". So erklärt sich, warum gerade Jena, neben einigen Zentren der Arbeiterbewegung dem allgemeinen Rechtsruck Ende der zwanziger Jahre vorerst standhielt. Anderswo fand die NSDAP auch zunehmend in der Arbeiterschaft Anhänger. Die Wahlen vom Dezember 1929 brachten die NSDAP zum ersten Mal in eine Landesregierung. In dieser bürgerlich-nationalsozialistischen Regierung übernahm *Wilhelm Frick* als Innen- und Volksbildungsminister eine Schlüsselstellung. Ihm gelang es, Thüringen zum „NS-Experimentierfeld"(14) zu machen. Die Erlasse „Wider die Negerkultur" gehörten genauso zu Fricks Amtszeit wie eine ganze Reihe repressiver Umstrukturierungen in Behörden und staatlichen Einrichtungen, meist zugunsten von Parteigenossen.

Jena, Hochhausentwurf für Carl-Zeiss Jena, E. Fahrenkamp 1930

1930–1933 Thüringen als „NS-Experimentierfeld"
Der Neubesetzung der „Bauhochschule" kam *Bartnings* eigene Kündigung entgegen. Mit der Berufung des Architekten und Theoretikers *Paul Schultze-Naumburg* konnte *Frick* einen „alten Mitstreiter" nach Weimar holen. Der Vertreter einer rassisch aufgefassten Heimatschutzbewegung brachte seine Absichten von Anfang an deutlich zum Ausdruck. Anstelle der entlassenen „Bauhochschul"-Lehrerschaft berief *Schultze-Naumburg* gezielt Architekten aus dem Kreis der Stuttgarter Schule. Die NSDAP präsentierte die Neuausrichtung als Erfolg ihrer Kulturpolitik.

Die nunmehrige „Hochschule für Baukunst, bildende Künste und Handwerk" hatte *Schultze-Naumburg* in einzelne Abteilungen separiert. Eine übergreifende Ausbildung oder Werkstattarbeit war nicht vorgesehen. Trotz besserer Voraussetzungen gelang es *Schultze-Naumburg* ebenso selten wie seinen Vorgängern *Gropius und Bartning* (bzw. *Neufert*), in Weimar Aufträge zu bekommen. Schnell war deutlich geworden, dass die von ihm vertretene „ländliche Blut- und Bodenarchitektur" für die anstehenden repräsentativen Bauten der „Gauhauptstadt" nicht geeignet war.(15) Ein Ausnahme stellt die Nietzsche-Gedächtnishalle (1937–40) dar, die als Zeichen einer vorsichtigen Annäherung an den offiziellen Stil gedeutet werden kann.(16) Beim Wettbewerb um das Gauforum 1935 hatten nicht nur *Schultze-Naumburg*, sondern auch seine Lehrerkollegen keine reellen Chancen. Neben der Bebauung der so genannten X-Straße (*Willem Bäumer*) und der Siedlung Schöndorf (*Rudolf Rogler*), beide in Weimar, ist kaum Nennenswertes aus dem Hochschullehrer-Kreis um *Schultze-Naumburg* hervorgegangen.

1933–1945 Nationalsozialismus – Repräsentation und Repression
Die 1930/31 unter *Frick* hergestellten Machtverhältnisse in Thüringen, die *Fritz Sauckel* ab 1932 verfestigten konnte, fügten sich nahezu perfekt in die Reichssituation nach *Adolf Hitlers* Reichskanzlerschaft ein. Im Mai 1933 wurde der thüringische Regierungschef und NSDAP-Gauleiter *Sauckel* zum Reichsstatthalter für Thüringen ernannt.

Antisemitismus und rassistischer Terror, die schon früh begannen, bekamen 1935 mit den Arierparagraphen und Rassengesetzen den Charakter einer Staatsdoktrin. „Erbgesundes Bauerntum" wurde idealisiert und gefördert. Reichsbauernführer *Darré* lieferte mit „Bauerntum als Lebensquell" oder „Neuadel aus Blut und Boden" die Parolen einer Bauernpropaganda, die auf die Stärkung der Landwirtschaft und gegen die Landflucht ausgerichtet war.(17) Die thüringische Sauckel-Marschler-Stiftung finanzierte Siedlungshäuser für „erbgesunde" kinderreiche Familien und im Rahmen der „Rhönpläne" entstanden autarke Musterbauernhöfe. Ein anderes Projekt z. B. war der Ausbau des Guts Bachstedt zu einem nationalsozialistischen Musterdorf mit 32 typisierten „Musterhöfen".(18)

Andenhausen/Rhön, Burgbauernhof auf dem Katzenstein, E. Flemming 1936/37

Im regionalpolitischen Bereich bewies das System trotz des Zentralismus Wirkungsfähigkeit, was auch im Bildungs- und Kultursektor deutlich wurde. So nutze die NSDAP vor allem die klassischen Traditionen Weimars zur Festigung ihrer Macht. Mit der Aneignung ging die Umdeutung des Kulturerbes im NS-Sinne einher. Baulichen Niederschlag fand *Sauckels* Vorstellung vom „neuen Weimar" im Bau des Gauforums. Aufgrund des vergleichsweise frühen Baubeginns konnten die Pläne *Hermann Gieslers* für den Gebäudekomplex mit Bauten der NSDAP, der Deutschen Arbeitsfront (DAF) und des Reichsstatthalters bis zum Zusammenbruch weitgehend ausgeführt werden. Der für die NS-Repräsentationsbauten typische Monumentalstil, der sich meist als Vergröberung des preußischen Klassizismus darbot, äußerte sich in dieser Eindinglichkeit kein zweites Mal in Thüringen. So trägt auch das Gebäude der Reichsärztekammer oder das „Kreishaus" – erster Bauteil eines geplanten Weimarer Kreisforums – einen mäßigeren architektonischen Gestus. Repräsentationsbauten entstanden auch in Erfurt, das bis 1945 in preußischer Hand bleiben sollte, obwohl es nicht an Eingliederungsbemühungen *Sauckels* mangelte. Vor dem Hintergrund der Rivalität zwischen *Sauckel* und *Hermann Göring* wurde das Erfurter „Behördenhaus" zu einer architektonischen Demonstration des Preußentums. Beflügelt von soviel Machtgetose – und unter dem Einfluss der vorbildhaften Reichshauptstadt – entwickelte die Stadtverwaltung gar Pläne für eine Nord-Süd-Magistrale, deren Plan jedoch nicht über die Errichtung von „Behördenhaus" und „Thüringenhalle" hinaus kam.(19)

Weimar, Gauforum (Modell), H. Giesler 1937–1944 (Bau nicht vollendet)

Zur selben Zeit, als man in Weimar mit dem Gauforum-Bau begann, fiel die Entscheidung für den Aufbau des Konzentrationslagers „Buchenwald" auf dem Ettersberg. Das Lager bestand (ab 1943) aus drei Teilen. Zwischen dem „Lager der Häftlinge" und den Hallen der „Gustloffwerke II" – wo Zwangsarbeit verrichtet wurde – befand sich die „Stadt der SS", eine Kasernenanlage mit spezifischer Infrastruktur. Den wahnwitzigen Versuch, die „selbstgeschaffenen Zustände"(20) zu kompensieren, bezeugt die 6 km östlich des Lagers gelegene Wohnsiedlung der Lager-SS, die dem täglichen Grauen trügerische Idylle entgegensetzte.(21) Wie in Buchenwald wurde auch in dessen Nebenlagern und ab 1943 im KZ Dora-Mittelbau die „Vernichtung durch Arbeit", vorrangig in Rüstungsbetrieben, verfolgt.

Die Aufrüstung war ab 1936 der eigentliche Motor der allgemeinen Wirtschaftskonjunktur. Durch seine geografische Zentrumslage besaß Thüringen – mit scheinbar geringer Luftangriffgefahr – strategische Vorteile und galt wegen seiner Strukturschwäche als ausbaufähige Region. Zur Absicherung der Aufbau- und Eroberungspläne waren die Stärkung der landwirtschaftlichen Erzeugung und die territoriale Entwicklung von Bedeutung. Im Rahmen des „Reichs-Speicherprogramms" wurden auch in Thüringen weitgehend standardisierte Stahlbetonkonstruktionen errichtet. Beispiele in Erfurt und Nordhausen weisen individuelle, von

Architekten entworfene Fassadenarchitekturen auf. Zu den zahlreichen infrastrukturellen Vorhaben gehörte neben dem Verkehrswege- und Kraftwerksbau das prestigeträchtige Talsperrenprojekt „Hohenwarte". Für die Propaganda von reichsweiter Bedeutung war der Autobahnbau, für dessen Folgebauten (Tankstellen, Meistereien, Rasthöfe) und Brücken oft namhafte Architekten hinzugezogen wurden. Die Saaletalbrücke und die Teufelstalbrücke in Ostthüringen machten das große Spektrum der Erscheinungsweisen dieser technischen Bauwerke deutlich.

Teufelstalbrücke, O. Jüngling, Mitarbeit von K. Schaechterle, P. Bonatz 1936–38

Ab 1936 siedelten sich u. a. AEG und Siemens in Thüringen neu an. Alteingesessene Industriebetriebe, wie ehem. Simson Suhl, Rheinmetall Sömmerda, BMW Eisenach oder Thiel Ruhla, vergrößerten ihre Rüstungskapazitäten erheblich. Wesensmerkmal vieler neu geschaffener Arbeitsstätten war die Übertragung betriebsorganisatorischer Rationalität in die Architektur. Die „Musterfabriken" der tonangebenden DAF – namentlich deren „Amt Schönheit der Arbeit" – drückten „technische Werte im Sinne der NS-Ideologie"(22) aus. Die aus dem modernen Bauen der zwanziger Jahre stammenden Architekten mussten sich nicht in den Industriebau flüchten, um „moderne Formen" verwirklichen zu können. Sie führten das begonnene Modernisierungsexperiment unter einem neuen – militärischen – Vorzeichen fort.(23)

Angesichts der Industriearchitektur der dreißiger Jahre erscheinen die zahlenmäßig geringen Wohnblocks, Kinos, Kauf- oder Geschäftshäuser des Neuen Bauens der zwanziger Jahre wie leise „Modernisierungsandeutungen". Gerade in kleineren Orten, wo das Neue Bauen nicht Fuß gefasst hatte, waren es die dreißiger Jahre, die den Durchbruch zur Moderne mit sich brachten. Beachtliche Architektur im industriellen Kontext entstand so beispielsweise in Apolda, Schwarza, Sömmerda oder Gotha, wo auswärtige Architekten technisches und architektonisches Niveau lieferten. So wurde der Gothaer Waggonfabrik der „Gemeinschaftshaus"-Entwurf eines ortsansässigen Architekten von der DAF versagt und mit *Hans Köhler* ein „Vertrauensarchitekt" eingeschaltet. Beim Erweiterungsbau der Total-Werke Apolda war mit *Egon Eiermann* ein versierter Berliner Industrie-Architekt betraut. Auch Zeiss-Jena erzielte außerordentliche Rüstungsgewinne. Der von der Weltwirtschaftskrise unterbrochene Ausbau des innerstädtischen Werks konnte u. a. mit dem Bau eines Verwaltungshochhauses (1934–36) fortgesetzt werden. Einer der beiden Architekten des Hochhauses, *Hans Hertlein*, schuf außerhalb der Innenstadt rigide Stahlbetonskelettbauten mit einer nicht nur für Zeiss neuen, überwältigenden Dimension. Der menschenverachtende Hintergrund des nationalsozialistischen Industrialisierungsschubs wird indes nicht angesichts der eleganten Fabrikfronten oder beim Blick in die hellen und vorbildlich eingerichteten Arbeitsräume erkennbar, sondern offenbart sich im kriegswichtigen Erzeugnis.

Apolda, Totalwerk, E. Eiermann 1938/39

Während der NS-Staat politisch und ethnisch ausgrenzte und ausmerzte, setzte er andererseits auf Fürsorge und Integration. Eng waren Freizeit, Urlaub und Wohnen an die Betriebe und die DAF gebunden. Betriebliche Gefolgschaftshäuser und Gemeinschaftsheime dienten als Ort kultureller und politischer Veranstaltungen. Zum umfassenden System der Einbindung des Einzelnen in die Gemeinschaft gehörten auch die Urlaubs- und Sportangebote der DAF-Organisation „Kraft durch Freude".

Im Siedlungswesen setzte man den „Kleinhausbau" in Stadtrandsiedlungen und Erwerbslosensiedlungen, wie er in der Weimarer Republik begonnen wurde, fort. Das Primat des frei stehenden Kleinhauses mit Garten zielte auf Selbstversorgung und die Bindung an die „eigene Scholle". Werkswohnanlagen entstanden an den Rändern aller Städte, wo kriegswichtige Industrie um die Sicherung ihres Facharbeiterstamms bemüht war. Prägnante Beispiele sind die GWF-Siedlung bei Gotha und die Siedlung Schöndorf in Weimar-Nord. Ihre Siedlungspläne zeigen gekrümmte Wegeführungen und Straßenräume, die sich aufweiten und einschnüren. Der Absicht, Assoziationen zu gewachsenen ländlichen Siedlungen zu schaffen, entspricht auch das Spiel mit dörflichen Platzformen. Im Gegensatz zur Gestaltungsabsicht stand jedoch die Verwendung von Haustypen. Einer drohenden reichsweiten Vereinheitlichung versuchte man mit „Landschaftsformen", regionaltypischen Detaillierungen und ortsüblichen Baustoffen, entgegenzuwirken.(24) Typisch für das Zurückbleiben des Baugeschehens hinter propagandistischen Verlautbarungen sind die fehlenden Gemeinschaftshäuser. Im Gegensatz zu den häufig publizierten Mustersiedlungen blieben hier die Pläne oft unausgeführt.

Nobitz, Flugzeughalle auf dem Luftwaffen-Flugplatz, ab 1936

Weitgehend typisiert waren auch die Militärbauten, was vor allem für die allenthalben entstandenen Infanterie- und Artilleriekasernen galt. Sie wurden nach Heeresbaunormen errichtet, die wenig architektonischen Spielraum ließen. Gestalterisch aufwändiger waren die Bauten der Luftwaffe, die völlig neu konzipiert wurde und deren Führung sich in einer Sonderstellung empfand. Die gewaltigen Bauten der Luftgaukommandos außerhalb Thüringens ragen dementsprechend aus dem Militärbauschaffen der Zeit heraus, was in mancher Hinsicht auch für Fliegerschulen und -horste gilt (z. B. in Nordhausen). Flugplatzanlagen erhielten häufig einen „technisch-modernen" architektonischen Charakter, durch den eine Übereinstimmung mit der leistungsfähigen Flugzeugtechnik hergestellt werden sollte (z. B. Nobitz).(25)

1945–50 SBZ/DDR – Orientierungen nach dem Krieg

Das Kriegsende wurde in Thüringen im April 1945 mit dem Vorrücken der amerikanischen Truppen vollzogen. Die SS evakuierte das Konzentrationslager Mittelbau-Dora bei Nordhausen und wurde bei der Räumung des KZ Buchenwald überwältigt. Der Krieg hatte Zerstörungen u. a. in Eisenach, Weimar, Jena, Nordhausen und Gera hinterlassen. Im Juli 1945 übernahmen gemäß dem Beschluss der Alliierten die sowjetischen Truppen die Besatzung Thüringens.

Schon am 24. August 1946 wurde in Weimar die Hochschule für Baukunst und Bildende Künste unter dem Architekten *Hermann Henselmann* als kommissarischem Direktor wieder eröffnet. Die Nachfolgeeinrichtung des ersten Bauhauses wollte eine direkte Rolle bei den anstehenden Baufragen spielen. Neue Schwerpunkte des Bauens verkörperten eine neue Zeit. So war das Landkulturhaus eine flächendeckende Aufgabe für Thüringen. Beispiele wie in Gießübel (Kreis Hildburghausen) illustrieren, wie auch in kleinsten Gemeinden der Kulturanspruch jenseits von Tanzboden und Wirtshaus auf Bildung für Alle setzte. In die gleiche Richtung gesellschaftlicher Entwicklung ging der Landschulenbau, der bis 1950/51 auf Reformkonzepte der Vorkriegszeit zurückgreifen wollte. Jetzt kam die Gelegenheit, betont locker gegliederte, ebenerdige Typen zu bauen, die den Außenraum und die Topografie in den Entwurf integrierten, wie z. B. bei der Schule in Seega/Kyffhäuserkreis der Architekten *Leopold Wiel* und *Friedrich Schwerdtfeger* (1949/50).(26) Thüringen mit seinem agrarischen Hinterland war ein dankbares Handlungsfeld, um der neuen „Dorfdemokratie" baulich ein Gesicht zu verleihen.(27)

Tambach-Dietharz, Kr. Gotha, Entwurf Zentralschule, H. Henselmann 1948

Eine Planungsgemeinschaft der Hochschule Weimar übernahm die Projektierung des „Neubauernhof"-Programms für Thüringen. Nach der Bodenreform 1945 sollten die geänderten Besitzverhältnisse auf dem Land baulich sichtbar werden. Das Programm der Dorfgründungen stand auch vor dem Hintergrund des Zustroms von Flüchtlingen und Vertriebenen die bis 1948 in Thüringen 23% der Bevölkerung ausmachten.(28) In Einfachbauweise aus Lehm wurden in Großfurra-Neuheide die ersten „Neubauernhöfe" in der sowjetisch besetzten Zone geplant und noch 1946 wurde mit ihrem Bau begonnen. Die Hochschule in Weimar gab 1947 eine Lehmbaufibel heraus.(29) Sie fühlte sich dazu aufgerufen, dem Aufbau die entsprechenden Grundlagen zu liefern.(30) Bei der schnellen Umsetzung des „Neubauernhof"-Programms zählte allerdings der gesellschaftliche Gehalt der Kampagne mehr („Junkerland in Bauernhand") als eine neue stilistische Standortbestimmung in der Architektur.(31)

Die folgenden Bauprojekte der Zeit bis 1950 zeigten deutlich, dass man sich in der Architektenschaft auf das Neue Bauen der Vorkriegszeit besinnen wollte. An der Hochschule in Weimar gab es nach 1946 mehrere Bauhausschüler, die als Lehrer tätig waren, unter ihnen *Konrad Püschel*, ehemaliger Student am Bauhaus Weimar, oder auch *Gustav Hassenpflug*, ehemaliger Student am Bauhaus Dessau. Die bewusste Unterbrechung der Vorkriegsmoderne durch die Nationalsozialisten bestärkte die jungen Architekten darin, sie als Stil der neuen Zeit wieder aufzunehmen.(32) *Hermann Henselmann* selbst bezog Stellung mit Entwürfen für einen Arbeiterklub für Niederschmalkalden (1947) oder mit Wohnbauvarianten für die Maxhütte/Unterwellenborn (1949).(33) Auch bei Wettbewerben, etwa zum Volkshaus Nordhausen(34) im Jahr 1948, orientierten sich die Beiträge in aufgelockerten und unhierarchisch gegliederten Entwürfen an einer sachlichen Architektursprache.

Die wenigen gebauten Beispiele dieser kurzen Phase sind in Thüringen z. B. das kubisch klar gestaltete Kulturhaus des SAG Uhrenwerks, Ruhla (1949–51), das Kulturhaus des VEB Lederfabrik Hirschberg (1948–49) oder auch die glatt-skulpturalen Anbauten zur Ziegelei in Zwinge (1948–51). Beim Projekt in Hirschberg zeichnete wiederum eine Arbeitsgruppe der Weimarer Hochschule unter *Henselmann* für den Entwurf.

1950–55 Die junge DDR – Der Neuaufbau

Der Weggang des Direktors *Hermann Henselmann* 1949 von der Hochschule in Weimar deutete an, dass sich das Entscheidungsgefüge für das Bauen in der sowjetischen Besatzungszone verschoben hatte. *Henselmann* wurde 1949 an das Institut für Bauwesen an der Akademie der Wissenschaften Berlin berufen. Die Akademie unterstand dem neuen Ministerium für Aufbau, das seit der Gründung der DDR am 7. Oktober 1949 oberste Führungsinstanz für Städtebau, Hoch- und Tiefbau war. Hier setzte man die Maßgaben der Regierung um, wie sie für das Bauen gelten sollten. Das „Lernen von der Sowjetunion" spielte eine zentrale Rolle, insbesondere, um sich von westlichen Strömungen abzugrenzen.

Die UdSSR praktizierte in der Architektur einen Monumentalismus, der sich deutlich von der ornamentlosen Sachlichkeit der ersten, bereits erwähnten, Nachkriegsbauten unterschied. Festigende Auswirkung auf die offizielle Meinung zur Architektur in der DDR hatte darum eine Reise von leitenden Mitgliedern wichtiger Institutionen des Wiederaufbaus, die 1950 nach Moskau führte. Der Minister für Aufbau, *Lothar Bolz*, und eine Delegation von Architekten trafen auf sowjetische Kollegen, um die dortige Stadtplanung zu studieren. Im Gepäck hatten die deutschen Fachleute die Wiederaufbaupläne für Berlin. Die Stadt Moskau illustrierte seit den dreißiger Jahren an Magistralen und Plätzen eine unter *Stalin* geförderte Art monumentaler Repräsentationsbauten, „in denen sich der Bauwille und das Wollen der Bevölkerung"(35) ausdrücke.

Für die DDR verfasste *Bolz* „Sechzehn Grundsätze des Städtebaus" (1950). Darin betonte er die Bedeutung des Stadtzentrums und eines kompakten Stadtumbaus. Die Ideale einer aufgelockerten und aufgelösten Stadt fanden ausdrücklich keine Unterstützung mehr. Das „Gesetz über den Aufbau der Städte" (Aufbaugesetz) vom 22.08.1950 setzte die Grundsätze in ein Handlungsinstrument um. Das Gesetz zielte in erster Linie auf den Aufbau im Zentrum der Hauptstadt Berlin. Weitere 53 Städte wurden als Aufbaustädte vermerkt, schon allein, um ein republikweites Signal des planmäßigen Wiederaufbaus zu setzen.(36)

Nordhausen, Baustelle Engelsburg, F. Stabe und Koll. 1957

In Thüringen wurde die Stadt Nordhausen in die Liste jener Städte übernommen, die nach dem Krieg zuerst zu fördern seien.(37) Die Stadt war zu fast 80% kriegszerstört und sollte nach einem Architektenwettbewerb 1953 neu konzipiert werden. Jetzt wurde der Richtungswechsel sichtbar, den die Architektur in den vergangenen Jahren vollzogen hatte. Die Entwürfe für die Innenstadt von Nordhausen schlugen vor, mittels Blockrandbebauung Straßenräume zu schließen und Plätze mit hervorgehobenen Monumenten zu besetzen, ohne dabei exakt den alten Zustand der Stadt zu rekonstruieren. Zwar wurden die Wettbewerbspläne nicht verwirklicht, dennoch folgten die ersten Bauten um Engelsburg und Lutherplatz traditionellen Bildern der Stadt. Im Kleinen wurde die Idee eines neuen sozialistischen Städtebaus probiert, wie er in Berlin an der Stalinallee nach 1951 eingesetzt hatte. Charakteristisch war in Nordhausen auch der Rückgriff auf Formenvokabular und ornamentale Versatzstücke vergangener Stile.

Eine neue Architektur wurde gefordert, die weder „formalistisch" noch „kosmopolitisch" sein dürfe.(38) Anstelle des Internationalen Stils sollte ein sozialistischer Realismus das Vokabular des Aufbaus bestimmen. Dessen prächtige und oft neuklassizistische Erscheinung sollte sich auch vom Blut-und-Boden-Stil des Dritten Reiches abheben, indem jetzt nicht „Volksinstinkt" die treibende gestaltende Kraft sei, sondern das Erbe der Aufklärung.(39) Wieder trat *Hermann Henselmann* in den Vordergrund, dessen Hochhaus an der Weberwiese, Berlin (1951/52), in der DDR als erster Bau der neuen Linie galt.

Das Projekt des Regierungshochhauses in Erfurt wurde während seiner Fertigstellung 1950/51 von diesem architekturpolitischen Bewusstseinswandel erfasst und geriet in eine Diskussion, die sich an seiner „funktionalistischen" Gestalt entzündete. Hauptvorwurf war der Mangel an „architektonischen Gliederungen". Das Verwaltungsgebäude wurde in einem Leserbrief an die Zeitung „Das Volk" einer „Nacktheit" bezichtigt und als Bau, der die „kulturellen Traditionen der Landeshauptstadt Erfurt" nicht berücksichtige. Abwertend konstatierte der Schreiber, der ausgeführte Entwurf „könne ebenso in irgendeiner Stadt Nord- und Südamerikas stehen."(40) Dieser Beliebigkeit sollte die stilistische Übernahme von Bautraditionen entgegenwirken.

Ein Schlüsselprojekt des neuen Stils war das Kulturhaus des VEB Maxhütte in Unterwellenborn (bei Saalfeld) von *Hanns Hopp* und *Josef Kaiser* (1952–55). Der Entwurf bediente sich offenkundig der Proportionen und Dekorationen des Klassizismus. Dieser Stil des 19. Jahrhunderts wurde in diesem Fall als zitierwürdig empfunden, weil er für eine „Zeit des progressiven Bürgertums"(41) stand. In seiner gebauten Fassung konnte der Kulturpalast in Unterwellenborn seinen Anspruch erfüllen, den Arbeitern des Stahl produzierenden Kombinats VEB Maxhütte Kultur in einem „würdigen Rahmen" zu präsentieren. Der Bautyp suchte Anleihen bei Schlossanlagen, als wolle er den Arbeiter als neuen Souverän einsetzen. Ebenso zitierte er bürgerliche Theater- und Opernbauten, legte aber im Raumprogramm einen Schwerpunkt auf die Volksbildung mit Klub-, Zirkel- und Studienräumen. Kulturhausbauten waren ein zentraler, neuer Bautyp der jungen DDR. Vorbilder dafür lieferte die Sowjetunion, obschon es auch eine typologische Linie zu Volkshausbauten des 19. Jahrhunderts gab.

Dass nicht nur der Klassizismus zur Quelle für Stilideen wurde, zeigen republikweit unterschiedliche Beispiele, etwa die Altmarktbebauung Dresdens (1953–56), die sich des lokaltypischen Erbes des Barocks in der Nachbarschaft der Kreuzkirche bediente. In Gotha zitiert die Fachschule für Finanzen von *Gerhard Haubenreißer* (1954–55) die Nachbarschaft historischer Bauten im Stil der Neorenaissance.

Nach dem Beschluss der Volkskammer vom 23. Juli 1952 zur Schaffung von 15 Bezirken der DDR endete die Existenz Thüringens als Verwaltungseinheit. Die Einteilung in die Bezirke Gera, Erfurt und Suhl hatte auch städtebauliche Konsequenzen. Besonders die neue Bezirkshauptstadt Suhl wurde in den kommenden Jahrzehnten zu einem neuen Oberzentrum nach sozialistischen Vorstellungen ausgebaut.

1955–61 Industrialisierung und „wissenschaftlich-technische Revolution"

Das Bauen nach „Nationalen Traditionen", d. h. in einer Gestaltungsweise, die formale Anleihen am architektonischen Erbe nahm, stieß nach wenigen Jahren angesichts des Umfangs gesellschaftlicher Bauaufgaben an seine Grenzen. Besonders im Wohnungsbau wurde die Geschwindigkeit in handwerklicher Massivbauweise dem Bedarf an neuem Wohnraum nicht gerecht. In Moskau fand nach Stalins Tod 1953 ein Machtwechsel statt und es war sein Nachfolger *Nikita Chruschtschow* selbst, der auf der „Allunionstagung der Bauschaffenden" Ende 1954 die Baupraxis der letzten Jahre als pompös, kompliziert und zu teuer brandmarkte. Dieser Einsicht folgte auch die DDR und bekundete zunehmendes Interesse an der internationalen Industrialisierung im Bauen.(42) Die 1. Baukonferenz im April 1955 in Berlin forderte einen Bauprozess, der „schneller, besser und billiger" sein sollte. Der V. Parteitag der SED 1958 wollte bis 1961 die Bundesrepublik Deutschland wirtschaftlich überholen, bis 1965 die Wohnungsfrage lösen und ebenfalls bis 1965 den Wiederaufbau der Stadtzentren abschließen.

Gera-Nord, Ablauf der Taktstraßen einer Baustelle, 1960

Mit Hilfe von Großblock- und Plattenbautechnik wurden Typenserien entwickelt. Die neue Bezirkshauptstadt Gera wurde schon ab 1956 zum Experimentierfeld für den Wohnungsbau mit großformatigen Wandbauelementen, z. B. in der Siedlung Zwötzen oder um die Kurt-Keicher-Straße. Städtebaulich schlug sich der Zwang zum „Takt- und Fließverfahren" nieder. Im Zeilenbau fand für die nächsten Jahrzehnten die neue Logistik im Bauprozess ihren ablesbaren Niederschlag.

Welche generellen Planungen größeren Bauvorhaben zugrunde lagen, zeigt zum Beispiel der so genannte Eichsfeldplan, der im Nordwesten des Bezirks Erfurt ab 1958 wirksam wurde. Ein Maßnahmenkatalog wollte die Regionen an der Staatsgrenze wirtschaftlich stärken und ihre Randlage ausgleichen. Im Jahr 1961, als mit dem Mauerbau die Staatsgrenze der DDR zementiert wurde, begann im Dorf Leinefelde bei Heiligenstadt eine für Thüringen beispiellose Entwicklung. Die Ansiedlung einer Baumwollspinnerei und weiterer Betriebe vergrößerte den Ort um mehr als das Sechsfache seiner Bewohnerzahl. Die gebaute Erweiterung Leinefelde-Süd entsprach der Gründung einer neuen Stadt. Das sozialistische Ideal einer versorgten Lebenswelt sollte gerade in den Randlagen der Republik vorbildlich sein.

Für das ehemalige Thüringen bedeuteten Maßnahmen wie der Eichsfeldplan oder die neue Bezirksaufteilung einen Entwicklungsschub jenseits der Städteachse Eisenach-Erfurt-Weimar-Jena-Gera. Nun wurden Strukturverbesserungen bewusst außerhalb der Zentren betrieben.

1961–71 Die Suche nach dem „Weltniveau"
In den Jahren nach 1960 erlebte die DDR mit einem erhöhten Lebensstandard die Vorzüge einer Konsumgesellschaft. Gerade die „Sicherung der Staatsgrenze" 1961 wurde zum Argument gemacht, nun als Wirtschaftsnation autonom zu werden. Der VI. Parteitag 1963 läutete eine Phase wirtschaftlicher Reformen ein. Im Städtebau war die unmittelbare Wiederaufbauphase abgeschlossen. Jetzt wurde, besonders in den großen Städten, nach architektonischen Gesamtkonzepten gesucht, die ein Bild der neuen Gesellschaft vermitteln konnten. Das Ministerium für Bauwesen beschloss 1966, in den Stadtzentren „geschlossene und städtebaulich wirkungsvolle Komplexe (…) fertigzustellen".(43)

Gotha Wettbewerb Stadtzentrum, 2. Preis, Koll. A. Schwarzkopf, 1969

In Architektenwettbewerben wurden in den sechziger Jahren urbane Utopien auf reale Städte übertragen. In Erfurt (1967), Gotha (1969) und Weimar (1969) illustrierten Ideenwettbewerbe, wie radikal anders die neue Stadt des Sozialismus sein könnte. Die Entwürfe für Weimar räumten den Bestand der westlichen Innenstadt so gründlich aus, dass nur noch historisch bedeutende Leitbauten übrig blieben.(44) Das gewünschte Wachstum der Städte sowie eine konsequente „Autogerechtigkeit" kennzeichneten die radikalen Entwürfe auch internationaler Teilnehmer. Wettbewerbe hatten auch damals schon die öffentlichkeitswirksame Funktion, Problembewältigung zu simulieren, auch wenn direkte Realisierungsperspektiven fehlten.

Für die Stadt Jena jedoch löste 1968 ein Besuch des Staatsratsvorsitzenden *Walter Ulbricht* eine bemerkenswerte Neugestaltung der Innenstadt aus.(45) Die Universität und der VEB Carl Zeiss waren die Anknüpfungspunkte vor Ort, der „wissenschaftlich-technischen Revolution" eine architektonische Entsprechung zu liefern. Das 26-geschossige Forschungshochhaus für den VEB Carl Zeiss entwarf das Kollektiv *Hermann Henselmann* in Form einer zylindrischen Röhre, die das Bild eines Fernrohrs und damit die optische Industrie in Jena assoziieren sollte. Das Haus dominierte ab 1972 die Stadt und stand für die Tendenz der „Bildzeichenarchitektur", die in der DDR markante Großbauten mit lesbaren Hinweisen auf ihren Inhalt verband. Das Sektionshochhaus der Karl-Marx-Universität in Leipzig (1968–75), das ebenfalls auf einen Entwurf von

Jena, Perspektive Forschungshochhaus, Projektstudie, H. Henselmann, 1969

Hermann Henselmann zurückgeht, sollte angeblich die Form eines aufgeschlagenen Buches umsetzen. Ende der sechziger Jahre stand die Fachwelt dieser Dienstbarmachung von Bildern für das Bauen zunehmend skeptisch gegenüber.(46) Auch wenn in Oberhof am Rennsteig noch um 1970 das FDGB-Ferienheim „Rennsteig" von *Peter Seifert* und *Lutz Schneider* und das Interhotel „Panorama" des Entwurfskollektivs *Kresimir Martinkovic* einen Wegstein und zwei Skisprungschanzen zum Vorbild gehabt haben sollen, war die „Bildzeichenarchitektur" eine Episode der sechziger Jahre. Das Baugeschehen wollte auf der Schwelle zu einem neuen Jahrzehnt weniger originell als vielmehr gesellschaftlich relevant sein und machte nun erneut den Wohnungsbau zum erklärten Schwerpunkt.

1971–89 Die DDR Erich Honeckers

Auf dem VIII. Parteitag 1971 formulierte der neue Erste Sekretär des ZK der SED Erich Honecker eine verstärkte „Hinwendung zu den Massen". Jetzt wurden deutliche Ziele für den „Übergang zum Kommunismus" formuliert. Ein Kernstück dieser Politik war das Versprechen, die Wohnungsfrage als soziales Problem, diesmal bis 1990, zu lösen.(47)

Die Versorgung aller mit den Vorzügen einer sozialistischen Gesellschaft schlug sich z. B. auch in der massentouristischen Erschließung des Thüringer Waldes nieder.(48) Dafür wurde eine bezirksübergreifende Zusammenarbeit der Planungsorgane praktiziert. Die städtebauliche Gestaltung Oberhofs, dessen Großhotels bereits erwähnt wurden, beschäftigte die Architekten der Experimentierwerkstatt an der Deutschen Bauakademie Berlin. Es wurde ein spezifischer Baustil gefunden, der örtliche Materialien mit

Waldau, Kr. Hildburghausen, Gaststätte „Bergkristall", H. Luther 1971/72

modernen Konstruktionen und Bauweisen verbinden sollte. Mit der Entwicklung im Thüringer Wald ging auch der Ausbau der Stadt Suhl einher. Die hauptstadtfernste Bezirkshauptstadt wurde seit den sechziger Jahren systematisch mit großstädtischen Schlüsselbauwerken versehen. Hochhausreihen und ein Ensemble aus Stadthalle, Schwimmhalle und einem 26-geschossigen Wohnturm komponierten ein neues Zentrum in das waldige Tal der Lauter. Beabsichtigt wurde, die Tradition der Industrie- und Arbeiterstadt in eine sozialistische Metropole münden zu lassen. Während die Bezirkshauptstädte Gera und Erfurt bereits Großstädte waren, wuchs Suhl erst in den Jahren 1952–89 auf 55.000 Einwohner an.

Die Bezirkshauptstadt Erfurt verfügte über das ausgedehnte mittelalterliche Zentrum einer Bürger- und Bistumsstadt. Ihr ohnehin bestehender Zentrumscharakter wurde durch einige markante Bauten ergänzt. Auch blieb die Stadt im Krieg relativ verschont. Die dritte Bezirkshauptstadt Gera wurde hingegen nach den

Zerstörungen des Zweiten Weltkriegs in ihrem Zentrum neu aufgebaut. Die sechziger Jahre bescherten der Stadt Gera neue Straßenräume, wie die Straße der Republik (heute: Heinrichstraße) mit dem Interhotel Gera 1965/66, das inzwischen abgerissen wurde. Die Neubauten der Zeit nach 1974 vollzogen einen weiteren Maßstabssprung. Die Rudolf-Breitscheid-Straße, u. a. von *Lothar Bortenreuter* und Kollektiv (1976–77), wurde zum Exempel einer neuen Stadtvorstellung, die auch den Autoverkehr in einer verschwenderischen räumlichen Großzügigkeit unterbrachte. Elfgeschossige Wohnscheiben und eine vorgelagerte Einkaufszone versprachen großstädtisches Stadtgefühl. In der Verlängerung der Straße schuf derselbe Städtebauentwurf unter *Lothar Bortenreuter* vor dem Kulturhaus von 1977 einen Platzraum, der den Bezug zur Struktur des alten Geras endgültig verließ.

Erfurt, Wohngebiet Nordhäuser Straße,
Koll. Nitsch, Henn u. a. 1969–77

Die Direktive zur Lösung der Wohnungsfrage zog in jeder Stadt der drei Bezirke Neubaugebiete in den charakteristischen Wohnbau-Typenserien nach sich. In Erfurt, Gera und Jena wurden Quartiere neu gegründet, die über 10.000 Wohneinheiten umfassten.(49) Im Fall von Jena-Lobeda wurde als Satellit zur Stadt Jena eine eigenständige, neuen Stadt geplant. Auch wenn in „abwechslungsreichen" Großformen das Prinzip des monotonen Zeilenbaus verlassen wurde, offenbarte sich die eindeutig quantitätsfixierte Baupolitik des Ministeriums für Bauwesen nach 1971.(50) Zentral organisiert verkümmerte das Ideal einer „sozialistischen Stadt" zum technischen Sachverhalt und zu einem Problem der Ressourcenverteilung. Das Neubauprogramm an den Stadträndern kollidierte deswegen mit der Erhaltung der zurückbleibenden Altstädte. Was der Schnelligkeit der zu lösenden Wohnungsfrage entgegenstand, wurde als Nebenproblem eingestuft. Auf dem Gebiet des ehemaligen Thüringens bot sich eine Vielzahl von historischen Stadtbildern, deren Vernachlässigung einige Bürgerproteste nach sich zog. Nicht zuletzt eine Menschenkette Erfurter Bürger um ihre Altstadt sollte 1989 diesen Missstand zum Inhalt einer öffentlich zur Diskussion machen. Während großflächige Wohngebiete der Zeit um 1900 verfielen, wurden innere Stadtkernzonen mit bauhistorischer und touristischer Bedeutung mit hohem Aufwand rekonstruiert. Diese Diskrepanz offenbarten Städte wie Gotha, Weimar und Erfurt. Die ersten Fußgängerzonen wurden eingerichtet. In der Innenstadt Weimars gab es schon 1971 um die Schillerstraße verkehrsfreie und neu gestaltete Bereiche.

Den siebziger Jahren wird in der Geschichtsschreibung der DDR eine Aufbruchstimmung zugeschrieben, zu der die schrittweise deutsch-deutsche Annäherung im Grundlagenvertrag 1972 und die Aufnahme beider deutscher Staaten in die Vereinten Nationen 1974 wesentlich beitrugen. Die Staatsführung feierte sich mit Erfolgsmeldungen zum Wohnungsbau. Im Jahr 1972 entstanden offiziell mehr als 100.000 Wohnungen in der ganzen DDR. Sehr wohl war bekannt, dass Serienfertigung im Häuserbau auch Monotonie mit sich bringt. Sogar in den Planungsgremien sah man den Mangel an wieder erkennbaren Wohnumfeldern. Wo die Identifikation mit dem Quartier fehle, so wurde festgestellt, schwinde im schlimmsten Fall auch die „Identifikation mit dem Sozialismus".(51)

Nach 1980 versuchte die Bauindustrie der DDR verstärkt, die Typenproduktion von Bauteilen variabler zu machen, um mit „Sonderlösungen in der WBS 70-Technologie" auch altstadtgerechte Maßstäbe zu ermöglichen. Dass dabei die Platten-Fugen-Ästhetik unverkleidet bestehen blieb, schien das unerschütterliche Festhalten am Prinzip der Serie dokumentieren zu wollen. Am deutlichsten variierte man in Berlin das Thema des vorgefertigten Elements bei der Neubebauung am Platz der Akademie (Gendarmenmarkt).(52) Dort wurden Wandgliederungen und die Ornamentik einer Zeit „um 1900" wieder belebt und als vorgehängte Fassade an Rohbauten in Stahlbeton befestigt. Gleichzeitig illustrierten die Neubauten um die Nikolaikirche von *Günter Stahn* (1983–1987) im Zusammenspiel mit rekonstruierten historischen Bauten die Möglichkeiten der „Stadtbaukunst" im Rastermaß. Schlichter zwar, aber ebenfalls mit der Absicht, eine gewachsene Stadtstruktur zu vermitteln, entstanden in ganz Thüringen innerstädtische Straßenzüge u. a. in Arnstadt, Erfurt, Gera, Gotha, Hildburghausen sowie Straßen und Plätze in Suhl. Die fertigteilgerechte Adaption ornamentierter Formen folgte einem internationalen Trend. Neubauten wie das Fünf-Sterne-Hotel „Belvedere" in Weimar (Bau ab 1987) können mit Leitbauten der damaligen Zeit wie der Verwaltung Züblin in Stuttgart von *Gottfried Böhm* (1982–85) verglichen werden. So funktionierte die Übernahme des architektonischen und funktionalen Hotelkonzepts 1992 durch die Hilton AG beinahe mühelos.

Weimar, Hotel „Belvedere", heute: Weimar Hilton, Hartmut Strube 1988–91

Die siebziger und achtziger Jahre brachten in der DDR ein neues Interesse an der Zeit und der Lehre des Bauhauses mit sich. Nachdem die Weimarer Hochschule für Architektur und Bauwesen schon in den sechziger Jahren eine Forschungsgruppe eingerichtet hatte(53), um die Wurzeln der Hochschule im Bauhaus zu suchen, begann man nun jene Zeit auch denkmalpflegerisch zu berücksichtigen. Das Bauhaus, dessen Stil man nach 1951 als „formalistisch" gegeißelt hatte, wurde nun in die Tradition „fortschrittlicher Bewegungen" eingegliedert.(54) Im Schulgebäude in Weimar wurden 1976 Wandbilder der Bauhaus-Jahre, in Dessau wurde ab 1975 die gesamte Anlage des Bauhauses wieder hergestellt.

Neben der Würdigung der klassischen Moderne als Epoche musste auch in der DDR das Phänomen der Postmoderne wahrgenommen werden. In der Kritik, die im Westen spätestens ab 1980 die Doktrin der Moderne ins Verhör nahm, wollte man vorerst eine kapitalismusintere Auseinandersetzung erkennen, die sich an hausgemachten Widersprüchen entzündete. Dass damit jedoch ein Verdruss an der systemübergreifenden Maxime vom Bauen als technisch kalkulierbarer Bedürfnisbefriedigung gemeint sein könnte, bemerkte man, als sich in den Fachorganen der DDR diskussionsbereite Stimmen zu Wort meldeten.(55) Zu beobachten ist, wie in der DDR der achtziger Jahren unter denkmalpflegerischen Gesichtspunkten „bauliches Erbe" täuschend echt und in alten Handwerkstechniken wiederhergestellt wurde. Rekonstruktionsmaßnahmen wie z. B. an der Wartburg bei Eisenach oder am Goethehaus am Frauenplan in Weimar standen im Zusammenhang mit zu feiernden Jubiläen. Nun fanden sich allerdings auch Neubauten, die formale Anleihen an historischen Vorbildern nicht scheuten.

Beispiele wie das Schillermuseum in Weimar von *Jürgen Seifert* und *Frank Michalski* (1984–88), konnten im Zug dieser Praxis entstehen.(56) Solche Neubauten provozierten keine Widersprüche im Sinn einer Postmodernediskussion. Sie persiflierten oder ironisierten nicht. Vielmehr entstanden sie im Wechselspiel mit einer denkmalgeschützten Umgebung oder wollten einen städtebaulichen Kontext respektieren. Dennoch befanden sie sich in einem internationalen Trend, der in den achtziger Jahren historisierendes Bauen salonfähig machte, sei es als Adaption oder als Provokation. Der Bau des Schillermuseums in Weimar verließ außerdem entschieden das Repertoire der vorgefertigten Elementierung. Als Sonderbau in prominenter Lage wurde bei seiner Realisierung nach einem Architektenwettbewerb ein Entwurf umgesetzt, der als einziger Museumsneubau der DDR gilt.

Das Bauwesen der DDR betrieb in seinem letzten Jahrzehnt intensiv die Automatisierung von Planung und Baustelle.(57) Das korrespondierte, zumindest im Prinzip, hervorragend mit den universell anwendbaren Bauteilen der Wohnbauserie 70. Bis zum Ende der DDR wurde die massive Integration von Computer Aided Design (CAD) in der Planungspraxis zum Gradmesser für die Wirksamkeit des Wohnungsbauprogramms. Dazu passende Möglichkeiten des Computer Aided Manufacturing (CAM) halfen bei der „Erarbeitung von Montageunterlagen" für typisierte Bauteile.

Der Rückblick auf das Bauen bis 1989 stellt für Thüringen bzw. die drei Bezirke die Frage, wie sehr hier, fern von Berlin, die akademischen Architekturdebatten der Hauptstadt eine Rolle spielten. Manchmal schlug sich der Abstand in der reinen Verzögerung von ausgegebenen Direktiven nieder, manchmal jedoch auch im unbemerkten Ausscheren aus der architektonischen Generallinie. Besonders die Hochschule in Weimar konnte bei Wettbewerben und wissenschaftlichen Veröffentlichungen immer wieder eigene und auch abweichende Standpunkte vertreten.

Nach 1990 – Vereintes Deutschland und Land Thüringen

Ob das Wohnungsbauprogramm doch noch realisierbar gewesen wäre, musste die Staatsführung der DDR nicht mehr beweisen. Der politische Umbruch und die deutsche Wiedervereinigung konfrontierten die Baupraxis in Deutschlands Osten mit völlig neuen Ausgangsbedingungen. Der Plattenbau wandelte sich schlagartig vom Inbegriff für die Leistungen der DDR zum Symbol einer verfehlten Politik. Die architektonischen und technischen Mängel boten eine hervorragende Angriffsfläche für die Kritik am untergegangenen System. Die Plattenbau-Sanierung steht seitdem greifbar und stellvertretend für den Umgang mit der DDR und ihrer Vergangenheit. Wie man die inneren Qualitäten des Plattenbaus dennoch verarbeiten und ohne Abriss daraus neue Architektur schaffen kann, zeigen Beispiele in Leinefelde-Süd, geplant von den Teams *Meier-Scupin* und *Petzet* sowie *Forster* und *Schnorr*.

Leinefelde-Süd, Typenwohnbauten vor der Sanierung, 1998

Die Veränderungen von 1989 führten ein Jahr später zum wieder gegründeten Land Thüringen, der sich aus den Bezirken Erfurt, Gera, Suhl und zwei Kreisen der ehemaligen Bezirke Halle und Leipzig zusammensetzt. Für die vergangenen 35 Jahre steht die Frage im Raum, wie sich ein „thüringisches Bewusstsein" weitergetragen hat.(58) Dass es überdauert hat und die Bezirksaufteilung von 1952 als willkürlich empfunden wurde, offenbarte die Entschlossenheit, das Land Thüringen nach dem Ende der DDR wieder einzurichten.

Das Bauen wurde nach 1990 zum sichtbaren Indiz des schnellen Wandels. Die wirtschaftlichen Grundlagen hatten sich verändert. Das Bauvolumen entwickelte schnell eine Geschwindigkeit, die den Kommunen städtebauliche Rahmenvorgaben in neuen Dimensionen abverlangten. Unrentable Industriezweige entfielen komplett oder wurden durch neue ersetzt, wie in Eisenach, wo heute die Firma Opel anstelle der alten Wartburg-Autowerke weiter produziert.

Bodenpreise und Standortvorteile wurden zu neuen, folgenschweren Richtgrößen. Einkaufsmärkte besetzten Stadtränder und Autobahnen und bedrängten das Geschäftsmilieu der Innenstädte. Für die Planung größerer oder öffentlicher Bauaufgaben schuf das Wettbewerbswesen eine Plattform, auf der die örtliche Architektenschaft zuerst wenig Chancen hatte. Für viele Geschäfts- und Industrieneubauten brachten die Investoren die Architekten gleich mit. Nicht nur Neubauten und Erweiterungen umfassten das Volumen der Bauaufgaben. Sanierungen ganzer Stadtteile, ihrer Infrastruktur sowie der jüngsten Wohnbauquartiere warfen Aufgabenfelder auf, die bis heute nicht bewältigt sind. Wo bis 1990 die Maxime des Wachstums den Wohnungsbau beherrschte, beschönigt heute das Wort „Rückbau" den Abriss leerstehender Siedlungsteile.

Hermsdorf, ehem. VEB Keram. Werke vor der Umwidmung in neue Betriebe

Neben den Grundlagen zum Bauen hat sich die Rolle des Architekten geändert. Die Architektenschaft musste sich nach 1990 neu organisieren. Kollektive und Kombinate zerfielen und der selbständige Unternehmer-Architekt bestimmte zunehmend das Profil des Berufs. Mit den plötzlich veränderten Anforderungen wurden viele Bauvorhaben in Thüringen von Architekten bearbeitet, die nicht aus Thüringen kamen. Dabei sind respektable Bauten entstanden, die sich in die Linie all jener Gebäude stellen lassen, deren Planungen auch in früheren Jahrzehnten von außen nach Thüringen hineingetragen wurden.

Die Hochschule in Weimar, seit 1995 Bauhaus-Universität Weimar, will wieder Einfluss nehmen auf die Architekturdiskussion und auf das Bauschaffen seiner direkten Umgebung. Im Vorfeld des Kulturstadtjahrs 1999 sind einige Bauprojekte von Mitgliedern der Hochschule initiiert und realisiert worden. Eines der spektakulärsten Vorhaben sind die Planungen zum „Neuen Bauen am Horn" in Weimar. Dort hatte schon 1920 *Walter Gropius* eine ländliche Genossenschaftssiedlung für Bauhausangehörige geplant. Er wünschte damals, dass sein Bauhaus ein „schöpferisches Zentrum für Thüringen" würde.(59) Wie es dazu nicht kam, ist beschrieben worden. Dass die heutige Nachfolgeinstitution mit einem ähnlichen Vorsatz mehr Glück hat, zeichnet sich bereits ab.

Mark Escherich, Ulrich Wieler

Anmerkungen

(1) Siehe Neumann, Thomas (Hrsg.): Quellen zur Geschichte Thüringens. Kultur in Thüringen 1919–1945, Bd.8, Erfurt 1998, S. 14–16.
(2) Fritz Schumacher, zit. n. Durth, Werner: Deutsche Architekten. Biografische Verflechtungen 1900–1970, München 1992, S. 60.
(3) Siehe Preiss, Achim; Winkler, Klaus-Jürgen: Weimarer Konzepte. Die Kunst- und Bauhochschule 1860–1995, Weimar 1996, S. 26ff..., siehe Durth 1992, a. a. O., S. 60.
(4) Siehe Kurze, Bertram: Fabrikarchitektur in Jena – die Bauten des Zeiss-Hauptwerkes 1880 bis 1945, in: Thüringisches Landesamt für Denkmalpflege (Hrsg.): Das Hauptwerk von Carl Zeiss Jena. Ursprung und Wandel, Bad Homburg; Leipzig 1997, S. 47f.
(5) Siehe John, Jürgen (Hrsg.): Quellen zur Geschichte Thüringens 1918–1945, Erfurt 1996, S. 28f. Politik-, wirtschafts- und kulturgeschichtlichen Fakten, die im Abschnitt 1919–1945 angeführt werden, sind weitgehend aus diesem Band übernommen.
(6) Zit. n. Droste, Magdalena (Hrsg.): Bauhaus 1919–1933, Köln 1991, S. 58.
(7) Siehe Preiss und Winkler 1996, a. a. O., S. 40.
(8) Siehe Winkler, Klaus-Jürgen: Bemerkungen zur Architektur Thilo Schoders in der Zeit der Weimarer Republik, in: Rüdiger, Ulrike (Hrsg.): Thilo Schoder. Architektur und Design. 1888–1979, Kat. Jena 1997, S. 41f.
(9) Zit. n. John 1996, a. a. O. S. 34.
(10) Siehe Dexel, Walter: Der „Bauhaus-Stil" - ein Mythos, in: Neumann, Eckhardt (Hrsg.): Bauhaus und Bauhäusler. Erinnerungen und Bekenntnisse (erw. Neuausgabe) Köln 1985, S. 168.
(11) Siehe Wirth, Hermann: Die Villa Bergfried in Saalfeld und die Architekturströmungen in der ersten Hälfte des 20. Jahrhunderts, in: Wissenschaftliche Zeitschrift HAB Weimar 3–4/1992, S. 176f.
(12) Siehe auch Grohé, Stefan: Gesellschaftsbau, in: Thüringisches Landesamt für Denkmalpflege (Hrsg.): Architektur und Städtebau. Das Büro Schreiter & Schlag 1919–1952, Jena 1999, T. 4.
(13) Siehe Winkler 1997, a. a. O., S. 38.
(14) John 1996, a. a. O. S., 37.
(15) Siehe Preiss und Winkler 1996, a. a. O., S. 42f.
(16) Siehe Loos, Karina: Der Bau der Nietzsche-Gedächtnishalle im Dritten Reich in Weimar, in: Zimmermann, Gerd; Brauns, Jörg (Hrsg.): KulturStadtBauen, Kat. Weimar 1997, S. 75.
(17) Siehe Durth, Werner und Nerdinger, Winfried: Architektur und Städtebau der 30er/40er Jahre (Schriftenreihe des Deutschen Nationalkomitees für Denkmalschutz, Bd. 46), Bonn 1993, S. 40.
(18) Siehe Wirth, Hermann: Kleinstädtische und ländlichen Bauten der NS-Zeit und ihre Adaption in den separierten deutschen Staaten der Nachkriegszeit, in: Ländliches und kleinstädtisches Bauen und Wohnen im 20. Jahrhundert (Jahrbuch für Hausforschung Bd. 46) Marburg 1999, S. 282, 286.
(19) Siehe Winkler, Klaus-Jürgen: Zwischen Tradition und Gegenwart: Vom Behördenhaus zum heutigen Ensemble des Thüringer Landtages, i n: Thüringer Landtag (Hrsg.): Politisches Zentrum eines neuen Bundeslandes. Der Thüringer Landtag, Erfurt 1994, S. 46.
(20) Wirth 1999, a. a. O. S. 284.
(21) Siehe ebenda, S. 282ff.
(22) Nerdinger, Winfried: Bauhaus-Architekten im Dritten Reich, in: Nerdinger, Winfried (Hrsg.): Bauhausmoderne im Nationalsozialismus, München 1993, S. 170.
(23) Siehe Durth; Nerdinger 1993, a. a. O. S. 49.
(24) Siehe ebenda, S. 42.
(25) Ebenda, S. 50.
(26) Siehe Butter, Andreas: Waldidyll und Fensterband. Die Moderne im Schulbau der SBZ/DDR im Schulbau von 1945 bis 1951, in: Barth, Holger (Hrsg): Projekt sozialistische Stadt. Beiträge zur Bau- und Planungsgeschichte der DDR, Berlin 1998, S. 188.
(27) Henselmann, Hermann: Das Gesicht der neuen Dorfdemokratie, in: Neues Deutschland: 03.02.1950 (Ausg. Berlin).
(28) Siehe John, Jürgen; Jonscher, Reinhard; Stelzner, Axel: Geschichte in Daten. Thüringen, Berlin; München 1995, S. 272.
(29) Forschungsgemeinschaften Hochschule/Weimar (Hrsg.): Lehmbaufibel, Darstellung der reinen Lehmbauweisen, Leipzig 1947.
(30) Siehe Hochschule für Baukunst und Bildende Künste (Hrsg.): Grundlagen d. ländl. Siedlungswesens, Weimar 1948.
(31) Siehe Schädlich, Christian: Die Neubauernsiedlung Neuheide in Großfurra, in: Architektur der DDR, 2/1989, S. 54.
(32) Siehe Confurius, Gerrit: Versuch eines gesamtdeutschen Neuanfangs Ordnung zu schaffen in der verzweifelten Unordnung, in: Stadt der Architektur-Architektur der Stadt, Kat. Berlin 2000, S.225. Der Autor spricht hier von einer „unschuldig gebliebenen Moderne".
(33) Siehe Durth, Werner; Düwel, Jörn; Gutschow, Niels: Architektur und Städtebau der DDR, Bd. 1., Ostkreuz. Personen, Pläne, Perspektiven, Frankfurt a. M. [u. a.] ²1999, S. 80f.
(34) Siehe [N. N.]: Der Volkshauswettbewerb Nordhausen, in: Bauplanung und Bautechnik, Bd. 2, 10/1948, S. 282ff.
(35) Zit. n. Düwel, Jörn: Baukunst voran !, Architektur und Städtebau in der SBZ/DDR, Berlin 1995, S. 72 (Grigori Simonow nach Notiz aus Gesprächsprotokollen 20.04.1950).
(36) Siehe Ebenda, S. 81.

(37) Siehe Weißbarth, Adolf: Entwicklung und Planung der Stadt Nordhausen, in: Deutsche Architektur 1/1965, S. 53ff.
(38) Siehe Durth; Düwel; Gutschow ²1999, Bd. 1, a.a . O.; S. 371.
(39) Siehe Hartung, Ulrich: Arbeiter- und Bauerntempel-DDR-Kulturhäuser der fünfziger Jahre – ein architekturhistorisches Kompendium, Berlin 1997, S. 44f.
(40) Zit. n. Düwel; Durth; Gutschow ²1999, Bd. 1, a. a. O.; S. 371.
(41) Kaiser, Joseph: Das Kulturhaus der Maxhütte, in: Deutsche Architektur 3/1954, S. 202ff.
(42) Siehe Palutzki, Joachim: Architektur in der DDR, Berlin 2000, S. 116.
(43) Ebenda, S. 208.
(44) Chlebos, Dieter: Wettbewerb Stadtzentrum Weimar, in: Deutsche Architektur 3/1969, S. 171ff.
(45) Siehe Stutz, Rüdiger: Technopolis – Ulbrichts Strukturpolitik in Thüringen (1967–71), in: Landeszentrale für politische Bildung Thüringen (Hrsg.): Blätter zur Landeskunde, Erfurt 1999.
(46) Siehe Kritik von Lothar Kühne: Bedingungen des Monumentalen in der sozialistischen Architektur in: Deutsche Architektur 4/1969, S. 176ff.
(47) Palutzki 2000, a. a. O., S. 304.
(48) Angermüller, Klaus: Der Thüringer Wald – Ein Zentrum der Erholung der Werktätigen, in: Deutsche Architektur 5/1972, S. 286ff.
(49) Z.B.: Siedlungen in Erfurt-Nordhäuser Straße 1973–78, 11.000 WE, Gera-Lusan 1972–84, 17.600 WE, Jena-Lobeda 1968–75, 13.600 WE
(50) Flierl, Bruno: Statement, in: Barth, Holger (Hrsg.): Planen für das Kollektiv. Dokumentation des 4. Werkstattgesprächs vom 15.–16. Oktober 1998, Erkner 1999.
(51) Zit. n. Palutzki 2000, S. 308; Architekturanalyse im Bezirk Leipzig, Material der Abteilung Bauwesen beim ZK der SED zum 7. Bundeskongreß des BdA, 13.–14.11.1975. Besprochen wurde u. a. auch des Wohngebiet Altenburg-Ost.
(52) Palutzki 2000, a. a. O. S. 396ff.; Gemeint sind die Planungen von M. Prasser, E. Wallis, P. Kobe (u. a.), 1980–88.
(53) Siehe Hüter, Karl-Heinz: Über den Stand, die Probleme und die Aufgaben der Erforschung der Hochschulgeschichte, in: Wissenschaftliche Zeitschrift der HAB Weimar 3/1961, S. 239ff.
(54) Im Oktober 1976 wurde mit dem 1. Bauhauskolloquium die Pflege des „Bauhaus-Erbes" als periodisch wiederkehrende Veranstaltung institutionalisiert.
(55) Schädlich, Christian: Der Postmodernismus – eine alternative Architektur? in: Architektur der DDR 6/1982, S. 340ff.; sowie: Wirth, Hermann: Architektonischer Historismus in der Gegenwart – schöpferischer Impuls oder regressive Tendenz? in: Wissenschaftliche Zeitschrift der HAB Weimar 5–6/1983, S. 459ff.
(56) Seifert, Jürgen: Wettbewerb Schillermuseum in Weimar, in: Architektur der DDR 9/1982, S. 555ff.; Seifert, Jürgen; Michalski, Frank: Neubau Schillermuseum in Weimar, in: Architektur der DDR 9/1989, S. 20ff..
(57) Grönwald, Bernd: Computer in Stadtplanung und Architektur, in: Architektur der DDR 4/1988, S. 7f.
(58) Siehe Gärtner, Marcus: Kultur in Thüringen 1949–89? in: Landeszentrale für politische Bildung Thüringen (Hrsg.): Quellen zur Geschichte Thüringens. Kultur in Thüringen 1949–89, Bd. 14, Erfurt 1999.
(59) Scheidig, Walter: Die Bauhaus-Siedlungsgenossenschaft in Weimar 1920–1925, in: Dezennium 2/1972, S. 249ff.

2. Objektteil

Zum Gebrauch
Objektteil

Übersichtskarte Thüringens
Regionen, Landkreise, Städte

Westliches Thüringen
1 Stadt Eisenach EA
2 Wartburgkreis WAK
3 Kreis Schmalkalden-Meiningen SM
4 Kreis Gotha GTH

Thüringens Mitte
5 Stadt Erfurt EF
6 Stadt Weimar WE
7 Stadt Jena J
8 Kreis Weimarer Land APD
9 Kreis Sömmerda SÖM

Nördliches Thüringen
10 Kyffhäuserkreis KYF
11 Kreis Nordhausen NDH
12 Eichsfeldkreis EIC
13 Kreis Unstrut-Hainich UH

Südliches Thüringen
14 Stadt Suhl SHL
15 Imkreis IK
16 Kreis Hildburghausen HBN
17 Kreis Sonneberg SON
18 Kreis Saalfeld-Rudolstadt SLF

Östliches Thüringen
19 Stadt Gera G
20 Saale-Holzland-Kreis SHK
21 Saale-Orla-Kreis SOK
22 Kreis Greiz GRZ
23 Kreis Altenburger Land ABG

Zum Gebrauch des Buches

Der Architekturführer Thüringen ist in die fünf Regionen Westthüringen, Nordthüringen, Thüringens Mitte, Südthüringen und Ostthüringen unterteilt. Die Regionalkapitel ordnen sich nach Landkreisen und kreisfreien Städten. Vor dem Kapitel jedes Kreises und jeder kreisfreien Stadt erleichtern eine Karte und eine Objektliste das Auffinden der erwähnten Orte. Am Anfang eines Landkreiskapitels steht die Kreisstadt und ihre Bauten. Danach erfolgt die weitere Anordnung in alphabetischer Reihenfolge der Städte und Gemeinden. Innerhalb einer Stadt oder Gemeinde ordnen sich die Objekte nach dem Jahr ihrer Fertigstellung.

Jede Seite beginnt mit einem Textfeld, in dem auf einen Blick die aktuelle und ggf. ehemalige Gebäudebezeichnung, Ort, Adresse, Architekten und die Bauzeit erfasst werden. Ein kurzer Text erläutert das Objekt und illustriert mit einem Foto den jetzigen oder einen historischen Zustand. Zumeist ergänzen Planzeichnungen den Objektteil. In der Marginalspalte wird entweder zu Besonderheiten des Hauptobjekts Auskunft gegeben oder es weist ein blau eingefärbter Nebentext, teilweise mit Bildern, auf Objekte in der Nähe oder Bauten im Zusammenhang hin. Am unteren Rand werden in Kurzform Quellen und Literaturangaben vermerkt, die im Anhang vollständig ausgeführt werden.

Bedenken Sie bei der Besichtigung, dass viele Gebäude von Menschen bewohnt werden, die sich nicht als Ausstellungsobjekte fühlen wollen.

Westliches Thüringen

Stadt Eisenach
EA

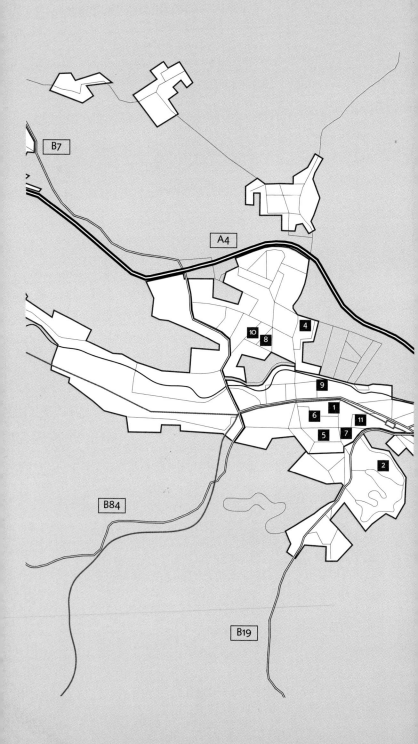

Westliches Thüringen
Karte Eisenach

1 Umformerstation
2 Wohnhaus Steiner
3 Wohnhaus und Arztpraxis
4 Wartburgklinikum
5 Ehem. Kaufhaus „Steppke"
6 Kino „Capitol"
7 Wohn- und Geschäftshaus Karlsplatz
8 BMW-Siedlung
9 AWE-Gelände
10 Elisabethgymnasium
11 Wohn- und Geschäftshaus Bahnhofstraße
12 Produktions- und Verwaltungsgebäude MBE

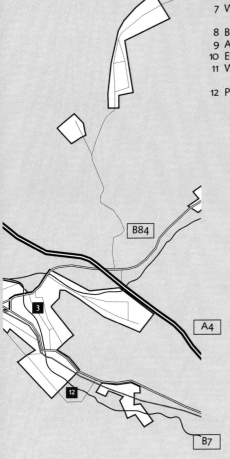

Umformerstation

EA

Eisenach
Uferstraße 24
AEG-Bautechnisches Büro
1924

In der Nähe
Sommerstraße 4, Parkhaus, ehem. Straßenbahndepot, Gemeinschaftsentwurf G. Schroeder, AEG Bautechnisches Büro, ca. 1930.
Das Gebäude wurde 1997–1999 von den Architekten Backofen & Seidenzahl zum Parkhaus umgebaut, bei dieser Sanierung konnte der Dreigelenksrahmen der Dachkonstruktion erhalten werden.

In der Uferstraße 24 stand 1924 ein Erweiterungsgrundstück für das Eisenacher Elektrizitätswerk zur Verfügung. Die Nähe zum alten Standort in der Helenenstraße 2 und dem dort gelegenen Verwaltungsgebäude bot ideale Bedingungen. Der Baukörper passt sich dem Grundstücksverlauf der Uferstraße an, mit seinem quadratischen Grundriss und der Gliederung der Baumasse zeigt das Gebäude ein funktionales Erscheinungsbild. Die symmetrisch aufgebauten Putzfassaden mit hohen, schmalen Fenstern, die tief eingeschnitten sind, werden akzentuiert durch die dreieckigen Verdachungen. Die gestalterische Ausführung scheint dem Expressionismus verhaftet. Dieser ästhetische Anspruch findet sich selbst im Gartenzaun, der aufwendig geschmiedet ist, wieder.

Die ehem. Umformerstation wird heute als Lager der Eisenacher Versorgungsbetriebe (EVB) genutzt.

Die Helenenstraße 2 beherbergt auch heute noch die Verwaltung der EVB. Dieser Bau mit dem Gebäudeschwung zur Straßenseite wurde von dem Architekten Curt Mergenbaum 1924 entwickelt.

Lit.: Kultur- und Stadtplanungsamt Eisenach; Reiß, Herlind (Hrsg.): Eisenach. Industriebauten 1. AEG Spuren, Eisenach 1996

Wohnhaus Steiner

Eisenach
Ofenstein 31
Karl Steiner
1927

Das Wohnhaus liegt mitten im Südviertel, das sich in der 2. Hälfte des 19. Jahrhunderts entwickelte. Innerhalb des Südviertels, das sich in direkter Nähe zu den Ausläufern des Thüringer Waldes befindet, entstanden Gebäude aus unterschiedlichen architektonischen Richtungen wie Historismus, Jugendstil und Neue Sachlichkeit, zu der das Wohnhaus Ofenstein 31 zu zählen ist.

Der Architekt Karl Steiner errichtete den Klinkerbau in Hanglage in einer sehr ausgeprägten geometrischen Form mit Flachdach. Die Fassadengliederung erfolgt nur durch gleichmäßig angeordnete Öffnungen in der Backsteinfassade.

Das Haus hebt sich durch seine Formensprache aus den im Stadtviertel überwiegenden und bereits erwähnten Architekturrichtungen des Historismus und Jugendstils heraus.

Lit.: Kulturamt Eisenach; Eisenacher Kulturkreis e. V. (Hrsg.): Eisenach. Gründerzeitvillen in der Südstadt, o. O. u. J.

Wohnhaus und Arztpraxis

EA

Eisenach
Ludwigstraße 13
Alfred Schmidt
1928

Im Zusammenhang
Wohn-/Geschäftshaus Kasseler Straße 4, Alfred Schmidt, 1928. Wohnhäuser Wiesenstraße 30, Alfred Schmidt, 1927.
A. Schmidt baute verschiedene Wohnhaustypen, nicht nur einzelne Wohnhäuser, sondern auch Mehrfamilienhäuser. Ein gestalterisches Merkmal ist hierbei die wiederholte Verwendung von Klinkern.

Dieser zweigeschossige, verputzte Massivbau mit flachen Pultdächern wurde – ursprünglich für den Konsumverein Eisenach – von dem Architekten Alfred Schmidt entworfen, der Mitglied in der Wirtschaftlichen Vereinigung Deutscher Architekten (W.D.A.) war. Von ihm wurden in Eisenach ebenfalls das Kaufhaus „Steppke" in der Goldschmiedenstraße und der Bau am Karlsplatz 6 errichtet.

Das auf einem Eckgrundstück gelegene Haus ist durch die zwei ineinander geschobenen Baukörper abwechslungsreich gestaltet. Den Grundkörper bildet ein flacher, quaderförmiger Kubus, der durch einen höheren Kubus ergänzt wird. Die ursprüngliche Schaufensterfront zur Ludwigstraße (großes Foto, historische Aufnahme) ist heute noch abzulesen an den großen Fenstern des höher gelegenen Erdgeschosses. Das Schaufenster zur Seitenstraße wurde im Zuge der Umbauarbeiten durch einen kleinen, gut integrierten Eingang ersetzt. Durch seine Architektur und die Farbgebung in einem klaren Blau ist das Wohnhaus mit der eingebauten Arztpraxis in dem traditionellen Wohnviertel in jedem Fall außerordentlich auffällig.

Wartburgklinikum

Eisenach
Mühlhäuser Straße 94
*Stadtbauamt Eisenach,
Stadtbaurat Hofferbert*
1928

Stadtbaurat Hofferbert vom Stadtbauamt Eisenach plante und verwirklichte 1928 den Südflügel des Krankenhauses. Die klare Gliederung der Fassade, der ein kleiner Park vorgelagert ist, unterteilt die Abfolge der Bettenzimmer. Die Fassadengestaltung wird aufgelockert durch den Rundbau zum Ende des Flügels.

Von 1998 bis 2000 wurde von den Architekten Jansen und Lippach das Wartburg-Klinikum um einen Anbau erweitert, der in Klinkerbauweise mit blauen Aluminiumfenstern und weiteren kleineren Glasanbauten ausgeführt wurde (kleines Foto).

Das traditionelle Weiß des Altbaus wird nicht fortgesetzt, so dass ein relativ großer Kontrast zwischen dem Altbau und dem Neubau besteht. Der Neubau vermittelt durch die Grundrissform, die Höhenentwicklung, die Materialwahl und Farbigkeit einen sehr starken Gegenpol und wirkt äußerst dominant.

In der Nähe
Bei dem Heizkraftwerk Nord an der Feuerwache 4 wurde anstelle eines Neubaus 1997 ein Umbau des Heizkraftwerkes von dem Architekten Dahlbender vorgenommen, der die alte Stahlkonstruktion des Entwurfes von Herman Diedecke 1970–73 übernimmt.

Ehem. Kaufhaus „Steppke" EA

Eisenach
Goldschmiedenstraße 8–10
Alfred Schmidt
1929–30

In der Nähe
Die Volkshochschule in der Sophienstraße 8 wurde von dem Architekten Seiffert 1932 gebaut. Bei dem Putzbau mit einem weit überstehenden Walmdach sind die originale Versprossung der Fenster sowie ein farbiges Bleiglasfenster mit Darstellung des heiligen Franz von Assisi erhalten.

Das in einer schmalen Straße liegende ehem. Kaufhaus gehörte zu DDR-Zeiten zur Kinderkaufhauskette „Steppke" und wurde ursprünglich für den Konsumverein Eisenach gebaut. Durch den mehrfach gestuften Aufbau bleiben die vierstöckige Fassade und der gerundete Dachaufbau abwechslungsreich. Ihre dreidimensionale Entfaltung durch zurück- und vorspringende Gebäudeteile zeigt sich bereits in den ersten Entwürfen und später auch in der Ausführung. Der Sichtbezug zum Marktplatz, den der Architekt anstrebte, ist leider sehr gering. Die Erhöhung des Treppenhaustraktes soll als markantes Zeichen des Kaufhauses wirken, doch die Dynamik der Fassade wird durch die perspektivische Verkürzung gebremst. Der Architekt Schmidt schaffte es, trotz der schwierigen Situation ein für die damalige Zeit „modernes Bild" zu vermitteln. Auch hier wurde, wie an anderen Orten in den 60er Jahren, die Rundverglasung aus Kostengründen eingespart. Die Reihe der Kaufhäuser der 20er-Jahre-Architektur in Erfurt, Gotha, Suhl setzt sich also auch in Eisenach fort, wobei dieses Objekt heute nicht mehr als Kaufhaus genutzt wird, sondern leider leer steht.

Lit.: Steuernagel, Barbara: Fassadenarchitektur als Informationsträger, Magisterarbeit (unveröffentlichtes Manuskript) Marburg 1994

EA Kino „Capitol"

Eisenach
Alexanderstraße 12
Werner Banse
1930–31

Der lang gestreckte Kinobau erhielt 1937 einen Erweiterungsbau, der das ursprüngliche Gebäude um ein Geschoss überragt. In der Fassadengestaltung unterscheiden sich die beiden Bauten. Im älteren Kinogebäude sind im Erd- und 1. Obergeschoss rhythmisch Fenster- und Türöffnungen angeordnet, im 2. Obergeschoss schließt sich die Wandfläche und wird nur durch kleine quadratische Öffnungen durchbrochen.

Der Erweiterungsbau zeigt sich seinen Besuchern in drei Geschossen mit einer großzügigen Durchfensterung. Durch das seitlich angeordnete Tor erreicht man über eine Passage die Fußgängerzone, zu der sich das Capitol mit einer Fassade im Stil des Art déco präsentiert.

Zwei der Stühle aus dem ursprünglichen Mobiliar (Art déco) finden sich im Foyer und erinnern an die vergangene Blüte der Wartburg-Lichtspiele.

In der Nähe
Ein weiterer, vergleichbarer Kinobau in der Georgenstraße 5 wurde 1928 von dem Kinoexperten Carl Fugmann, der in Erfurt ein Union-Kino baute, geplant.

Lit.: Steuernagel, Barbara: Fassadenarchitektur als Informationsträger, Magisterarbeit (unveröffentlichtes Manuskript) Marburg 1994

Wohn- und Geschäftshaus   EA

Eisenach
Karlsplatz 6
Alfred Schmidt, Fritz Höger
1930–31

Der Entwurf für das Gebäude stammt von Alfred Schmidt und dem Hamburger Architekten Fritz Höger. Die in Backstein ausgeführte Fassade zeigt eine Verbindung zum Hamburger Chilehaus, dem bekanntesten Bau Fritz Högers. Durch das Versetzen der Backsteinreihen entsteht eine leichte Profilierung, die durch die Wölbung der einzelnen Fensterglasscheiben (!) unterstrichen wird. Die Schaufensterfront ist durch eine Rundung aufgeweitet, so dass der Haupteingang und das Hinterhaus erschlossen werden können. Der Baukörper gliedert sich in das Vorderhaus, welches durch den weiten, gerade hinausgezogenen Dachüberstand ein Flachdach vortäuscht, und das längs gestreckte Hinterhaus, das mit einem Satteldach versehen ist. Die Seitenfassade des Hinterhauses mit einem Durchgang zum oberhalb gelegenen Stadtpark nimmt den Backstein in Form von schmalen Bändern im Fenstersturz und bei den Sohlbänken wieder auf.

Lit.: Steuernagel, Barbara: Fassadenarchitektur als Informationsträger, Magisterarbeit (unveröffentlichtes Manuskript) Marburg 1994

BMW-Siedlung

Eisenach
Ulrich-von-Hutten-Straße/
Amsdorfstraße/Nebestraße
Jürgen Nebel
1934

Die Siedlung im Nordwesten Eisenachs wurde von der BMW Grundstücksgesellschaft m.b.H. München realisiert, um Wohnungen für die Arbeiter der Bayerischen Motorenwerke zu schaffen. Die Siedlung wirkt städtebaulich in sich geschlossen und öffnet sich in westlicher Richtung zum Grünraum, der an das Elisabethgymnasium grenzt.

Die Siedlung mit 374 Wohneinheiten ist in ihrer Gesamtfläche in drei Abschnitte unterteilt. Die auf den ersten Blick traditionell wirkenden Wohnbauten mit der vertikal betonten symmetrischen Treppenhausachse weisen auch „moderne" Elemente auf, wie z. B. die Rundung eines Balkons und horizontal gegliederte Geländer und Fenster. Der Kopfbau an der Amsdorfstraße/Nebestraße kennzeichnet den höchsten Punkt der Anlage und trug ehemals ein Sgraffito mit typischen NS-Elementen von H. Goebel aus München. Bei einigen Eingängen sind Akzente durch Farbeinfassungen der Türen zu sehen. Die Eingangssituation der Gebäude erinnert an die Altensteiner Straße 16–28a in Ruhla von Erik Dorst und Thilo Schoder.

In der Nähe
Eisenach, Am Wartenberg 4–26, Graf-Keller-Str. 2–20, Ebertstr. 11–23, Friesstr. 1–23, Beamten-Bauverein Siedlung, E. Kühne (Am Wartenberg, Graf-Keller-Str. 2), A. Roeser (Friesstr., Graf-Keller-Str. 4–12), M. Steinbrink (Kellerstr.14/16, Ebertstr. 11–23), 99 Wohneinheiten, 1919–1928.

Lit.: Damrich, Nicola; Grohé, Stefan (Hrsg.): Siedlungsarchitektur in Thüringen 1880–1950, unveröffentlichtes Manuskript

AWE-Gelände   EA
Torhaus, Karosseriewerk, Verwaltungsgebäude, Ostkantine

Eisenach
Friedrich-Naumann-Straße/
Rennbahn
Paul Rinke, Georg Schroeder
1933–50

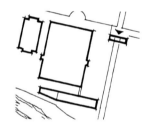

Im Zusammenhang
Wohnkomplex Ernst-Thälmann-Straße,
H. Reichling, H. Holinski, 1953.
Wohnkomplex Mühlhäuser Straße,
E. Henn, R. Götze, ab 1978.

Die 1896 gegründete Fahrzeugfabrik Eisenach AG erfuhr zu Beginn der 30er Jahre eine Erweiterung im östlichen Bereich, nachdem 1928 die Bayerischen Motorenwerke die Dixi-Fahrzeugfabrik Eisenach übernommen hatten. In diesem Bereich entstand nun das auch heute noch als Ensemble bestehende Ostwerk mit dem Karosseriewerk O 1, dem Verwaltungsgebäude O 2 (Bilder linke Seite), der Ostkantine O 5 und dem Torhaus. Das Torhaus (rechte Seite, Bild oben) markiert die Einfahrt zu dem Gelände. Mit seinen abgerundeten Ecken, der klaren Gliederung und dem Flachdach zeigt der Bau Elemente der Architektur der 20er und 30er Jahre, was um so mehr Beachtung verdient, da das Gebäude um 1950 errichtet wurde.

Der Verwaltungsbau O 2 wurde 1934–35 von Paul Rinke aus München geplant. Besonders interessant ist bei diesem lang gestreckten, dreigeschossigen Bau die Konstruktion. Die leichte, verkleidete Stahlkonstruktion wird ergänzt von einer mittig gesetzten Stütze. Vergleichbar erscheint die Gestaltung mit dem Fabrik- und Verwaltungsgebäude, des ehem. „Automatikus-Werks" in Gotha. Das Karosse-

AWE-Gelände
Torhaus, Karosseriewerk, Verwaltungsgebäude, Ostkantine

riewerk O 1 von 1933–34 zeichnet sich in seiner Gestaltung ebenfalls durch breite Fensterbänder und die Verwendung von Verblendsteinen aus. Der Architekt vor Ort war Georg Schroeder aus Eisenach, doch der Entwurf kam aus Saarbrücken von der „Stahlhochbau und Brückenbau B. Seibert GmbH". Das heutige Erscheinungsbild der Bauten O 1 und O 2 der Automobilwerke Eisenach (AWE) entspricht aber wahrscheinlich nicht mehr dem Originalzustand.

Das Automobilwerk Eisenach dokumentiert nicht nur architektonische Haltungen des Industriebaus, sondern ist auch bedeutungsvoll als Zeugnis der Geschichte des deutschen Fahrzeugbaus mit der Dixi-Produktion, dem BMW-Automobil- und Motorradbau und des „Wartburgs". Im Zuge der Erweiterung des AWE-Geländes wurden verschiedene Wohngebiete gebaut; speziell das Wohngebiet Goethestraße hat einen direkten Zugang zum AWE-Gelände. Heute steht das AWE-Gelände leer. Die Opel-Werke existieren seit 1992 mit ca. 2000 Mitarbeitern vor den Toren Eisenachs.

Die Präsentation der Geschichte des Automobilbaus erfolgte in dem in der Wartburgallee 47 gelegenen Automobilpavillon, erbaut 1967. Der schlicht gehaltene, kühl wirkende Baukörper in Stahlskelettbauweise mit Betonelementen scheint über dem Werksteinsockel zu schweben. Der Entwurf stammt von G. Wehrmann.

Elisabethgymnasium   EA

Eisenach
Nebestraße 24
Stadtbaurat Ahnert
1936–39

Das Gymnasium gliedert sich in zwei Flügel und dem zur Hofseite gelegenen Turnhallenbau. Der Eingangsbereich öffnet sich durch die über Eck geführten Arkaden und wird über eine vorgelagerte Treppenanlage erreicht.

Die rhythmische Anordnung der Fenster vermittelt dem Baukörper eine gewisse Strenge, die durch die Eingangsgestaltung und in den Bereichen der Treppenhäuser durch vertikale Fensterbänder aufgelockert wird.

Auffällig ist die Figurengruppe über dem Eingang und die seitlich angeordneten Uhren.

Die Platzierung des Baukörpers bringt eine Öffnung zum Straßenraum mit sich, die die monumentale Eingangssituation unterstreicht, aber heute städtebaulich durch die vorgelagerten Parkplätze nicht mehr wirken kann.

EA   **Wohn- und Geschäftshaus**

Eisenach
Bahnhofstraße 3–5
Helmut Hoffmann
1969

Das 1969 erbaute Wohn- und Geschäftshaus liegt in unmittelbarer Nachbarschaft zum Karlstor und Gebäuden aus der Zeit des Jugendstils. Das Gebäude befindet sich gegenüber der Wartburgallee und fällt allen Vorbeifahrenden direkt ins Auge. Die in einem harten Kontrast zu ihrer Umgebung stehende Loggienfassade wird von der Bevölkerung als negativ bewertet. Das Objekt stammt aus einer Zeit, als neues Bauen auch in einem historischen Kontext selbstbewusst neue Formen mit sich brachte.

Im Erdgeschoss finden sich Geschäftsräume mit einer verglasten Schaufensterfläche, der Fassade der oberen vier Geschosse ist ein gleichmäßiges Raster aus Betonscheiben vorgelagert. Im obersten Geschoss springt die Wandfläche hinter dieses Raster zurück.

Eine Begrünung der streng gehaltenen Fassade und eine neue Farbgestaltung würde die Integration in den Altbaubestand sicherlich fördern.

In der Nähe
Die Autobahnmeisterei in der Kasseler Straße 215 wurde von Paul Schmitthenner gebaut, das Dienstgebäude ist von Karl Dübbers. In den Jahren 1999–2000 wurde die Autobahnmeisterei von dem Architekten Ortmann aus Reutlingen durch einen weiteren Bau ergänzt, dessen Architektur sehr gelungen wirkt.

Produktions- und Verwaltungsgebäude EA

Eisenach
Eichrodter Weg 150/Gewerbegebiet
Güldene Aue
Architekten 4 a
1994–95

Bedauerlich ist, dass das Gebäude weniger Aufmerksamkeit erregen kann, als es verdient, denn der Standort ist weit von der Innenstadt entfernt.

„Wo die Fassade zum Bild des Unternehmens wird" (1) ist eindeutiger Leitspruch der Metallbau Eisenach GmbH. Industriegebiete, Mittelstand und gute Architektur – das scheint es nur in Ausnahmefällen zu geben. Die Firma MBE in Eisenach suchte die Transparenz nach innen und außen – zu Mitarbeitern und Kunden. Dabei gelang ein bemerkenswertes Stück Industriearchitektur. Das mit dem Office Design Preis 1998 ausgezeichnete Gebäude bietet nicht nur einen „außergewöhnlichen" Anblick, sondern beinhaltet auch ein intelligentes Energiekonzept. Über eine „Solar-Wall-Fassade" wird Frischluft erwärmt, die über Röhren in Klimagärten transportiert und von dort über Glaslamellen in die Bürobereiche weitergeleitet wird. Die verbrauchte Luft wird durch Überstromöffnungen entsorgt. Bei der weiteren Gestaltung im Innenraum wird die Transparenz von außen nach innen, auch vom Bürobereich zur Produktion, durch eine Glasfassade erreicht. Der offene Grundriss der Bürofläche spiegelt dies ebenfalls wider.

---

(1) MBE Firmenbroschüre, Metallbau Eisenach GmbH, Industrie- und Verwaltungsgebäude

Westliches Thüringen

Wartburgkreis
WAK

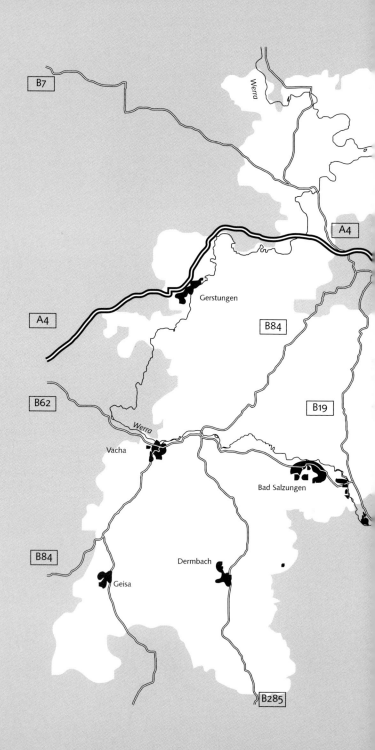

Westliches Thüringen
Wartburgkreis

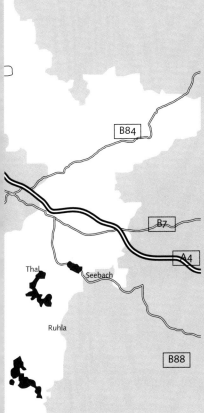

Bad Salzungen
Kurhaus
Wohn- und Geschäftshaus

Bad Liebenstein
Kulturhaus
Heinrich-Mann-Sanatorium

Dermbach
Bahnhof Dermbach
Fliesengeschäft Lindemann

Geisa
Alten- und Pflegeheim

Gerstungen
Schulungs- und Technologiezentrum Alsecco

Ruhla
Siedlung „Altensteiner Straße"
Kulturhaus
Verwaltungs- und Produktionsgebäude Uhren Gardé

Thal
Fitnesscenter „Active Life"

Seebach
Zentrum Seebach

Vacha
Johann-Gottfried-Seume-Gymnasium

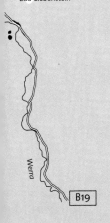

Kurhaus

Bad Salzungen
Am See
Ernst Flemming
1937 und 53

In der Nähe
In unmittelbarer Nähe befindet sich das von Christian Schädlich 1954–55 gebaute Objekt „Verwaltung des Rates des Kreises", welches aus seiner Diplomarbeit hervorging. Die ebenfalls dreiflügelige Anlage wird noch durch einen vierten, parallel zur Straße verlaufenden Flügel ergänzt.

Das Kurhaus am See ist schon allein dadurch beeindruckend, weil man es über die Wasserfläche als Gesamtheit überblicken kann. Die dreiflügelige Anlage des Kurhauses öffnet sich zur Wasserfläche mit einer im Jahre 1953 vorgelagerten Wandelhalle mit Pfeilerstellung im Erdgeschoss, die sich an den Schmalseiten fortsetzt.

Im 1. Obergeschoss wird der Vorbau für einen ebenfalls die Schmalseiten umfassenden Balkon genutzt. Die Anordnung der Gauben im Dachbereich entspricht der rhythmischen Anlage der Fenster in den darunter liegenden Geschossen.

Die Anlage wirkt trotz der Schwierigkeiten, im landschaftlichen Bereich der Nähe zum See gerecht zu werden, einheitlich und klar und bietet ein harmonisches Bild am Seeufer. Zurzeit befindet sich das Kurhaus im Umbau, das originale Schieferdach ist bereits durch ein anderes ersetzt worden.

Lit.: Baugilde 25/1941

Wohn- und Geschäftshaus

Bad Salzungen
Nappenplatz 10
Dietrich Hüther
1994–1996

Das mitten in Bad Salzungen liegende Wohn- und Geschäftshaus fällt dem Betrachter zunächst durch seine „Verkaufsfassade" im Erdgeschoss ins Auge. Der Eingang ist mit seiner klaren Gestaltung wohl proportioniert. Dieser Bereich wurde bis in die Details durchgearbeitet. So sind in die Glasfelder die Schriftzüge „Architektur" und „Modellbau" eingearbeitet. Hier arbeitet ein Architekturbüro.

Kleine Büroräume sind übereinander geschichtet und über eine Betonfertigteiltreppe verbunden. Der Besprechungsraum und die Teeküche liegen im Untergeschoss, die Modellwerkstatt und die Büroräume in den oberen Geschossen.

Die Fassadengliederung in den Obergeschossen steht in einem Kontrast zur Klarheit des Eingangs, was noch durch das Zurücksetzen des Erdgeschosses betont wird. Auch die Proportionierung der einzigen Gaube wirkt nicht sehr glücklich. Die filigrane Architektur des Erdgeschosses, die in Bad Salzungen eines der seltenen positiven Beispiele aus neuerer Zeit darstellt, wurde von dem Architekten leider in den Obergeschossen nicht fortgeführt.

Kulturhaus

WAK

Bad Liebenstein
Herzog-Georg-Straße
B. Preißel, H. Bohnheis, V. Trauvetter
1975–76

In der Nähe
Das „Haus Talblick" für betreutes Wohnen in der Barchfelder Straße wurde von dem Architekten Ulrich Möckel 1997–98 verwirklicht. Inzwischen wird ein Teil des Objektes für einen Hotelbetrieb speziell für Behinderte genutzt, der sehr gut angenommen wird.

Das 1975–76 erbaute Kulturhaus in der Herzog-Georg-Straße bestimmt mit seinem Gebäude die davor befindliche Platzsituation. Der raumgreifende Eingang mit seiner vorgelagerten Treppe macht dies deutlich. Die klare Gliederung der ineinander geschobenen Baukörper wurde inzwischen durch die Farbgestaltung aufgehoben, dennoch ist die Absicht der Architekten noch erkennbar. Das Kulturhaus in Berlstedt im Kreis Weimarer Land repräsentiert den gleichen Bautypus.

In der Heinrich-Mann-Straße befindet sich das gleichnamige Sanatorium, erbaut Anfang der fünfziger Jahre, mit einer kleinen Rotunde als Entrée (kleines Foto). In unmittelbarer Nähe ist der Friedrich-Fröbel-Hof zu finden.

Der Architekt Adolf Meyer plante 1924 zu Ehren des bekannten Pädagogen und Gründers der Kindergartenbewegung ein Haus. Dieser Entwurf „Ein Haus für Kinder, eine Schule für Mütter und für Erzieherinnen" wurde leider nie umgesetzt.

Lit.: Beier, Michael; Hubrich, Hannes; Gruber, Rolf: apropos architektouren ... thüringen 1999, Erfurt 1999

Bahnhof Dermbach

Dermbach
Bahnhof Dermbach
Architekten unbekannt
Baujahr unbekannt

Der Bahnhof liegt an der Hauptdurchgangsstraße des Ortes und steht in einer unbewältigten Spannung zu seinem Vorplatz, der in einer Richtung von einem Gebäude mit klarer Kubatur aus den 50er Jahren begrenzt wird. Das vorkragende Dach der Lagerhalle und die Gesimsbänder zeigen eine horizontale Orientierung. Die Rundung an einer Seite ergänzt die Elemente der 20er Jahre, sorgt aber zugleich für Überraschung, ein solches Element an einem Bahnhof zu finden. In Weilar und Zella existieren vergleichbare Bahnhöfe. Die genaue Bauzeit und der Architekt sind jedoch wie bei dem Dermbacher Bahnhof nicht bekannt.

Das Gebäude des Fliesengeschäftes Lindemann aus den 50er Jahren an der Seite des Bahnhofvorplatzes (kleines Foto) wurde von dem Architekten Otto Schwarz gebaut, der in Dorndorf das Konsumgebäude gestaltete. In Dorndorf befindet sich weiterhin ein Kulturhaus, welches zusammen mit den Kaliwerken gebaut wurde und eine enorme Ähnlichkeit zu dem Kulturhaus in Merkers aufweist.

Alten- und Pflegeheim WAK

Geisa
Bahnhofstraße 29
Architekten Ohlmeier
1996–1999

In der Nähe
Gegenüber, in der Bahnhofstraße 8, befindet sich das Kulturhaus der Stadt Geisa mit einem steilen, weit herabgezogenen Walmdach. Der mittlere Bereich wird durch schmale Fenster betont, die die gesamte Fassadenhöhe einnehmen. Das Gebäude wurde 1954 von dem Entwurfsbüro für Hoch- und Industriebau Erfurt unter H. Weiß gebaut.

Der 1999 fertig gestellte Bau schließt direkt an das ehemalige Krankenhaus von 1823 an und bietet mit seiner Nähe zum Fluss Ulster ideale Bedingungen für ein Altenheim. Die Erweiterung ist in einen Längsriegel und zwei Querriegel gegliedert und nutzt so die Grundstückssituation ausgezeichnet aus.

Durch die Grundrissform und die landschaftliche Einbindung entstehen wechselnde Beziehungen zwischen innen und außen, für die Bewohner gibt es unterschiedliche „Ruhepunkte mit wechselnden Atmosphären zwischen Landschaft und Gebäude."(1)

Die gesamte Materialwahl von Holz, Putzflächen, Glas und Glasbausteinen wirkt gelungen, die Materialien korrespondieren effektvoll untereinander.

Die Anlage differenziert sich in der Höhenentwicklung, wobei sich die Neubauten dem Altbau unterordnen.

(1) Ohlmeier Architekten BDA: Alten- und Pflegeheim in Geisa, 1992–96, Blatt 2.

WAK — Schulungs- und Technologiezentrum Alsecco

Gerstungen
Kupferstraße 50
Selinger + Vogels
1994–1996

Das direkt an der Autobahn A 4 und an der Bahnstrecke zu findende Ensemble der Firma Alsecco liegt in einer Senke. Das Gebäude nutzt die Hanglage, um Lager und Nebenbereiche „verschwinden" zu lassen.

Die Fassade zeigt – unterstützt durch die außen liegenden Alu-Lamellen – eine horizontale Wirkung; auch die umlaufenden Balkone und die leicht überkragenden Dächer unterstreichen bei einer geraden Frontansicht diesen Eindruck. Das Gebäude lebt durch seine Schichtung in der Horizontalen im Wechsel von Verglasung und hellblauem Putz.

Auf der höher gelegenen Nordseite betreten Besucher den Bau über eine gläserne Halle, die einen sehr großzügigen, transparenten Eindruck vermittelt. Diese Großzügigkeit findet sich auch in den Büroetagen, die sich durch Gemeinschaftsbüros auszeichnen. Die Flexibilität im Innenraum entspricht den hohen Anforderungen eines Schulungs- und Technologiezentrums.

Lit.: Danner, Dietmar: Kontrast statt Widerspruch, in: AIT, Sonderdruck 4/97

Siedlung „Altensteiner Straße" WAK

Ruhla
Altensteiner Straße 16–28 a
Erik Dorst, Thilo Schoder
1927–28

In der Nähe
Die Wohnanlage „Ringelsocken" am Stadtwald 15/17 wird in dieselbe Bauzeit eingeordnet wie die der Altensteiner Straße, der Architekt ist jedoch unbekannt. Interessant ist die heitere blaurote Farbgebung.

In Ruhla entwickelte Thilo Schoder die Planung für eine Siedlung, die in das abfallende Gelände zu fließen scheint. Die schwierige Ausgangssituation wurde durch einen gestaffelten Bau der Anlage in dem Tal bewältigt. Der Siedlungscharakter, den Schoder mit seinem Projekt erreichen wollte, wurde schließlich von dem Architekten Erik Dorst umgesetzt.

Die Siedlung wurde bereits 1930 im Dachbereich verändert, das Flachdach wurde durch ein Satteldach ersetzt. Von 1998 bis 2000 wurde der ursprüngliche bauliche Zustand wiederhergestellt, das Dach wurde zurückgebaut, die Farbgestaltung nachvollzogen und die Grundrisse, die im Ursprung keine Bäder in der Wohnung hatten, den heutigen Bedürfnissen angepasst.

Für die seitlichen Anbauten ist angedacht, ein Café mit kleiner Ausstellung einzurichten, das an die Zeit des Bauhauses erinnern soll.

Lit.: Kohlrausch, Erich: Verwaltungsbericht der Stadt Ruhla 1925–28, Ruhla 1928.

WAK   Kulturhaus

Ruhla
Bahnhofstraße 1
Hermann Räder
1951

Das 1951 im Zusammenhang mit den Uhrenwerken errichtete Kulturhaus ist eines der wenigen Beispiele von Kulturhausbauten, das die klassische Vorkriegsmoderne in die sehr junge DDR transportierte. Die kubische Formgebung, die Fassaden mit den horizontalen Fensterbändern und die Öffnung eines Erdgeschossabschnittes zum Straßenraum durch eine Reihung von Stützen wirken geradezu außergewöhnlich in einer kleinen Stadt wie Ruhla.

Das Gebäude des Kulturhauses passt sich mit seiner abgewinkelten Form dem Gelände an, für das es ursprünglich eine geplante Gartengestaltung gab.

Interessant ist in Ruhla zu beobachten, wie in den 20er Jahren ein reges Bauen mit klassischen Elementen der Moderne (z. B. in der Altensteiner Straße) stattfand, zu Beginn der 50er Jahre das Kulturhaus geplant wurde und im letzten Jahrzehnt eine Rückbesinnung stattfindet, diese Bauten neu entdeckt und überarbeitet werden. Im Vergleich zu den Bauten der 20er Jahre steht die Post in der Wiesenstraße 10, die 1926 errichtet wurde, aber doch überwiegend traditionelle Architekturelemente zeigt.

In der Nähe
Das ehem. Niet-/Nagelwerk in Thal in der Farnroader Straße 8 ist Grundlage für eine Umnutzung. Es wurde nicht nur umgebaut, sondern auch durch verschiedene Anbauten ergänzt und beherbergt heute das Fitness-Center „Active Life", welches von dem Architekturbüro Sauerbier, Wagner, Giesler in den Jahren 1997–2000 verwirklicht wurde.

Lit.: Kohlrausch, Erich: Verwaltungsbericht der Stadt Ruhla 1925–28, Ruhla 1928.

Produktions- und Verwaltungsgebäude Uhren Gardé   WAK
Ehem. Verwaltungsgebäude der Uhrenwerke Thiel

Ruhla
Bahnhofstraße 27
Schreiter & Schlag
1922–36

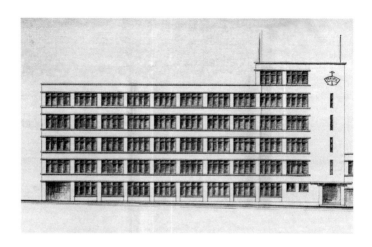

Die Gebäude der ehemaligen Uhrenwerke Ruhla verlaufen in dem engen Tal parallel zur Hauptstraße. Den Auftakt bildet das heutige Verwaltungsgebäude der Firma Gardé. Ursprünglich erstreckten sich die Produktionsgebäude auf beiden Seiten der Hauptstraße. Heute ist, wie bereits erwähnt, nur noch eine Seite der Bauten erhalten.

Grundlegend für die Erweiterungsplanung der Uhrenwerke der Firma Thiel war ein 1922 erstellter Generalbebauungsplan des Architekten Max Fricke aus Leipzig. Bei diesem Entwurf spielte insbesondere das Verwaltungsgebäude der Uhrenwerke, heute das Gebäude der Uhrenfirma Gardé, als Kopfbau eine wichtige Rolle. Entlang der Bahnhofstraße wurden verschiedene Bauten für die Produktion geplant, von denen heute nur noch eine Straßenseite erhalten ist. Im Jahr 1929 wurde das Architekturbüro Schreiter & Schlag mit einem Entwurf für das Verwaltungsgebäude beauftragt, da die bisherige Planung für unzureichend befunden wurde. Der fünfgeschossige Baukörper schließt nach Norden mit einem sechsgeschossigen Treppenhaus als Kopf ab. Die Fassade des Treppenhauses ist durch die starke Kontrastierung in den Wandflächen spanungsvoll gestaltet. Die Fensterbänder sind sehr tief liegend und werden horizontal von Betonrippen gerahmt, die über die Traufe hinausgezogen wurden. Die Betonung der Horizontalen unterstreicht die schmale Straßenwirkung, die gleichzeitig wieder aufgelockert wird durch das

WAK Produktions- und Verwaltungsgebäude Uhren Gardé
Ehem. Verwaltungsgebäude der Uhrenwerke Thiel

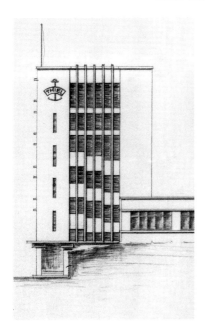

vertikal angelegte Treppenhaus. Der Baukörper des Verwaltungsgebäudes wirkt städtebaulich als Eingangstor.

Im Inneren zeigt sich die Gestaltung des „Neuen Bauens" beim Eingang, in dem sich ein Wandmosaik mit dem „Schmied von Ruhla" (Markenzeichen der Fa. Thiel) befindet. Das Verwaltungsgebäude der Gebrüder Thiel GmbH ist wie einige Bauten von Zeiss in Jena auch von den Architekten Schreiter & Schlag gebaut worden.

Die weiteren Gebäude der ehem. Uhrenwerke Ruhla sind in Stahlbetonskelettbauweise errichtet worden und treten im Vergleich zum Verwaltungsgebäude in den Hintergrund.

In der Nähe
Die Post in der Wiesenstraße 10 zeichnet sich durch die vorgeschobenen halbrunden Treppentürme aus. Das Gebäude wurde 1926–27 von Ludwig Meyer gebaut.

Lit.: Thüringisches Landesamt für Denkmalpflege (Hrsg.): Architektur und Städtebau. Das Büro Schreiter & Schlag 1919–1952, Jena 1999

Zentrum Seebach

Seebach
Zentrum Seebach
Städtebau: E. Henn, W. Müller
Hochbau: F. Schlott,
Freiflächen: E. Kister
1970–73

Das ursprünglich kleine Dorf Seebach erlebte nach 1969 eine extensive Ausweitung durch Bauten des Uhren- und Maschinenkombinats Ruhla. Weitere Firmen siedelten sich entlang der Neuen Straße an, zahlreiche neue Wohnkomplexe wurden gebaut, ein neues Zentrum entstand in unmittelbarer Nähe zum alten Dorf.

Das Zentrum von Seebach zeigt einen Komplex, der in Montagebauweise erstellt wurde. Die Schule mit der dazugehörigen Turnhalle bildet zusammen mit den Versorgungsgebäuden den Kern des Komplexes. Es bestand von Anfang an die Absicht, eine enge Verbindung zwischen den Arbeitsstätten, den Wohnungen und den gesellschaftlichen Einrichtungen zu schaffen. Das vorhandene dörfliche Zentrum bildete hierbei die Grundlage.

In der Nähe befindet sich das Gebäude der heutigen Firma Eurocron, das ursprünglich zu den Uhrenwerken Ruhla gehörte.

Lit.: Architektur der DDR 9/1974

WAK — Johann-Gottfried-Seume-Gymnasium

Vacha
Völkershäuserstraße 9
Hans Moser
1926–29

Das Gymnasium in Vacha ist einer der außergewöhnlichsten Schulbauten im Wartburgkreis. Die dreiflügelige Anlage gliedert sich in einen viergeschossigen Hauptbau, den niedrigeren Zwischenbau und den später errichteten zweigeschossigen Turnhallenbau.

Die Fassade öffnet sich im Erdgeschoss durch Arkaden zur Straßenseite. In der Verbindung zu dem rechtwinklig zum Hauptgebäude gelegenen Zwischenbau wird die Arkadenreihe fortgesetzt. Die Hauptansicht der Schule wird geprägt durch die rhythmisch angeordneten Fensteröffnungen und Dachgauben. Den Auftakt in der Dachflächengestaltung bildet der aus dem Satteldach herausragende sechseckige Turm.

In Vacha befinden sich außerdem die ehem. Kabelwerke, die auch heute noch das Stadtbild vereinzelt durch ihre Werksgebäude prägen. Auf der gegenüberliegenden Straßenseite des Gymnasiums steht das frühere Verwaltungsgebäude der Kabelwerke.

In der Nähe
Etwas außerhalb von Vacha liegt die Spedition Sostmeier in der Frankfurter Straße 40–42, erbaut im Jahr 1960 von dem Entwurfsbüro für Hochbau Meiningen, mit einer Hofanlage, deren Eingang durch eine Rotunde markiert ist.

Westliches Thüringen

Kreis Schmalkalden-Meiningen
SM

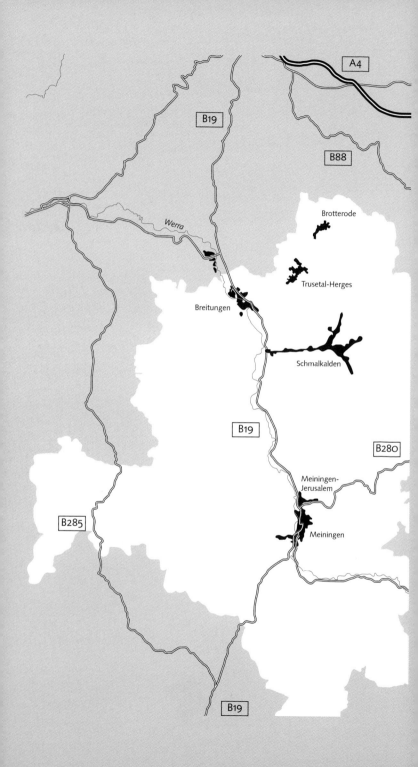

Westliches Thüringen
Kreis Schmalkalden-Meiningen

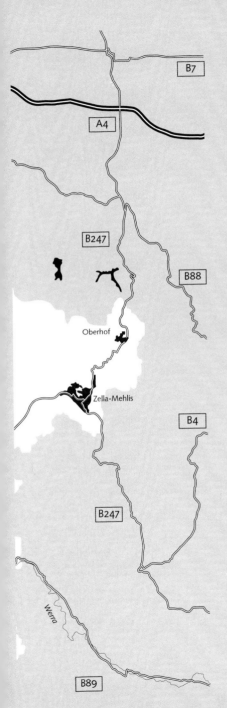

Meiningen
Postverwaltungs- und Lagergebäude
Wohnsiedlung, Rohrerstraße
Kino „Volkslichtspiele"
Katholische Kirche „St. Marien"
Justizzentrum Meiningen

Meiningen-Jerusalem
Multifunktionshalle
Landratsamt Schmalkalden-
  Meiningen
Landeszentralbank in den Freistaaten
  Sachsen und Thüringen

Schmalkalden
Krematorium und Aussegnungshalle
Fachhochschule für Technik und
  Wirtschaft

Breitungen
Gaststätte Leyh

Brotterode
Skisprungschanze „Am Inselsberg"

Trusetal-Herges
Klubkino Trusetal

Oberhof
Hotel „Panorama"
Gaststättenkomplex „Oberer Hof"

Zella-Mehlis
Rathaus und Ortsmitte
Wohnsiedlung, ehem. „Holzhauer-
  Häuser"
Maren Lager GmbH
  Walzlägerwerk

Postverwaltungs- u. Lagergebäude   SM

Meiningen
Friedrichstraße 14
Oberpostdirektion Erfurt
1930–31

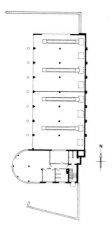

In der Bauaufgabe eines reinen Nutzgebäudes hat die klassische Moderne, versteckt in einem Wohngebiet, einen wichtigen Bau für Meiningen hinterlassen. Das Postlager- und Garagengebäude in der Friedrichstraße schließt seitlich an einen Verwaltungsbau an, dessen Erdgeschoss – ein halbrunder Glaspavillon – zum Garagenhof gerichtet ist. Das Flachdach mit teilweise markanten Auskragungen verstärkt sinnfällig den horizontalen Eindruck. Viele Details wie Kastenfenster, Türgriffe, Treppengeländer und Tore sind über die Jahre erhalten geblieben. Zeitgemäß bauen hieß im Fall dieses Garagengebäudes, die waagerechte Dynamik von Fenstern, Türen und Dach zur Metapher für die Schnelligkeit der Postauslieferung zu machen. Die funktionsbetonte Gebäudegestalt korrespondiert sinnfällig mit ihrem Inhalt. Einen ähnlichen Symbolwert vermitteln möglicherweise nur noch Tankstellen aus derselben Zeit.

Wohnsiedlung „Rohrerstraße"

Meiningen
Rohrerstaße 10, 12, 14, 16
Jacob Lutz
1927–28

Ein zusammenhängendes Ensemble, das zwei Straßen bis zur Einmündung begleitet, ist in seinen fünf Einzelbauten gekennzeichnet durch gleichseitige Fassaden und einen jeweils quadratischen Grundriss. Würfelartig abstrahieren sich die Hauskörper. So kommt es z. B., dass Regenfallrohre in der Fassadenmitte liegen, um die Ecken frei zu stellen. Die Bauten dokumentieren eine Zeit, die sich endlich von Traditionen lösen konnte. Das Siedlerhaus ist hier nicht mehr die Kleinstkopie eines großbürgerlichen Schloss-Traums, sondern ein eigenständiger Typ. Das Einzelhaus scheint aus waagerechten Schichten gefügt. Das Rundumfries der Ziegelaußenwand mit ausgestellten Bindern betont im Brüstungsfeld des 1. OG zusätzlich die Kompaktheit des Baukörpers, der durch keine senkrechten Gliederungen zerteilt wird. Die Mauertechnik und die flachwinklig ausgestellten Erker rufen die Vorbilder expressionistischer Ziegelarchitektur ins Gedächtnis.

In der Nähe
Die Hausgruppe der Baugenossenschaft Meiningen am Schelmengraben 5a/b, 7a/b, 9, 11–15 (Walter Zachariae, 1927–28) umschließt gartenstadtähnlich eine dörfliche Platzform. Die jüngst erfolgte Wärmedämmung der verputzten Außenwand lässt die Fenster zu tief in die Fassade sinken. Werksteinelemente wie Sockel und Türleibungen werden überragt, was den ursprünglich erhabenen Charakter der edleren Fassadenteile zerstört.

Kino „Volkslichtspiele" SM

Meiningen
Neu-Ulmer-Str. 31
*Entwurfsbüro für Hochbau
Meiningen des Rates des Bez. Suhl*
1955–56

Wie programmatisch muss es gewirkt haben, dem sichtbar feierlichen Bau eines Film-Theaters den Titel „Volkslichtspiele" zu geben. Das war kein verlängerter Arm der Traumfabriken, das war, wie auch die Kulturhausbauten derselben Zeit, ein Bildungstempel für alle. So selbstbewusst das Haus mit seinem fünfachsigen Eingangsrisalit am Ortseingang Meiningens einmal stand, so erbarmungslos ausrangiert wirkt die marode Hülle des leer stehenden Kinos heute. Ein Jammer ist der Zustand des Hauses, das sich neben der Bundesstraße und einem neuen Parkhaus zusätzlich in einer unfreundlichen Umgebung befindet. Die Feierlichkeit, welche in den Nachkriegsjahren die ersten Kinobauten der DDR charakterisierte (s. a. „Neue Zeit" Nordhausen und „Theater des Friedens" Weimar), wusste noch nichts von der Konkurrenz des Fernsehens und erst recht nichts von der Kulturform des Multiplexkinos. Im Inneren vermittelte ein Zuschauerraum (510 Pl.) mit Loge und Bühne einmal die Atmosphäre eines Theaters.

Katholische Kirche „St. Marien"

Meiningen
Mauergasse 22
Armin Trautmann
1968–72

Die Geschichte des Bauhergangs der Kirche „St. Marien" spiegelt die Umstände wider, die in DDR-Zeiten zu einem neuen Sakralbau führten. Im Zusammenspiel vieler Initiativen und Einzelleistungen hat ein nicht-staatlicher Träger eine Versammlungsstätte in die Stadt gestellt und dabei auch noch ein Stück individueller und künstlerischer Architektur gewagt. Wie sehr mussten Bauherren und Architekten improvisieren können, um die Vision eines Sakralraums gegen Widerstände und Materialzuweisungen zu verwirklichen! Mit einer Finanzhilfe der Diözese Würzburg konnte man den Bau schließlich 1972 einweihen. Jede der vier Wandseiten des Kirchenraums knickt leicht nach außen und gibt dem Innenraum zusammen mit der Dachneigung die dreidimensionale Körperhaftigkeit eines ungerichteten Zentralraums. Die Kirche lebt im Inneren von den verschiedenen Lichtöffnungen der Außenwände. An den Glasfenstern, dem Altar und der Altarwand waren verschiedene Künstler (C. Grüger, W. Schubert, W. Nickel) beteiligt.

Lit.: Das Münster 3/1996

Multifunktionshalle SM

Meiningen-Jerusalem
Moritz-Seebeck-Allee 6
Peter Kulka
1994–1997

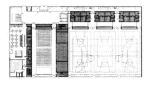

In der Nähe
Die Sanierung der umliegenden Wohnbauten (1965–79) unterliegt einem einheitlichen Farbkonzept und ist im Fall der Bebauung am Kiliansberg bereits abgeschlossen. Die Renovierung verkleidet das Original nicht bis zur Unkenntlichkeit. Jetzt fallen Details wieder auf, wie z. B. die feinen Reliefs im Attikabereich.

Am Beispiel von Meiningen-Jerusalem wird illustriert, mit welchen kommunalpolitischen Instrumentarien ein Plattenbauquartier positiv verändert werden kann. Das gezielte Unterbringen von gesamtstädtischen Funktionen am Stadtrand, der Abriss, wo zu hohe Wohndichte herrscht, und das Neubeleben des ehem. Robotron-Werksgeländes hatten zur Folge, dass auch private Investoren die Standortqualitäten erkannten. Zusammen mit einem jüngst entstandenen Nahversorgungszentrum beschreibt die Multihalle einen städtischen Platz. Die multifunktionelle Halle integriert in ihrem Volumen nicht nur drei Sportfelder, sondern auch noch einen Veranstaltungsbereich, ein Fitnessstudio und ein Restaurant. Äußerlich hält sich das Haus mit seiner hellgrauen Eternit-Verkleidung zurück. Innen dominieren hingegen die kräftige Farbe des Bodenbelags und das Orange der Stahlkonstruktion. Das verglaste Foyer entlang der gesamten Platzseite und ein hohes Vordach laden dazu ein, den Bau als öffentliches Angebot zu verstehen.

Lit.: Bauwelt 40/1997

SM

Landratsamt Schmalkalden-Meiningen
Ehem. Produktionsgebäude des VEB Robotron

Meiningen-Jerusalem
Jerusalemer Straße 13
Walter van Lom (Umbau)
1966–67 und 1998–99

Das Landratsamt in einem ehem. Fertigungsgebäude für Elektronik unterzubringen weist auf den wirtschaftlichen Strukturwandel hin, der nach der Abwicklung des VEB Robotron stattgefunden hat. Eine ca. 10.000 qm große Produktionshalle wartet in der Nachbarschaft auf neue Unternehmen. Der Bau des Landratsamtes folgte dem Plan, öffentliche Einrichtungen des Kreises im Stadtteil Jerusalem zu beheimaten.(1) Der Architekt Walter van Lom machte aus der elementierten Struktur des Bestands eine Tugend und entfernte Teile der Decke in der Mitte des 19 m tiefen Baukörpers zugunsten eines Lichthofs mit großzügiger Treppe. Insgesamt organisiert sich der zweihüftige Grundriss in zwei Bürozonen und eine Kernzone mit Nebenfunktionen. Bewusst werden Betonfertigteile unverkleidet sichtbar gelassen, um die Herkunft des Gebäudes ins Gedächtnis zu rufen. Nach außen hin ist ein einheitlicher Fenstertyp mit liegenden Gefachen die einzige sichtbare Gestaltung des weiß verputzen Quaders.

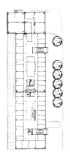

In der Nähe
Hinter dem Robotron-Gelände schließt sich die ehem. Barbarakaserne (1935–36) als Entwicklungsgebiet des Quartiers an. Wie auch die Drachenbergkaserne von 1935 (Auf dem Drachenberg) repräsentiert die Barbarakaserne einen Bautyp aus dreigeschossigen Zeilen mit Walmdach, dessen Schlichtheit sich mit der eiligen Erstellung erklärt. Militärbauten haben in Meiningen Tradition (s. ehem. Hauptkaserne, Kasernenstraße, 1865–67).

(1) Vgl. Thür. Innenministerium 1997, S. 38 ff.

Justizzentrum Meiningen
Ehem. Hauptkaserne

SM

Meiningen
Leipziger Straße
Kammerer und Belz, Kucher und Partner (Umbau)
1966–67 und 1998–99

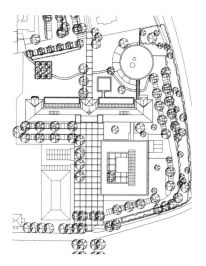

In der Nähe
Vom 5. Preis des Wettbewerbs zum Behördenzentrum wurde 1998–99 der Entwurf der Polizeiinspektion von APB Architekten, Hamburg, umgesetzt. Der weiß verputzte Neubau reicht dem backsteinroten Altbau, einem schlichten Ziegelgebäude an der Leipziger Straße (Nr. 21), bis zur Trauflinie und fasst als Winkel einen Hof. Der beabsichtigte Kontrast zwischen alt und neu lässt beiden Teilen ihre Eigenständigkeit.

Die ehem. preußische Hauptkaserne Meiningens (Arch. O. Hoppe 1866–67) beherrscht ein Areal nördlich der Innenstadt. Im Gelände liegen weitere historische Riegelbauten in rotem Ziegelmauerwerk. Dieses Ensemble ist zum Standort eines Behördenzentrums geworden, das Justizbehörden, die Polizeiinspektion sowie weitere Landesbehörden umfasst. In einem Wettbewerb 1995 entschied man sich für einen Umbauvorschlag, der die Südfassade der Kaserne als Zielpunkt der Lindenallee unberührt lässt und nach Norden ein Bürogebäude anfügt. So ergibt sich mit dem Bestand ein zweihüftiger Verwaltungsbau. Zusätzlich werden nach Süden ein quadratisches Hofgebäude für Sitzungssäle und nördlich ein zweigeschossiger Kreisbau platziert. Die Kaserne beherrscht trotz Zubauten den Ort, gibt sich jetzt jedoch als bürgernahes, offenes Haus mit innen liegenden Lichthöfen und Durchblicken über alle Etagen.

Lit.: Wettbewerbe aktuell 7/1995

SM   **Landeszentralbank**
in den Freistaaten Sachsen und Thüringen

Meiningen
Lindenallee 2a
*Hans Kollhoff,
Helga Timmermann*
1998–2000

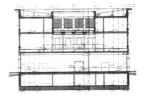

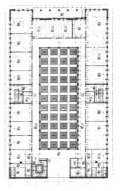

Große Bankgebäude haben in Meiningen Tradition. Die ehem. Bank für Thüringen (C. Behlert 1907–09) und die ehem. Deutsche Hypothekenbank (E. Fritze 1898–99) in der Leipziger Str. 2 und 4 gaben die Dimension für die neue Landeszentralbank vor. Die massiven Fassadenteile des konsequent symmetrischen Verwaltungsbaus bestehen aus behauenem und geschnittenem Sandstein. Ein rustiziertes Sockelgeschoss und die Hauptgeschosse weisen in ihrer Verkleidung auf eine besondere Logik des Fügens hin. Die grob behauenen Quader des Erdgeschosses sind besonders klein und bilden weder Eckbetonungen noch sonstige Gliederungen. Beim zweiten Blick erkennt man, dass das, was wie eine echte Mauer scheint, nicht wirklich trägt, sondern nur hüllt. Bei der Verkleidung der Hauptgeschosse sind die Zuschnitte wiederum zu groß, um Steinquader zu sein. Vokabeln der Architekturgeschichte wurden neu interpretiert. Die Architektur zelebriert Massivität und Strenge. Das sind Eigenschaften, die eine Bank vermitteln kann, im Unterschied zum 19. Jahrhundert jedoch nicht mehr muss.

Krematorium und Aussegnungshalle SM

Schmalkalden
Eichelbach
*B. Klemm,
J. Schieferdecker*
1966–67

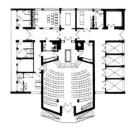

In der Nähe
Die Grabsteine des ehemaligen jüdischen Friedhofs finden sich in einem separaten Gelände am Eingang zum Hauptfriedhof. Die Steine sind vorder- und rückseitig beschrieben, jeweils auf deutsch und hebräisch.

Das Gebäude, das effektvoll an die höchste Stelle des Schmalkaldener Hauptfriedhofs gesetzt wurde, beherbergt ein Krematorium im hangseitigen Untergeschoss und lässt als Trauerstätte Angehörige und Besucher voneinander getrennt eintreten. Neben dieser sachlichen Koordination von Funktionen ist ein feierlicher Bau entstanden. Die Symmetrieachse der Freianlage führt direkt auf den über 12 m hohen Giebel zu, der spitz auf den Besucher zuläuft. Der dunkelrot gestrichene Außenputz hebt sich von den umstehenden Tannen ab. Die Individualität des Baus lässt sich besonders an den handwerklichen Details feststellen. So wurden z. B. Türen, Griffe und Leuchtenschalen als Kupfertreibearbeiten ausgeführt. Es ist keine Kirche. Es ist auch nicht ausschließlich ein Krematorium, zumal dessen Kamine vom Friedhof aus nicht sichtbar sind. Und doch vermittelt der 11 m hohe Innenraum mit Empore, Aufbahrungspodest und ornamentierten Fenstern alle Eigenschaften eines sakralen Bautyps.

Lit.: Architektur der DDR 10/1971

SM   Fachhochschule für Technik und Wirtschaft

Schmalkalden
Blechhammer 4 u. 9
Kammerer und Belz, Kucher und Partner (Umbau)
(1902, 1951–52, 1956–57) 1997-2000

Dem Ensemble der ehem. Ingenieurschule von 1951–57 (W. Michel) hat sich jüngst ein neuer Campus angegliedert. Entlang einer geraden Fußwegachse werden die neue Bibliothek, ein Hörsaalgebäude mit gegenüber liegender Mensa und zwei Institutsbauten aufgefädelt. Einzelbaukörper und Plätze folgen aufeinander – der Campus wird so zum neuen Stadtteil im Tal des Flüsschens Stille. Die Anordnung spannt einen Rahmen, den der zweite Bauabschnitt verdichten wird. Trotz der unterschiedlichen Baukörper formulieren Material und Architektursprache sowie eine ähnliche Traufhöhe den Gesamtentwurf. Mit einer vorgeblendeten Klinkerfassade, wie sie das gleiche Architektenteam z. B. auch bei den Neubauten des Behördenzentrums Meiningen verwendet hat, verkleidet man die geschlossenen Flächen der Außenwände. Abgesetzt davon öffnen sich große, gebäudehohe Glasflächen, besonders bei Mensa und Bibliothek, unter weit auskragenden Flachdächern. Transparenz macht das Innenleben zum Teil des Außenlebens und umgekehrt.

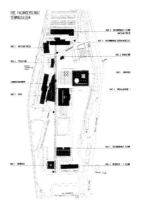

Gaststätte Leyh
Ehem. Klubhaus des VEB „Solidor"

SM

Breitungen-Frauenbreitungen
Poststraße
Koll. VEB Rationalisierung und
Projektierung Berlin, BT Gotha
1974–76

In der Nähe
Das Kulturhaus des VEB Kraftwerk Breitungen (Salzunger Straße) diente dem ganzen Ort (Entw.büro für Hoch- u. Industriebau Erfurt 1954). Aufgebaut in Freiwilligenarbeit lehnt es sich an die traditionalistischen Vorgaben der Zeit an, sichtbar z. B. am Natursteinsockel und der Lisenengliederung der Saalfassade. Das neobarocke Rathaus (1927, Rathausstr. 24) wurde vom Meininger Hofbaurat Carl Behlert entworfen.

Das Klubhaus (im Volksmund „Suppenpalast") einen unscheinbaren Metall-Leichtbau zu nennen ist schon fast beschönigend. Das Typenprojekt wird bis heute als Kantine und Gastronomie genutzt. Was außen so nüchtern erscheint, offenbart im Inneren eine deutliche Gestaltungsidee. Eine hölzerne Vertäfelung an Wand und Stützen gibt dem Saal eine warme Oberflächenfarbe. Es gelang, Nebenräume und architektonische Sonderelemente zugunsten eines ungestörten Raumeindrucks zurücktreten zu lassen. Hinter Schiebeöffnungen verschwindet die Speisenausgabe, genauso wie die Bühne hinter einer Faltwand geschlossen werden kann. So entspricht man dem Wunsch der mehrfachen Nutzbarkeit. Was den Raum entscheidend prägt, ist die komplette Verglasung nach Südosten, die nicht einmal durch Heizkörper gestört wird. Die hat man senkrecht zur Fassade gestellt. Das beschert einen sonnendurchfluteten Tagesbetrieb genauso wie eine schwellenlose Transparenz bei Nacht.

Skisprungschanze „Am Inselsberg"

Brotterode
Am Seimberg
Sportbauten Leipzig
1968

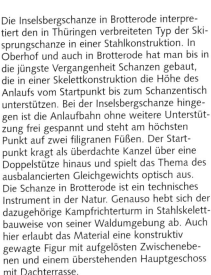

Die Inselsbergschanze in Brotterode interpretiert den in Thüringen verbreiteten Typ der Skisprungschanze in einer Stahlkonstruktion. In Oberhof und auch in Brotterode hat man bis in die jüngste Vergangenheit Schanzen gebaut, die in einer Skelettkonstruktion die Höhe des Anlaufs vom Startpunkt bis zum Schanzentisch unterstützen. Bei der Inselsbergschanze hingegen ist die Anlaufbahn ohne weitere Unterstützung frei gespannt und steht am höchsten Punkt auf zwei filigranen Füßen. Der Startpunkt kragt als überdachte Kanzel über eine Doppelstütze hinaus und spielt das Thema des ausbalancierten Gleichgewichts optisch aus. Die Schanze in Brotterode ist ein technisches Instrument in der Natur. Genauso hebt sich der dazugehörige Kampfrichterturm in Stahlskelettbauweise von seiner Waldumgebung ab. Auch hier erlaubt das Material eine konstruktiv gewagte Figur mit aufgelösten Zwischenebenen und einem überstehenden Hauptgeschoss mit Dachterrasse.

In der Nähe
Klubkino Trusetal, Ortsteil Herges (Arch. K. Wenzel 1985): Ein liebevoll betriebenes Kino mit Gastronomie und Disco, das auch heute noch seine Aufgabe erfüllt. Ein kleiner Beitrag bei der „Überwindung des Unterschiedes zwischen Stadt und Land". Als Umbau eines bestehenden Fachwerkgebäudes entstanden, birgt ein ausladendes Satteldach das gesamte Nutzungsprogramm.

Hotel „Panorama" SM

Oberhof
Dr. Theodor Neubauer-Straße 29
*Entwurfskollektiv
Kresimir Martinkovic*
1967–69

In der Nähe
Das Rennsteig-Hotel in der Tambacher Straße (P. Seifert, L. Schneider, Städtebau: H. Henselmann, 1972–73) soll sich als Baukörper an der Form eines Rennsteig-Wegsteins orientiert haben. Ursprünglich als FDGB-Ferienheim gebaut, kündet die Dimension des 16-Geschossers von einer Zeit, als es einen breitenwirksamen, gesteuerten Tourismus gab. Das Haus ist augenblicklich ungenutzt und steht sich deswegen mit seiner monolithischen Erscheinung selbst im Weg.

Das Panoramahotel Oberhof reiht sich ein in die Gattung großer Ferienanlagen, die Oberhof zu DDR-Zeiten als einen Hauptferienort im Thüringer Wald ausgewiesen haben. Selbstbewusst signalisiert der Bau seine Anwesenheit am Westhang des Schlossbergkopfes (827 m ü. NN). Die zwei versetzten Dreiecksbaukörper stehen auf einem dreigeschossigen Sockel, der alle Freizeitanlagen und die Verwaltung enthält. Das Hotel steht zusammen mit dem Rennsteighotel für eine „Bildzeichenarchitektur"(1), die in den 60er und 70er Jahren mittels großer Projekte bildhafte Gebäude mit einem lesbaren Symbolwert etablieren wollte. So wurde im Fall des Panoramahotels immer wieder die Analogie zweier gegeneinander versetzter Ski-Sprungschanzen bemüht. Das Hotel, das für 905 Betten konzipiert war, wird heute mit ca. 400 Betten weitergeführt.

(1) Vgl. Flierl 1984, S. 132.

SM Gaststättenkomplex „Oberer Hof"

Oberhof
Crawinkeler Straße 1
*Klaus Brandt u. Exp.werkst. d.
Dt. Bauakademie Berlin*
1967–69

Zu Beginn der 70er Jahre wurde im „sozialistischen Erholungs- und Wintersportzentrum"(1) Oberhof ein Mangel an Gastronomieplätzen ausgemacht. Ein Gaststättenkomplex mit 850 Plätzen sollte das Problem lösen. Die Entwurfsidee entstammt einem Vorschlag der Experimentierwerkstatt der Deutschen Bauakademie Berlin, die damals von Hermann Henselmann geleitet wurde (s. Modellfoto). Das geometrisch komplizierte Dach beherbergt nicht nur Restaurants, sondern auch einige Apartments, Geschäfte und eine Wartehalle des Busbahnhofs. Das Ganze lässt sich schwerlich als ein einziges Haus erfassen. Es gibt kein eindeutiges „vorne" oder „hinten", zumal der Grundriss aus zwei ineinander geschobenen Dreiecken besteht. Bei sichtbarer Verwendung heimischer Oberflächenmaterialien (Porphyr, Holz, Schiefer) ist die Tragstruktur dennoch ein Stahlbetonskelett, das auch große Glasflächen erlaubt. Hier steht ein aufregender Entwurf zwischen künstlerischer Plastik und örtlicher Bautradition.

In der Nähe
Gegenüber dem Gaststättenkomplex (Crawinkeler Straße 2) liegt das Kurhaus mit Park und Wandelhalle des Architekten M. Schwarz. Das Originalgebäude von 1937–38 lässt sich nach jüngsten Anbauten und einer neuen Fassadenverkleidung nur noch vermuten.

---

(1) Vgl. Schneider 1973, S. 36.

Rathaus und Ortsmitte

Zella-Mehlis
Rathausstraße, Hauptstraße
Claasen (Rathaus)
1924–27

Nach der Vereinigung der beiden Ortsteile Zella und Mehlis im Jahr 1919 war es ein symbolischer Akt, in der geographischen Mitte der Ortschaften ein neues Zentrum zu schaffen. Mit der Ansiedlung des neubarocken Rathauses (Arch. Claasen 1924–25), der Post (Rathausstr. 2, Operpostdirektion Erfurt 1925–26), der AOK (Rathausstr. 1, A. Peeger 1927) und später dem Krankenhaus (Ernst-Haeckel-Str. 1, K. Friedrich, E. Simon 1962–64) wurde der neue Siedlungsschwerpunkt mit wesentlichen öffentlichen Bauten besetzt. Man fügte auf Gebäudesockel, teilweise in Naturstein, symmetrisch gegliederte Baukörper mit betonten Portalen. Die mächtigen Walmdächer machen jedes der öffentlichen Gebäude zum Einzelstück. Das Rathaus (Abb. o. um 1925) stellt sich in die Mitte des Ensembles und verfügt über einen Uhrturm. Zwar sprengt die Dimension der drei Bauten den Maßstab der bis dahin dörflichen Struktur, dennoch hielt man sich an eine traditionelle Architektur, möglicherweise, um der jungen Industriestadt einen sichtbaren Geschichtsbezug zu geben.

Lit.: Stadtverwaltung Zella-Mehlis: Zella-Mehlis – Das Rathaus unserer Stadt, Festschrift, Zella-Mehlis 1995

SM

Wohnsiedlung
Ehem. „Holzhauer-Häuser"

Zella-Mehlis
Sternbergstraße
Regierungsbaum. Vogler
1935

Die Gruppe aus Siedlungshäusern, mit Stülpschalung verbrettert, fallen im Norden von Zella-Mehlis auch heute noch aus dem Rahmen. Man fühlt sich in die Schweiz versetzt. Die Lage am Hang, das überkragende Obergeschoss und die diagonal gestreiften Fensterläden erinnern an Alpen-Chalets. Über einem Werksteinsockel heben sich Haupt- und Dachgeschoss durch einen Wechsel der Schalungsrichtung voneinander ab. Die Baumasse teilt sich in ein talseitig giebelständiges Haupthaus und einen bergseitigen Anbau mit abgeschlepptem Dach. So erscheint das Haus kleiner als es ist. Gestalterisches Raffinement zeigt sich bei den waagerecht auskragenden Sturz- und Brüstungsbrettern der Fenster sowie bei dem nach links gezogenen Fensterband im Obergeschoss. Die nationalsozialistische Politik wies Holzarbeitern die Häuser zu. Gesteigerter Holzeinschlag sollte das Reich volkswirtschaftlich unabhängig machen.(1)

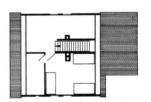

---

(1) Vgl. Voigt 1938, S. XXVII.

Wälzlagerwerk Maren Lager GmbH SM

Zella-Mehlis
Talstraße 77
*G. Haubenreißer, F. Schlott,
U. Schade*
1956–57

In der Nähe
Hatten Kulturhäuser in der frühen DDR einen klaren Bildungsanspruch und folgten oft dem Bautyp des Theaters, so steht das ehem. „Haus des Volkes" am südwestlichen Stadtrand (Beethovenstr. 16) für ein wechselndes Freizeitangebot mit Kegelbahn und Restaurant. Das muschelkalkverkleidete Erdgeschoss und ein verglastes Treppenhaus mildern die nüchterne Erscheinung des heutigen Volkshauses (W. Henfling 1975/78).

Nach wie vor wird das über 100 m lange Gebäude an der Talstraße von einem Wälzlagerwerk genutzt. Die Straßenfront besitzt, trotz ihrer Länge, eine symmetrische Gliederung. Zwischen zwei Eingangsrisaliten befindet sich ein fast komplett verglaster Bauteil. Die vorgehängte Glasfassade mit feinen Sprossen fördert die durchgehend glatte Erscheinung. Das Industrieensemble vermittelt einen einheitlichen oder auch eleganten Eindruck durch die Verwendung von senkrecht verlegten Klinkerfliesen als Fassadenverkleidung. Der Bau steht für die traditionelle Industrie der Metallverarbeitung, die Zella-Mehlis seit Jahrhunderten prägt. Im 20. Jahrhundert kommt die Herstellung von Büromaschinen als Produktionszweig hinzu. Das dokumentiert das ehem. Mercedes-Büromaschinenwerk (ab 1927) am Ortsausgang Richtung Benshausen (Meiningerstr. 31, Arch. A. Hügel). Dort hat in den 60er Jahren der VEB ROBOTRON weitere Verwaltungsbauten angefügt.

Westliches Thüringen

Kreis Gotha
GTH

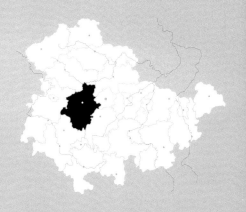

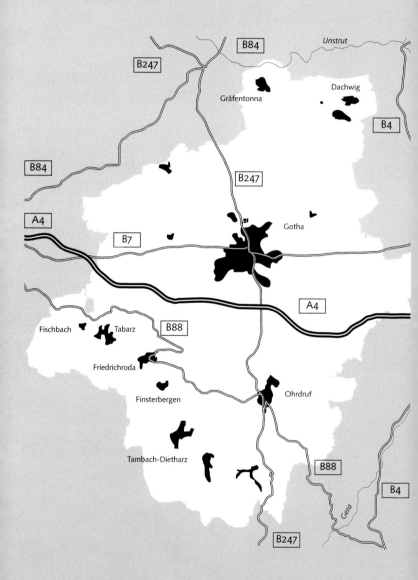

Westliches Thüringen
Kreis Gotha

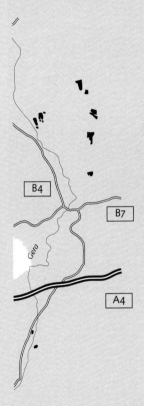

Gotha
Kaufhaus
Wohnsiedlung „Am schmalen Rain"
ThELG- Verwaltungsgebäude
Fabrik- und Verwaltungsgebäude
  Am Seeberg
Beamten- und Angestelltensiedlung
Verwaltungsgebäude der ehem.
  Waggonfabrik
Internats- und Unterrichtsgebäude
Volksschwimmhalle
Gewerblich-technisches Berufsschul-
  zentrum

Dachwig
Fruchtproduktionsbetrieb Sauer

Fischbach
Mehrzweckgebäude

Finsterbergen
Ehem. FDGB Heim

Friedrichroda
Hotel, ehem. FDGB Heim
Hotel, ehem. FDGB Erholungsheim

Gräfentonna
Oberschule

Ohrdruf
Haus Mühlberg

Tabarz
Bildungszentrum der AOK

Tambach-Dietharz
Grundschule
Produktionsstätte

Kaufhaus
Ehem. „Conitzer & Söhne"

GTH

Gotha
Erfurter Straße 5/7
Bruno Tamme
1928

Wie in Erfurt, Eisenach oder Suhl findet sich auch in Gotha ein Beleg für die Rezeption der Kaufhausarchitektur Erich Mendelsohns. Das einstige Kaufhaus Conitzer & Söhne wäre leicht mit einem Bau dieses Architekten zu verwechseln, wären da nicht neben den typischen Merkmalen wie dem dynamischen Zug und der plastischen Steigerung der Gebäudeecke bereits eine gewisse Beliebigkeit in der Architektur zu spüren. Die zeittypische Übernahme der modischen Formen wird auch angesichts des nicht mehr existenten Glasturms deutlich. In seiner expressionistischen Durchbildung stellte er sich dem Gebäudeentwurf entgegen; als wundersam angesetzt wirkt der 1988 demontierte Turm auf alten Fotos. Im Vergleich mit Tammes zahlreichen Wohn- und Siedlungsbauten wie z. B. die Siedlung „Am schmalen Rain" in Gotha erschließt sich die Heterogenität seines Werkes. Die Formensprache des Kaufhauses entspricht tatsächlich weit mehr der Intention des Bauherrn, für den in den 20er Jahren auch Hans Scharoun arbeitete.

Lit.: Der Architekt 2/1998

Wohnsiedlung „Am schmalen Rain"

Gotha
Am schmalen Rain, Beethovenstraße, Friedensplatz, Friedrich-Ebert-Straße und Geschwister-Scholl-Platz
Richard Neuland, Bruno Tamme, Pfitzmann
1927–28

Am südlichen Stadtrand findet man eine Siedlung, deren Gepräge die Verschmelzung und Zusammenführung verschiedener Prinzipien des Wohnungsbaues ausmacht. Ihre Architektur ist insofern Abbild der kulturellen Widersprüche der Zwischenkriegszeit, aber auch Zeugnis der allgemeinen Abneigung gegenüber dem „Neuen Bauen" in der Provinz. Bauherrin war die „Baugenossenschaft für Beamte und Arbeiter der Eisenbahnverwaltung", die 1926 ein Notprogramm beschloss, das den Kauf eines 7,2 ha großen Grundstückes in der Nähe des Reichsbahnausbesserungswerkes – Arbeitsort der meisten der Genossenschaftler – plante. Der städtebauliche Entwurf von Neuland sah eine weitgehend geschlossene, U-förmige Bebauung vor, deren Halbkreisschwung sich nach Norden gegen die Stadt und die Eisenbahnlinie abschottet. Für die Planung der vorrangig zweigeschossigen Reihenhäuser wurden zwei weitere Architekten, Tamme und Pfitzmann, hinzugezogen, woraus verschiedenartige Grundrisslösungen und formale Vielfalt resultieren.

Nicht nur die einzelnen Baulose waren durch eine kräftige Farbgebung (Rot, Grün, Blau, Gelb) voneinander abgesetzt, sondern auch einzelne Fassaden stark farbig akzentuiert. Die ausgeprägte Architekturfarbigkeit der Siedlung „Am schmalen Rain" hat regionalen Rang und wurde in den letzten Jahren teilweise wiederhergestellt.

Lit.: Architektur der DDR 12/1986

ThELG-Verwaltungsgebäude GTH
Thüringer Elekriticitäts-Lieferungs-Gesellschaft

Gotha
Bahnhofstraße 20
Werner Issel
1934–35

Die südliche Hälfte des Gebäudes wurde 1945 Opfer des Bombenkriegs. Trotzdem lässt sich auch heute noch gut erahnen, um welch bemerkenswerten Bau es sich einst handelte. Das gestreckte Gebäude nimmt die zurückgesetzte Bauflucht der Nachbarschaft auf. Zur Straße hin vermittelt ein niedriger (Ausstellungs-)Flügel, der in großem Schwung dem Vorplatz Fassung gibt und zum Eingang hinleitet. Während die Fenster so nahe beieinander liegen, dass ein bandartiger Eindruck entsteht, geben die Fensterschlitze des Treppenhauses der Rückfront vertikale Akzente. Der Bau steht wie das Verwaltungsgebäude der Waggonfabrik für die Kontinuität von Auffassungen des Neuen Bauens in der NS-Zeit. Die Bauherrin, ein thüringischer Energieversorger, warb für sich am Gebäude mit den Worten „Licht, Kraft, Wärme" und gab so dem eigenen Modernisierungsanspruch Ausdruck. Dem entspricht gleichsam die Beauftragung des Architekten Werner Issel, der schon in den 20ern zu den bekanntesten deutschen Industrie-Architekten zählte.

GTH — Fabrik- und Verwaltungsgebäude

Gotha
Am Seeberg 1
Wilhelm Landmann
1937–40

Der Fabrikkomplex des ehem. Automatikus-Werkes befindet sich nicht nur unweit der ThELG-Verwaltungsbaus, sondern weist auch eine ganze Reihe von Ähnlichkeiten zu ihm auf, die zwar mit der annähernd gleichen Entstehungszeit und der Baugattung erklärbar sind, unter Umständen aber auch mit einer Vorbildwirkung des ThELG-Baus zusammenhängen. Das Werk, das auf dem Terrain einer früheren Brauerei entstand, ist das Resultat mehrerer Bauabschnitte. Den augenscheinlichsten stellt die Erweiterung des bestehenden Wohn- und Bürogebäudes (1918) um den zweigeschossigen Fabrikations-Nordflügel und den Verwaltungstrakt (mit Werkswohnungen) von 1937 dar. Neben der soliden handwerklichen Ausführung von Verblendklinkerfassade, Kunststeinteilen und der stählernen Fensteranlage fällt das Wechselspiel von lang gestreckt liegenden und turmartigen Baumassen und Wandöffnungen auf. Gelegentlich finden sich anstelle von Baukörperecken geschmeidige Wandschwünge, die den Baukomplex angenehm „abrunden".

Beamten- und Angestelltensiedlung GTH

Gotha
Dr.-Wilhelm-Külz-Straße, Jägerstraße
und Parkallee
Theo Kellner, Fritz Spahr
1937–38

In der Nähe
Schöne Allee 9, Wohnhaus Direktor der
„Gothaer Lebensbank" Dr. Ullrich,
Arch. Theo Kellner und Fritz Spahr,
1934–35. Blockhafter Baukörper mit
steilem Walmdach ohne Überstand, mit
regelmäßiger „süddeutsch" anmutender
Straßenfront und belebter Gartenfassade, bauzeitliche Innenausstattung
(Wandmalerei: Charles Crodel, Möbel:
Erich Dieckmann, Textilien: Benita Otte-Koch) nicht mehr existent.

Die sog. Lebensbanksiedlung befindet in unmittelbarer Nachbarschaft zur Parkanlage des Residenzschlosses Friedenstein. Ein großes Zehnfamilienhaus an der Parkallee riegelt sie vom Straßenraum ab und gibt diesem räumliche Fassung. Parkallee und Jägerstraße sind von der zur Bauzeit geschaffenen, im Süden geradlinig verlaufenden und sich mit großem Schwung nach Norden fortsetzenden Wilhelm-Külz-Straße verbunden. In offener Bauweise gruppierte Vier- und Zweifamilienhäuser bestimmen das Straßenbild. Auf der westlichen Seite der Wilhelm-Külz-Straße wurden drei frei stehende Einfamilienhäuser, die sog. Direktorenhäuser, errichtet. Des Weiteren entstanden einige Sechsfamilien-, Vierfamilien- und Zweifamilienhäuser. Gemeinsam ist allen Gebäuden neben der zweigeschossigen Bauweise und den steilen Walmdächern auch die Bauart, die vom Mauerwerksbau, dem glatten Verputz und fast fassadenbündigen Fenstern geprägt ist. Die Siedlung steht für das soziale Engagement der beiden Bauherrinnen, der „Gothaer Lebensbank" und der Feuerversicherung.

GTH Verwaltungsgebäude der ehem. Waggonfabrik

Gotha
Kindleberstraße 99
Hans Köhler?
1940–41

Der Osten Gothas ist von jeher von Industrie geprägt. Hier befand sich u. a. der wohl bedeutendste Betrieb der Stadt, die Gothaer Waggonfabrik AG. Entwicklung und bauliche Ausweitung sind aufs Engste mit dem dort seit 1913 betriebenen Flugzeugbau verbunden. Mit der Neuordnung des Terrains Anfang der 40er Jahre wurde das Erscheinungsbild des Rüstungsbetriebs neu formuliert. Vorplatz, Werkswache, „Gemeinschaftshaus" und ein größeres Verwaltungsgebäude entstanden. Im Gegensatz zum „Gemeinschaftshaus" und zur Wache ist das Verwaltungsgebäude im fast bauzeitlichen Zustand erhalten. Die asymmetrisch gestufte Bewegtheit der Baumassen des Verwaltungsgebäudes, aber auch die Anleihen bei „Schiffsarchitektur" und die rigide Raumorganisation sind formale und funktionale Merkmale, die aus der Moderne der 20er Jahre in den Bau übertragen worden sind. Damit entspricht der Verwaltungsbau der zeittypischen Erscheinungsweise von Industriearchitektur, in der häufig technische Perfektion im Sinne der NS-Ideologie zum Ausdruck kam.(1)

---

(1) Siehe Nerdinger 1993, S. 172.

Internats- und Unterrichtsgebäude GTH
Ehem. Fachschule für Finanzen

Gotha
Bahnhofstraße 8
Gerhard Haubenreißer
1954–1955

In der Nähe
Bahnhofstraße 3a, Erweiterungsbau der Gothaer Lebensversicherungsbank a. G., Arch. German Bestelmeyer, 1923–24.

Die Bahnhofstraße bekam ab den 1870er Jahren ihre architektonisch-städtebauliche Prägung von einigen Wohnhäusern, mehr aber noch durch die Verwaltungsbauten der Gothaer Versicherungsunternehmen. Haubenreißer knüpfte nicht nur an deren Baumassen an, als er 1954–55 ein Internats- und Unterrichtsgebäude plante. Im Sinne einer auf lokalem Erbe aufbauenden Architektur nahm er hier scheinbar Bezug auf die unweit gelegenen Gebäude der ehem. Feuerversicherungs- und der ehem. Grundkreditbank aus den Jahren 1872–74 bzw. 1872–77 (Bahnhofstraße 5a–12). Der Historismus des Internats- und Unterrichtsgebäudes ist am deutlichten am dreiachsigen Kopfbau spürbar, während die Grundrissfigur darauf angelegt wurde, das Grundstück weitgehend auszunutzen, ohne dabei den städtebaulichen Rahmen zu sprengen. Der Grundriss kommt aber auch einer funktionalen Trennung im Inneren zugute, wobei der straßenbegleitende Internatsflügel über einen schmalen, einhüftigen Steg mit dem rückwärtigen Lehrgebäude verbunden ist.

GTH Volksschwimmhalle

Gotha
Karl-Schwarz-Straße
*VEB Rationalisierung und
Projektierung Berlin*
1985–86

Die Halle entstand auf der Grundlage eines Typenprojektes, welches erstmalig im Berliner Thälmann-Park zur Ausführung gelangte. Noch während der dortigen Bauarbeiten legte man das „Typenprojekt Berlin" auch für den geplanten Bau der Volksschwimmhalle in Gotha zugrunde. Im Hinblick auf weitere vorgesehene Schwimmhallenneubauten im ehem. Bezirk Erfurt (z. B. Apolda) verfasste ein lokales Projektierungsbüro ein Anpassungsprojekt, das die Möglichkeiten der Vorfabrikation von Betonelementen im Bezirk zu berücksichtigen hatte. Der Stahlbetonskelettbau ist in den eigentlichen Hallenbaukörper (25m-Becken) und einen flacheren Gebäudegürtel mit untergeordneten Funktionen (Eingang, Kasse, Sauna, Technik etc.) untergliedert. Die geschlossene Gesamtwirkung des Baus resultiert aus der Verwendung einheitlicher großformatiger Wand- und Attikaplatten. Letztere schließen die Fassaden nach oben ab und verdecken die Dachkonstruktion, die allenthalben verbauten VT-Betonfalten, geschickt.(1)

In der Nähe
Bemerkenswert ist auch das Wohnhaus Friedrichstraße 19, das 1999 im ehemaligen Garten der Simsonschen Villa errichtet wurde. Der zweigeschossige Bau wurde auf günstige Weise in die vorhandene Villenbebauung eingefügt. Zu seinen ehrwürdigen Nachbarn tritt die bescheidene Baumasse in keine Konkurrenz, ohne sich ihrer Architektur zu unterwerfen. Die selbstbewusste und klare zeitgemäße Gestaltung macht dieses Haus zu einem ebenbürtigen Glied in der Kette ansprechender Wohnarchitektur in der Schönen Allee (Arch. Wolfgang Liese-Grässer).

(1) Siehe [N.N.] 1985.

Gewerblich-technisches Berufsschulzentrum   GTH

Gotha
Kindleber Straße 99b
*AIG Architekten und Ingenieure,
Rolf Gruber*
1. BA 1998–99, 2. BA ab 2000

Die Anordnung der geschlossenen Fassadenelemente markiert die Stellung der Innen(Quer-)wände und ist Ausdruck der stark differierenden Raumgrößen. Während beim östlichen Gebäudeteil eine Übereinstimmung zwischen den Geschossen herrscht, löste man sich beim westlichen von ihr, um den Forderungen des Raumprogramms Rechnung zu tragen.

Die Anordnung des Neubaukomplexes klammert sich an ein Gebäude der ehem. Fliegerschule (1934–35). Aus der verschwenkten Anordnung dieses Klinkerbaus ergibt sich vor dem lang gestreckten 1. Bauabschnitt eine Fläche, auf der später ein pavillonartiger Bau mit zentralen Nutzungen (Verwaltung, Mensa, Aula etc.) errichtet wird. Den Kern des Schulzentrums wird ein Gebäudekarree bilden, welches aus den Gebäuden des 1. Bauabschnitts, einer bestehenden Werkhalle und zwei weiteren Lehrgebäuden gebildet werden wird. Der vollendete Abschnitt besteht aus zwei gekoppelten Gebäuden. Dach- und Geschossdecken sind als weiß geputzte Streifen durch die weitgehend verglasten Fassaden gezogen, wobei die Geschossfronten in bewegliche Fensterflügel, fest verglaste Flächen, Paneele und aufrecht stehende geschlossene Fassadenelemente unterschieden wurden.

GTH Fruchtsaftproduktionsbetrieb Sauer

Dachwig
Gewerbegebiet
Bernhard Eisele, Franz-Josef Mattes
1991–93

Die Architekten verstehen den Fabrikkomplex als ihre Antwort auf die Vielzahl der anonym erstellten Gewerbebauten an den Stadt- und Ortsrändern. Wirkliche Beachtung landschaftlich-städtebaulicher Gegebenheiten führte zu einer „Einbettung der Anlage in die Topografie" unter Ausnutzung der angetroffenen Hanglage. Am Gebäudekomplex selbst werden „die technologischen Anforderungen durch eine gut gegliederte und proportionierte Aufteilung in vertikale und horizontale Kubaturen ablesbar."(1) In der Begründung für die Vergabe des Thüringischen Architekturpreises 1994 heißt es im Weiteren: „Durch die Pylone und Abspannungen des Dachtragwerks entsteht über dem großmaßstäblichen Flachdach ein gegliederter räumlicher Zusammenhang. Durch die sparsame Materialwahl, Filigranität und die zurückhaltende Detailausbildung entsteht der Eindruck eines Temporärgebäudes, das keinen Anspruch auf Selbstdarstellung und übertriebene Gestik hat."(2)

---

(1) Architektenkammer Thüringen 1995, S. 22f.
(2) Ebenda.

Mehrzweckgebäude   GTH

Fischbach
Ortsmitte
Gerhard Oschmann
1974–75

In der Nähe
Finsterbergen; Am finsteren Berg,
ehem. FDGB-Heim „Wilhelm Pieck",
Kollektiv Walter Schmidt, 1972–75.

Der Bau ist Ausdruck der Fremdenverkehrsentwicklung der frühen 70er Jahre in dem kleinen Thüringer-Wald-Ort. Freilichtbühne und neue Ferienobjekte sorgten für Besucherströme und verlangten nach Versorgungseinrichtungen. Befördert wurde das ehrgeizige Anliegen der Gemeinde durch die Unterstützung politischer Entscheidungsträger, die in jenen Jahren zu den regelmäßigen Gästen zählten. Zentral bilanzierte Kapazitäten wurden durch Eigenleistung umgangen und der individuelle Entwurf, dessen Stahlskelettkonstruktion den verschieden Nutzungsvorstellungen der Gemeinde entgegenkam, musste auf erhebliche Materialengpässe reagieren. Im Sinne eines Gemeindezentrums waren in der sog. „Thüringenbaude" Verkaufsflächen, ein Restaurant, ein Saal, eine Bar und Vereinsräume zusammengefasst. Einer völligen Veränderbarkeit der Grundrisse stehen nur wenige Wandscheiben entgegen. Gebäudeprägende durchgehende Fluchtbalkone (Laubengänge) erleichtern zusätzlich eine flexible Nutzung.

Hotel

Ehem. FDGB-Heim „Walter Ulbricht"

Friedrichroda
Burchardtspromenade 1
Alfred Lorenzen
1951–54

Gemeinsam mit dem benachbarten Tabarz galt Friedrichroda als bedeutendster Urlaubsort des ehem. Bezirkes Erfurt. Bereits ab 1951 entstand an der Stelle des alten Kurhauses eines der ersten Urlauberheime des Freien Deutschen Gewerkschaftsbundes (FDGB). Dem breit lagernden fünfgeschossigen Hauptbaukörper mit Walmdach schließen sich beiderseits schmalere und um ein Geschoss flachere Flügel an, die Gästezimmer aufnehmen. Die durchlaufenden Kragplatten werden als Balkone genutzt und reichen bis zu den hervortretenden Eckrisaliten. Während mit historisierendem Bauschmuck sparsam umgegangen wurde, lassen symmetrischer Aufbau und monumentale Achsenbetonungen den Bau als typische Erscheinung der Architektur der frühen 50er Jahre erkennen. Umbau und Sanierung Mitte der 90er Jahre griffen in das bauzeitliche Raumgefüge ein, beließen aber die äußere Erscheinung weitgehend.

In der Nähe
Burchardsweg 7, Wohnhaus Kornhaß, 1937–38. Wohnhaus des einstigen Möbelfabrikanten Kornhaß, wegen steinfühliger Fassadenhaut und Ecktürmen im Volksmund „Warzenburg" genannt.

Hotel
Ehem. FDGB-Erholungsheim „August Bebel"

GTH

Friedrichroda
Auf dem Reinhardsberg
*Walter Schmidt, Jürgen Gerboth und
Renate Sander*
1975–80

Augenscheinlichste architektonische Besonderheit des ehem. „August-Bebel-Heims" stellt ein eigens entwickeltes „farbiges Fassadenelement für die Loggienbildung" dar. Durch die Verwendung des einschaligen sternförmigen Elements entstand die einprägsame Wabenstruktur der Fassaden.

Unweit des ehem. „Ulbricht-Heims" befindet sich auf einem lang gezogenen Berghang, rund 20 Höhenmeter über dem Ort, das ehem. Erholungsheim „August Bebel". Der Höhenzug beherrscht nicht nur das Ortsbild und gewährt „eine hervorragende Fernsicht. (Sondern) die topografische Situation erhebt den Bau zur Dominante des gesamten Erholungszentrums Friedrichroda."(1) Offensichtlich ist der Versuch, die Geländebewegung auf den Baukörper zu übertragen: Die Baumassen sind zur Bergkuppe hin höhenmäßig gestaffelt. Nicht zuletzt lässt das gigantisch anmutende Raumprogramm den Bau zu einem Projekt von fragwürdiger landschaftsgestalterischer Qualität werden. Der räumlich begrenzte Standort „zwang dazu, die Funktionsbereiche übereinander zu lagern."(2) Foyer, Empfang und Gastronomie erstrecken sich im Erd- und 1. Obergeschoss der höchstgelegenen Baukörper, darüber und in den vier sich zum Ort abstufenden Trakten sind Apartments mit 1400 Betten gestapelt. Das Café im 12. Geschoss bietet eine eindrucksvolle Aussicht.

(1) Schmidt 1981, S. 619.
(2) Ebenda.

GTH Oberschule

Gräfentonna
Fahnerscher Weg 1
Heinrich Rettig, Hans Wenzel
1957–60

Der Schulkomplex ist als städtebaulicher Höhepunkt der Ortserweiterung der 50er Jahre konzipiert. Von der Straße zeigt sich als erstes der Hauptbau. Ausschließlich der Normalklassenräume befindet sich in ihm das gesamte übrige Raumprogramm. Der ehem. Pionierraum, Zeichensaal, Turnhalle (im Erdgeschoss) und Fachräume sowie Bibliothek im Obergeschoss gruppieren sich um die zentrale, die Höhe zweier Geschosse einnehmende Festhalle, der man angesichts ihrer Lage, der stirnseitigen, raumhohen Fenster und einer dreiseitigen Empore quasisakrale Bedeutung nachsagen möchte. Ein mächtiges Satteldach überdeckt die kompakte Baumasse. Im Kontrast steht die Leichtigkeit der zwei lage- und höhenmäßig versetzt angeordneten Klassentrakte – nach Süden orientierte Pavillons, die 16 Klassen aufnehmen und „flurlos" nach dem „Schusterprinzip" erschlossen werden.

Ein System gedeckter Verbindungsgänge umschließt einen in der Mitte des Komplexes gelegen Pausenhof, bietet Unterstellmöglichkeiten und vermittelt gleichzeitig zwischen den einzelnen Bauten sowie zwischen zwei höhenversetzten Freiflächen, die den beiden Klassentrakten jeweils nördlich vorgelagert sind.

Lit.: Deutsche Architektur 6/1965

Haus Mühlberg

GTH

Ohrdruf
Gothaer Straße 39
Bodo Ebhardt
1933–35

Bodo Ebhardt – Architekt, Burgenforscher und Nestor der Deutschen Burgenvereinigung – hatte bereits 1912–14 mit dem Gasthaus auf der Wartburg und dem Schloss Wommen bei Eisenach Neubauten in historischem Stil im Thüringer Raum geschaffen. Das burgartige Wohnhaus, welches er für den Chemiker, Fabrikanten und Staatsrat Dr. Mühlberg entwarf, konnte seine Legitimation nicht aus einem historischen Kontext schöpfen. Das Haus und der zur selben Zeit angelegte Park, in dessen Mitte es steht, entbehren jeglichen Bezugs zur Umgebung, die von den Ohrdufer Bleifarbenwerken geprägt ist. Genauso widersprüchlich wie die bauliche Situation stellt sich die Person des Werkseigentümers Dr. Mühlberg dar. Er war einerseits ein im Wirtschaftsleben stehender Fabrikant und Staatsmann, andererseits zeugt die Gestaltung des Wohnhauses von seinen romantischen Sehnsüchten. Ebhardts Sohn Klaus schilderte später, dass „Bodo Ebhardt selbst immer nur kopfschüttelnd von den Ideen dieses Mannes"(1) berichtet hätte.

(1) Ebhardt 1974, S. 144.

GTH **Bildungszentrum der AOK**
Ehem. FDGB-Erholungsheim „Dr. Theodor Neubauer"

Tabarz
Am Burgholz 30
Jochen Mäder
1951–53

Das Gebäude steht gemeinsam mit dem ehem. „Ulbricht-Heim" in Friedrichroda für die erste Generation der FDGB-Heimbauten in der jungen DDR. Trotz Übereinstimmungen in den gattungstypischen durchlaufenden Balkonplatten, bei der erdgeschossigen Säulenstellung und der grundsätzlichen, historisierenden Fassadengestaltung wirkt dieser Bau eleganter, ja moderner, was nicht nur mit der lang gestreckten, flacheren Bauweise zusammenhängt. Er liegt am Waldrand, in einiger Entfernung zum Ort, folgt in weitem Schwung den Geländelinien und bezieht die Hanglage geschickt ein. Symmetrien in Grund- und Aufriss sind weitgehend ausgeschlossen. Als Kontrapunkt und gleichsam als Ankündigung der Gebäudekrümmung wirkt ein vollständig verglaster, eingeschossiger Rundpavillon im Westen, der jedoch zum Erweiterungsbau von 1971–72 gehört, zu dem er vermitteln soll.

Grundschule GTH

Tambach-Dietharz
Burgstallstraße 33
Gerhard Haubenreißer
1950–51

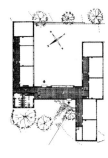

Die Schule wurde als Kern einer größer geplanten Zentralschule errichtet. Die geringe Breite des Grundstücks führte dazu, dass zwei schmale Hauptbaukörper im Winkel zur erschließenden Straße angeordnet sind. Ein flacher Zwischentrakt, der Eingangs- und Pausenhalle aufnimmt, verbindet die beiden. „In Ihnen wurden acht Klassenräume, ein Lehrerraum, ein Lehrmittelraum und (...) die Toilettenanlagen eingeordnet."(1) Der dreiseitig umbaute Schulhof ist nach Süd-Ost orientiert. Seine Abgeschlossenheit gewährt Intimität und Windschutz. Großzügige, bis unter die Traufe reichende und zu Bändern gekoppelte Pfosten-Riegel-Fenster und die einhüftige Erschließung sorgen für gute Lichtverhältnisse in den Klassen bzw. in den Fluren. Die straffe funktionelle Gliederung und die werkgerechte Durchgestaltung verraten die Qualität dieses Schulbaus, der trotz der deutlichen Landschaftsbezogenheit und der bodenständigen Materialwahl – örtlicher roter Granitporphyr und Schiefer – verhaltene Modernität ausdrückt.

(1) Haubenreißer 1957, S. 71.

GTH

Produktionsstätte
Ehem. Schraubenwerk

Tambach-Dietharz
Friedrichrodaer Straße
Kollektiv Fred Schlott
1958–62

Bevor man den Ort von Friedrichroda kommend erreicht, passiert man das „Schraubenwerk". Das größte Gebäude des einst bedeutenden Betriebes ist die (Shed-)Produktionshalle (A). Die fast zweihundert Meter lange und großflächig verglaste Hallenfront ist von 24 Dachschalen-Sheds gekennzeichnet. Auf der zum Werksinneren gekehrten Seite der Halle sind Funktionsräume (Umkleiden, Sozialräume etc.) in einem höher geschossigen Riegel untergebracht. Ein Grünbereich trennt die Halle vom gegenüber gelegenen Kultur- und Speisesaalgebäude (B). Das dem Kulturhausbau der 50er Jahre anhängende Pathos „nationaler Traditionen" ist vermieden – der industrielle Kontext war ausschlaggebend, um an Gestaltungsweisen der klassischen Moderne anzuschließen. Die Stahlbetonkonstruktion bestimmt die Architekturaussage. Einbeinige Stahlbetonbinder mit asymmetrischen Auskragungen tragen das Schmetterlingsdach des Saalgebäudes, dem im Norden ein schmaler Foyer- und Sanitärtrakt vorgeschaltet ist.

Das konstruktive Gerüst des Saalgebäudes steht für sich – den Raumabschluss bilden großflächige Stahlprofil-Verglasungen. Zwei Rücksprünge schneiden tief in die Glaswand ein und lassen das Tageslicht in die Tiefe des Saals dringen. Gleichzeitig entstehen drei pavillonartige Ausbuchtungen, die den lang gezogenen und ansonsten ungegliederten Innenraum zonieren.

Thüringens Mitte

Stadt Erfurt
EF

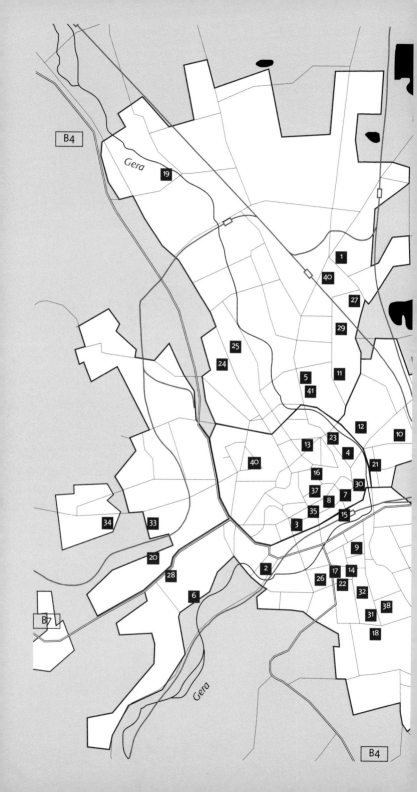

Thüringens Mitte
Stadt Erfurt

1 Verwaltungsgebäude, ehem. Maschinenfabrik H. Pels & Co.
2 Wohnhaus Kaesbach
3 „Privatklinische Station" Katholisches Krankenhaus
4 Pflegeheim Juri-Gagarin-Ring
5 Evangelische Lutherkirche
6 Wohnhaus Pitzschke
7 Geschäftshaus, ehem. „Mitteldeutsche Landesbank"
8 Geschäftshäuser Anger, Neuwerkstraße
9 Altenheim und Wohnhaus
10 Wohnanlage „Erwo-Block"
11 Wohnanlage „Hansablock"
12 Wohnanlagen „Flensburger und Hamburger Block"
13 Verwaltungsgebäude der AOK
14 Verwaltungsgebäude, ehem. Oberpostdirektion
15 Bürohausbauten Bahnhofstraße
16 Rathauserweiterungsbau
17 Verwaltungsgebäude, ehem. „Behördenhaus"
18 Ausstellungs- und Veranstaltungshalle „Thüringenhalle"
19 Kraftwerk
20 Diasporakapelle
21 Ensemble „Malzfabrik Wolff"
22 Hochhaus der Landesregierung
23 Gesellschafts- und Verwaltungsbau Juri-Gagarin-Ring
24 Universität Erfurt
25 Klinikum
26 Verwaltungsgebäude des ehem. Kali-Kombinates
27 Verwaltungs- und Lagergebäude, ehem. Großhandelsgesellschaft
28 Gartenbauausstellung
29 Wohnkomplex Johannesplatz
30 Wohnungsbauten und Hotelhochhaus „Ostring"
31 Schulkomplex, ehem. Bezirksparteischule
32 Sportzentrum „Süd"
33 Eigenheimkomplex Brühler Herrenberg
34 Krematorium Hauptfriedhof
35 Städtebaulicher Komplex „Südring"
36 Gebäude der Landesversicherungsanstalt
37 Kaufhaus „Breuninger"
38 Landeszentralbank für Sachsen und Thüringen
39 Einfamilienhaus Legge
40 Dienstgebäude Bundesarbeitsgericht
41 Dienstleistungszentrum der Stadtwerke Erfurt GmbH
42 Wohngebiet Ringelberg

Verwaltungsgebäude
Ehem. „Maschinenfabrik Henry Pels & Co."

EF

Erfurt
Schwerborner Straße 1
Karl Stodieck
1921–23

Der lang gestreckte dreigeschossige Bau (heute Umformtechnik) im nördlichen Industriegebiet Erfurts wurde im Wesentlichen in zwei Bauphasen errichtet. 1921–22 entstand der erste, 15 Achsen umfassende Bauabschnitt des Verwaltungsgebäudes, welches sich über einem, dem Grundstückszuschnitt folgenden, E-förmigen Grundriss erhebt. 1922–23 folgte der südliche Bauteil, dessen Seitenflügel bis zur Hugo-John-Straße reicht und sich in deren Verlauf schmiegt. Wie die nördlich des Verwaltungsgebäudes gelegene giebelständige Versandhalle (1925) war der Verwaltungsbau nach Plänen des Berliners K. Stodieck errichtet worden. Gestalterisch stellen beide Bauabschnitte eine Einheit dar, die von Verblendklinker und der Abfolge hervortretender und bis unter die Traufe reichender Pilaster geprägt ist. Der fünfachsige Eingangsbereich ist asymmetrisch in die Front eingeordnet und zeigt besonders in Gestalt kantig hervortretender Vorlagen Anklänge an den norddeutschen Backstein-Expressionismus.

EF   **Wohnhaus Kaesbach**

Erfurt
Nerlystraße 11
Karl Meinhardt
1922–23

Verbindungen zum Kreis progressiver Künstler und Kunstinteressierter um Museumsdirektor W. Kaesbach und den Mäzen A. Hess versetzten K. Meinhardt in die Lage, eine lokale Vorreiterstellung in der Architektur einzunehmen. Die beiden Erfurter Persönlichkeiten der frühen 20er Jahre wurden für ihn zu Förderern und Bauherren. Kaesbachs „Einmannhaus" beschreibt eine Übergangsphase, die „große Zeitenwende", wie der Umbruch in der Architektur nach dem Ersten Weltkrieg umschrieben wurde. Die merkwürdige Stellung des Hauses zwischen Neuklassizismus und expressionistischen Hausideen äußert sich nicht zuletzt in der sich stumpf gebrochenen, nach vorn schiebenden Treppe und deren gestuften Brüstungen. Der Widerspruch zur massigen Würfelform ist indes nur ein formaler. Inhaltlich entsprang die Bezugnahme auf die „reine Form" expressionistischen Gedanken, wofür auch die von Bezügen und Fluchten losgelöste – scheinbar zufällig wirkende – Position des Baukörpers im weitläufigen Gartengrundstück spricht.

„Privatklinische Station" – Katholisches Krankenhaus — EF

Erfurt
Kartäuser Straße 64
Karl Meinhardt
1925–26

Im Zusammenhang
Hauptfriedhof, Grabmal Schmidt, Bildhauer Hans Walther, 1920–21.
  Beeindruckende Grabmalarchitektur, bestehend aus sieben einander zugeneigten und sich vegetabil verzweigenden Pfeilern, die an das Erbbegräbnis Wissinger in Berlin-Stahnsdorf von M. Taut und R. Belling erinnert.(1)

Unter dem Dompropst Joseph Freusberg kam es 1923 zu einer Neuformulierung der Satzung des Katholischen Krankenhauses „St. Nepomuk". Gleichzeitig wurde ein ehrgeiziges Bauprogramm in Angriff genommen, das neben der Errichtung der „Privatklinischen Station" mehrere Umbauten in der hauptsächlich aus dem 19. Jahrhundert stammenden Krankenhausanlage vorsah. 1924 wurde im sog. Haus 1 ein bemerkenswertes Treppenhaus eingebaut. 1925–26 folgte die Errichtung der „Privatklinischen Station". Die Hauptfassaden dieses Winkelbaus sind von Balkonen und Loggien aufgelockert und wirken merkwürdig inhomogen gestaltet. So ignoriert der geschlossene Eckrisalit der Straßenfront die tatsächliche Skelettstruktur des Baues, während die übrige Fassade mit der „demaskierten Konstruktion" regelrecht kokettiert. Mit ihrer weit aus der Fassade hervortretenden und asymmetrischen Form stellen die Balkone eigenständige Motive dar. Am Gebäude befindet sich ein Relief von H. Walther, das den Heiligen Nepomuk und ihm gegenüber Christus mit einem Kranken zeigt.

(1) Siehe Kirstein, S. 388

EF

Pflegeheim
Ehem. „Großes Hospital"

Erfurt
Juri-Gagarin-Ring 140
Johannes Klass
1925–26

Während der Architekt J. Klass angesichts einiger Bauten (vgl. S. 126) als ein Vertreter der klassisch modernen Architektur erscheinen könnte, sind andererseits starker Materialausdruck, Bodenständigkeit und eine gewisse Monumentalität bei ihm werkimmanent. Mit Gespür vermochte er auf die Eigenart spezieller Bauaufgaben und die gegebene städtebauliche Situation bzw. auf bestehende historische Bauten einzugehen. Sein Entwurf zum städtischen Altenhospital nahm auf die benachbarte Bebauung und das vorher niedergelegte sog. alte Steinhaus Bezug, indem er u. a. das steile Ziegeldach wiederherstellte. Die kleinteilig strukturierte Fassadenarchitektur mit Anspielungen auf Tradition und Region greift das Lebensgefühl und die Gedankenwelt der Bewohner auf. Im Inneren ist eine zweigeschossige Halle für Zusammenkünfte und Feiern mit einem großen Wandgemälde von C. Crodel, das Bilder aus der Geschichte der Stadt Erfurt darstellt. Am Portal findet sich die Reliefarbeit „Jugend und Alter" von H. Walther.

Lit.: Deutsche Bauzeitung 28–29/1928

Evangelische Lutherkiche

EF

Erfurt
Magdeburger Allee 46
Peter Jürgensen
1926–27

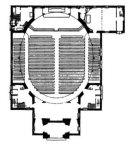

Während sich der Kirchenraum nach Außen als flach gedeckter, rechteckiger Baukörper zeigt, drückt sich die eingeschriebene, ovale Form hochschiffartig aus dem unteren Block heraus. Im Inneren wird die ovale Formidee vom Verlauf der Empore und von der Innenstützenstellung getragen.

Die Lutherkirche ist der größte Kirchenbau der Neuzeit in Erfurt. Den Protestanten im Norden der Stadt gelang es nach jahrzehntelangen Bemühungen, die Lutherkirche 1927 fertigzustellen. Dem Bau vorausgegangen war ein Wettbewerb, den P. Jürgensen gewann. Neben beachtlichen Rathausbauten – 1911 entstand nach den Plänen P. Jürgensens und seines Partners Bachmann das Schöneberger Rathaus in Berlin – hatte er sich vor allem mit Kirchenbauten einen guten Ruf erworben. Meist handelte es sich um tonnengewölbte Saalbauten, deren Altarwand gerade, also ohne Apsis abschloss. Die Chorpartie spielte keine Rolle, während auf dem Turm die Betonung lag. Auch der Entwurf zur Lutherkirche folgte diesem Konzept. Indem P. Jürgensen den Zentralraumgedanken aufgriff, kombinierte er den Saalbau mit einer allgemeinen Tendenz im protestantischen Kirchenbau dieser Zeit.

Lit.: Deutsche Bauzeitung 22.4.1925

Wohnhaus Pitzschke

Erfurt-Hochheim
Winzerstraße 22
Erich Fabianski
1929

Oberhalb der nach Hochheim führenden Straße ließ sich der Regierungsrat Pitzschke sein Wohnhaus errichten. Die Anordnung des Baukörpers folgt den Höhenlinien des stark nach Süden abfallenden Geländes. Die Modellierung der Baumasse ist auf eine optimale Besonnung der Innenräume abgestimmt: Der zweigeschossige Winkelbau öffnet sich nach Süden und umgreift den erdgeschossigen Wohnraum, dessen flaches Dach als Terrasse nutzbar ist. Der Architekt suchte mit Formgebung, Materialwahl und Detailgestaltung die Tuchfühlung mit der sog. „Weißen Moderne". Die Stahlrohrreling der Terrasse und eine schiffstypische Leiter lassen Assoziationen zu einer Kommandobrücke aufkommen und sind der sog. „Schiffsarchitektur" nachgeahmt. Einprägsam und fernwirksam stellen sich die von dunklem Klinker optisch zusammengezogenen Fenster des zweigeschossigen Bauteils dar, in deren Mittelachse ein Fahnenmast – ein weiteres Zitat aus dem Schiffsbau – emporragt.

im Zusammenhang
Alfred-Hess-Straße 10/10a, Wohnhäuser, Arch. Karl. H. Müller, 1929/Arch. Johannes Saal, 1931.
 Die Häuser zählen zu den jüngsten dieser Straße mit bemerkenswerter Villenbebauung. Bei der Nr. 10a ist der Versuch spürbar, den historistischen Villentyp abzuwandeln: Symmetrische Aufteilungen sind weitgehend vermieden, vorgezogene Bauteile sorgen für Bewegtheit, die im gelockerten Grundriss Entsprechungen findet.

Lit.: Bauwelt 1/1930

Geschäftshaus
Ehem. „Mitteldeutsche Landesbank"

Erfurt
Anger 25
Johannes Klass
1928–29

EF

In der Nähe
Anger 59, Geschäftshaus, ehem.
„Theodor Altmann", Georg Bierbaum,
1925–26.
 Der Bau entstand als einer der ersten Erfurter Geschäftshausneubauten nach dem Ersten Weltkrieg. Seine Architektur zielt darauf, sich mit „edlen Materialien" und zurückhaltender Bauzier von der historistischen Geschäftshausarchitektur des Angers abzuheben, ohne Gediegenheit vermissen zu lassen.

Der Fassadenentwurf von J. Klass lehnt sich an die Architektur des Neuen Bauens an, bleibt aber andererseits verhalten. Die exklusive Lage in der Haupteinkaufsmeile Erfurts und die Bauaufgabe geboten diese Zurückhaltung. Augenscheinlich wird der Widerspruch beispielsweise im Versuch, die einzelnen Obergeschossfenster zu Bändern zusammenzuziehen, deren horizontalem Zug kräftige Pfosten entgegenwirken. Spannung wird zugunsten der Stimmigkeit in der Gesamterscheinung vermieden. Die bemerkenswerte Bauplastik stammt auch hier von H. Walther. In der Form zweier Reliefs ist sie an beiden Ecken der Sockelzone angeordnet und übernimmt eine optisch stabilisierende Funktion innerhalb der Fassadengestaltung. Ihre allegorische Aussage nimmt auf die Nutzung des Gebäudes Bezug und stellt rechts die „vernünftige Verwendung des Geldes" und links dessen „leichtsinnige Verschwendung" mittels einer lebhaften Gebärdensprache dar (heute Sparkasse).

EF · Zwei Geschäftshausbauten

Ehem. DHV-Haus (Anger 81) und Geschäftshaus Schellhorn (Neuwerkstraße 2)

Erfurt
Anger 81, Neuwerkstraße 2
Heinrich Herrling
1928–29 und 1929

Am ehem. DHV-Haus (Anger 81) ist trotz entstellender Umbauten der Einfluss der Kaufhausarchitektur E. Mendelsohns deutlich lesbar geblieben. Das Vorbild des signifikanten Geschäftshausbaus war Mendelsohns Kaufhaus Petersdorf in Wroclaw, dessen halbrund auslaufender, in Brüstungs- und Glasbänder aufgelöstes „Erker" hier recht unverblümt aufgegriffen wurde. Am westlichen Ende des Angers, in der Neuwerkstraße, befindet sich ein zweiter beachtlicher Bau H. Herrlings. Das „Textilgeschäftshaus Schellhorn" ist darüber hinaus ein Zeugnis der Stadt- und Verkehrsplanungskonzepte der späten 20er Jahre. Eckrundung und -überhöhung reflektierten auf später nicht weiterverfolgte Straßenverbreiterungsabsichten. Auch die großstädtische Gestik des Schellhornbaus orientierte sich an Bauten E. Mendelsohns. Im Gegensatz zum ehem. DHV-Haus sind hier die Fronten flächig gehalten und die Fensterbänder nicht von Pfeilern unterbrochen. In H. Herrlings Werk stellt dieser Bau die klarste und ambitionierteste Leistung dar.

Eine effektvolle Lichtarchitektur zeichnete die nächtliche Erscheinung des DHV-Hauses (Anger 81) ursprünglich aus. Die lichttechnische Inszenierung konzentrierte sich auf den gebänderten Erker, wodurch die Dynamik, die der Architektur innewohnt, hervorgehoben wurde.

Lit.: Escherich, Mark: Aspekte der Architektur der 1920er Jahre in Erfurt, Erfurt 1999

Altenheim und Wohnhaus EF

Erfurt
Windthorststraße 43/43a,
Friedrich-List-Straße 20
Theo Kellner, Felix H. Hinssen
1928–29

In der Nähe
Weimarische Straße, div. Stellwerksbauten M. Steinbrink und Landwehr 1927–28. Auf dem Gelände des Haupt- und Güterbahnhofs kam es 1927–28 zur Neuordnung der gesamten Fahrbetriebsregelung. Markantestes Relikt ist das Befehlsstellwerk „Er", ein Reiterstellwerk in Brückenform, welches drei Gleistrassen überspannt. Der Rauchgasbelastung entspricht der robuste Verblendklinker. Weitere bautypspezifische Merkmale sind die übermäßig auskragenden Dachplatten und die großflächigen Verglasungen, die für blendungsfreie bzw. weiträumige Sicht sorgten.

Die zweigeteilte Baugruppe war inhaltlich, aber auch architektonisch als Fortsetzung des kurz zuvor fertiggestellten städtischen Lehrlingsheims (Windthorststraße 44–45, kriegszerstört) konzipiert. Im Sinne des „Weiterklingens" der Architektur bezieht sich die geschossweise Zonierung und Gliederung der lang gestreckten, dreigeschossigen Front des Altenheims auf das weitgehend kriegszerstörte Lehrlingsheim derselben Architekten. Die Eckpartie zur Friedrich-List-Straße nimmt das sog. „Wohnhaus für berufstätige Frauen" ein, ein eigenständiger Baukörper, der gänzlich mit Klinker verkleidet ist. Innerhalb des Gesamtkomplexes einschließlich des einstigen Lehrlingsheims kommt dem Eckgebäude die Funktion eines Kopfbaus zu – Material und die vergleichsweise kleinen Öffnungen geben ihm Massivität und Stabilität.

Wohnanlage „Erwo-Block"

Erfurt
Dresdner Straße, Carmer- und Reißhausstraße
Theo Kellner, Felix H. Hinssen
1928–29

Dieses Wohnungsbauvorhaben, ursprünglich für 200 Wohnungen gedacht, blieb bis in die 50er Jahre fragmentarisch. 1929–30 wurden 12 der vorgesehenen 22 zweispännigen Gebäude ausgeführt. Im Gegensatz zu Karl Schneider, der beim unweit gelegenen „Hansa-Block" (vgl. nächste Seite) den Blockrand als gleichartig umlaufenden Strang behandelte, ist hier jede Blockflanke als eigenständiges Bauteil aufgefasst, das auf seine jeweilige Lage und städtebauliche Bindung eingeht. Der Unterscheidung der drei ausgeführten Fassadentypen dient vor allem eine stark variierende Plastizität. So steht das kräftige Relief der Front an der Dresdner Straße im Kontrast zur zurückhaltenden Straßenfront des zweiten Bauabschnitts in der Reißhausstraße. Der Verzicht auf Balkone und Vorsprünge sowie der sanfte Fassadenschwung machen diese Front zu einer gespannten Haut. Das im Zuge des zweiten Bauabschnitts fertiggestellte Gebäude Carmerstraße 6 ist als Prototyp des nicht verwirklichten dritten Bauabschnitts zu verstehen.

Lit.: Escherich, Mark: Aspekte der Architektur der 1920er Jahre
oin Erfurt, Erfurt 1999

Wohnanlage „Hansablock" EF

Erfurt
Bebelstraße 40–43,
Dortmunder Straße 1–7/17–20,
Eugen-Richter-Straße 10–23
Karl Schneider
1929–30

Der „Hansablock" erstreckt sich über die Hälfte eines Stadtquartiers. Blockform und drei- bis viergeschossige Bauweise knüpfen an die angrenzende Bebauung an. Bauherrin war die in Hamburg ansässige Deutsche Wohnungsbau-Gesellschaft mbH „Erfurt" (D.W.G.). Der Wohnblock steht mit seiner nüchternen Kargheit für die Auffassung seines Hamburger Architekten. Die enorme Flächigkeit des Blockstrangs wird lediglich von Durchfahrten und von zwei um eine Blockecke gelegte Balkone akzentuiert. Die Fassadenflächen sind streng grafisch in Hell-Dunkel unterschieden. Dabei lösen die großen flächenbündigen Fenster die Mauerwerkswand fast skelettartig auf, woraus gute Lichtverhältnisse resultieren. Kleine, quadratische Fenster markieren in den einzelnen Wohngeschossen die Lage der Nebenräume und versorgen in gereihter Form Keller- sowie Dachgeschoss mit Tageslicht.

Lit.: Koch, Robert; Pook, Eberhard (Hrsg.): Karl Schneider. Leben und Werk. 1892–1945, Hamburg 1992

EF Wohnanlagen „Flensburger und Hamburger Block"

Erfurt
Flensburger, Hamburger, Kieler
Straße und Liebknechtstraße
Otto Jacobsen
1929–30

(B)

(A)

Der Zuschnitt des trapezförmigen Quartiers des „Flensburger Blocks" geht auf Otto Jacobsen, den Architekten und Mitgesellschafter der „Grundstücksgesellschaft Krämpfertor mbH", zurück, die 1929 24 Wohnhäuser in geschlossener Bauweise errichten ließ (A). Die Architektur ist durch vorspringende Brüstungsstreifen und zurückversetzte Fensterzwischenräume gekennzeichnet, die zur „Bänderung" des breit lagernden Blocks führen. Dem horizontalen Zug wirken vertikale Akzente, Fluchtversprünge und Fensterschlitze entgegen. Im Gegensatz zum herkömmlichen Grundriss dieses Blocks führte Jacobsen mit dem benachbarten „Hamburger Block" (B) die Außengangerschließung in den Wohnungsbau der Region ein. Der Block erhebt sich über einem lang gestreckten U-förmigen Grundriss mit 170 m Länge. Die für Jacobsen bis dahin typische Fassaden-Bänderung ist hier größerer Flächigkeit gewichen, eine ebene Putzhaut und wenige Versprünge purifizieren die Architektur.

Die Laubengänge geben der Rückfassade eine stark plastische Wirkung. Neben ökonomischen verband man den Laubengang auch mit sozialreformerischen Aspekten, verstand doch so mancher Zeitgenosse die gleichartige Reihung vieler Wohnungen an einem Gang per se als die gerechtere Wohnform.

Lit.: Escherich, Mark: Aspekte der Architektur der 1920er Jahre in Erfurt, Erfurt 1999

Verwaltungsgebäude der AOK   EF

Erfurt
Augustiner Straße 38
Theo Kellner, Felix H. Hinssen
1929–30

In der Mittelachse befindet sich das geschosshohe, großflächig verglaste und überdeckte Eingangsportal, welches zwei aufrecht stehende Reliefs flankieren. Die Darstellungen, welche auf die Nutzung des Gebäudes Bezug nehmen, stammen vom Bildhauer Hans Walther.

Im Gefüge der kleinteilig parzellierten Augustinerstraße fällt der „Lückenbau" der AOK sichtbar aus dem Rahmen. Gekennzeichnet ist er von einer stumpfwinklig eingezogenen Erdgeschossfront, welche den Straßenraum trichterartig zum Eingangsportal hin erweitert. Damit war dem Gebäude ein unverwechselbares architektonisch-plastisches Motiv gegeben. Die große Geste wurde damals von den Architekten als Folge konsequenter Funktionsgerechtigkeit dargestellt – die entstandene Form war nach ihrer Aussage lediglich eine Reaktion auf „den starken Fußgängerverkehr in der engen Straße."(1) Die Fassade der Obergeschosse ist vollkommen flächig aufgefasst. Annähernd quadratische Fenster gliedern die leicht vorgezogene Mittelpartie der Front. Geschlossene Wandflächen an den Anschlussstellen zur Nachbarbebauung im Westen und Osten geben dem durchfensterten Mitteltrakt Fassung und Halt.

(1) Kellner; Hinssen 1930 (I), S. 2.

EF

Verwaltungsgebäude
Ehem. Oberpostdirektion

Erfurt
Beethovenplatz 3 und
Johann-Sebastian-Bach-Straße 3
Ludwig Meyer, Richard Lütje
1929–30

Für das Areal rund um den Beethovenplatz wurden seit Beginn des 20. Jahrhunderts vielfältige Pläne entwickelt. Über Jahrzehnte hinweg verfolgte die Stadtverwaltung das Vorhaben, hier eine Stadthalle sowie ein Ausstellungs- und Messegelände zu errichten. Die geplante Achse Beethovenplatz – Stadthalle – Mitteldeutsche Kampfbahn war auf den im Höhenzug des Steigers gelegenen Bismarckturm von W. Kreis ausgerichtet. Die Eintiefung des Beethovenplatzes war in diesem Zusammenhang als Wasserbecken gedacht. Eine östliche Flanke bekam der Platz mit dem Neubau der Oberpostdirektion. Der 140 m lange, streng symmetrisch angelegte Bau besteht aus einem viergeschossigen Mittelbau von 31 Achsen, an den sich im Norden und Süden jeweils zwei flachere, L-förmige Flügel anschließen. Das hallenartige Foyer ist von einer monumentalen fünfachsigen Pfeilerkolonnade und einer eingezogenen Vorhalle markiert. Neben der klassizistischen Anmutung der Architektur ist in der Grundrissfigur vor allem ein barocker Grundzug zu spüren.

In der Nähe
Schillerstraße 44, Verwaltungsgebäude, ehem. Landesarbeitsamt, Johannes Klass, 1929–30.

Der Bau steht mit der Ansiedlung eines Landesarbeitsamtes in Erfurt im Zusammenhang. Während die Bezirksarbeitsämter in Bitterfeld, Halle und Dessau recht bald mit Neubauten ausgestattet wurden, kam es erst 1929–30 zur Errichtung der Zentralstelle für das Gebiet der preußischen Provinz Sachsen und der beiden Länder Thüringen und Anhalt in Erfurt.

Lit.: Deutsche Bauzeitung 99–100/1930

Bürohausbauten   EF

Erfurt
Bahnhofstraße 41–44/45
Ernst Flemming, Max Brockert
1930–31

Die Bahnhofstraße ist vielleicht Erfurts „städtischste" Straße. Neben dem Neubau der Dresdener Bank (1992–94) stellen zwei Bürogebäude die jüngsten Baukörper der Straße dar. Das in zwei Bauabschnitten 1930–31 errichtete Gebäude Bahnhofstraße 41–44 wurde – nach der gleichnamigen Baugesellschaft – als „Phönix-Haus" bezeichnet. Die steife, unprätentiöse Fassadenaufteilung macht den Bau als zeittypisches Bürohaus erkennbar. Über das Erdgeschoss wird das im Blockinneren liegende Ufa-Kino erschlossen. Auch das sog. Naumannsche Haus, Bahnhofstraße 45/Ecke Hirschlachufer, ist ein ausgesprochenes Bürogebäude (kleines Foto). Eine Pfeilerkolonnade gibt den obersten Geschossen eine „dynamische Vertikalgliederung"(1): Brüstungs- und Fensterfelder sind zurückversetzt und die Kolonnade zu einem Zwerchhaus überhöht. Aus dem spitzwinkligen Grundstückszuschnitt folgt die perspektivisch gesteigerte Übereckansicht.

---

(1) Hüter [u. a.] 1979, S. 26.

Rathauserweiterungsbau

Erfurt
Fischmarkt 1
Johannes Klass
1933–35

Das Rathaus wird von mehreren Gebäudeteilen gebildet, die hauptsächlich in drei größeren Bauphasen entstanden sind. Der monumentale neugotische Verwaltungsbau wurde 1870–75 an der Stelle des in Teilen noch aus gotischer Zeit stammenden alten Rathauses errichtet. 1933–35 wurde nach Abriss des letzten erhalten gebliebenen Teils der alten Anlage der Komplex mit der Errichtung eines Erweiterungsbaues in die heutige, geschlossene Gestalt gebracht. Der fünfgeschossige Hauptgebäudeflügel der Erweiterung erstreckt sich entlang der südlichen Rathausgasse und knickt im hinteren Bereich im stumpfen Winkel nach Süden ab. Am Fischmarkt stellt ein brückenartiger Bauteil die Verbindung zum bestehenden Rathausbau her. Ihm vorgelagert ist ein hervortretender, zweigeschossiger Bürotrakt, der zum Unterbau des Hauptflügels überleitet. Das geschichtete Erscheinungsbild ist Ausdruck innerer funktioneller Disposition: Im Unterbau ist bis heute die Stadtsparkasse untergebracht, die Räume der Obergeschosse werden von der Stadtverwaltung genutzt.

Verwaltungsgebäude
Ehem. „Behördenhaus"

EF

Erfurt
Arnstädter Straße 57
Wilhelm Pook
1937

Im Zusammenhang
Andreasstraße 38, Verwaltungsgebäude, ehem. Erweiterungsbau des Landgerichts, Arch. Wilhelm Pook, 1937–39.

Die administrative Stellung Erfurts beschränkte sich lange Zeit auf seine Funktion als Bezirksstadt des Regierungsbezirks „Preußisch-Thüringen". Mit der Bildung des Landes Thüringen 1920 wurde die paradoxe Situation noch offensichtlicher. Es fehlte nicht an Versuchen, die Stadt in das Land Thüringen einzugliedern. Initiativen der Jahre 1930 und 1934 – letztere maßgeblich durch den thüringischen Gauleiter F. Sauckel betrieben – scheiterten immer wieder am festen Willen Preußens, keine Gebiete abzutreten. In diese Zeit fällt der Behördenhausneubau für die preußische Bezirksregierung in Erfurt. Zwangsläufig wurde der Bau zu einer Manifestation des preußischen Machtanspruchs. Das architektonische Vorbild gaben die Bauten F. Gillys, H. Gentz', F. Schinkels u. a. ab. Das Gebäude besticht dementsprechend durch einen wuchtigen Sockel, Portikushalle und kräftige Fries- und Simsausbildung, die allesamt „bis ins Detail Formen eines strengen Klassizismus (folgen), die der Komposition eine ernste Monumentalität verleihen."(1)

---

(1) Winkler 1994, S. 47.

EF — **Ausstellungs- und Veranstaltungshalle**
„Thüringenhalle"

Erfurt
Werner-Seelenbinder-Straße 20
Alfred Crienitz, Walter Ahrens
1939–40er Jahre

Ursprünglich als Schützenhalle des Erfurter Bürgerschützenkorps konzipiert, sollte diese Veranstaltungshalle auch für öffentliche Großveranstaltungen genutzt werden können. Frei tragende Holzfachwerk-Binder von etwa 40 m Spannweite bilden das konstruktive Gerüst (Ing. Hensel) der Halle und ermöglichen eine äußere Baugestalt, die den Bautyp des niederdeutschen Bauernhauses aufgreift und überdimensional vergrößert. Das mächtige Satteldach wird durch die Ausbildung von Krüppelwalmen und die geschleppten Hechtgaupen nur ansatzweise gegliedert. Obwohl 1939 die Bauarbeiten begannen und im November 1941 Richtfest gefeiert wurde, konnte die innere Ausstattung erst nach Kriegsende vollendet werden.

Kraftwerk
Ehem. „Kraftwerk Thüringen"

EF

Erfurt-Gispersleben
Zittauer Straße 31
*Georg Bierbaum (A) (C),
Theo Kellner (B), Fritz Spahr (B)*
1930–40er Jahre

Die Betreiberin des Werks, die „Kraftwerk Thüringen AG", entstand 1902 und geht auf einen Mühlenbetrieb zurück. Das sich stetig vergrößernde Werk versorgte große Teile Erfurts mit Strom. Das Kraftwerk wurde vor allem im wirtschaftlichen Boom der 30er Jahre zu einer heterogenen architektonischen Anlage, die von Erweiterungs- und Umbauten gekennzeichnet ist. Den prägnantesten Bauteil stellt der Hochkörper des Kesselhauses dar (A). Der wuchtige Ziegelsteinkubus dominiert das Weichbild von Gispersleben. 1936 entstand ein Werkstattbau auf einem Grundstückszwickel im Süden des Anlage (B). Der Gebäudeentwurf reagiert auf die ungünstige Geometrie, indem er die spitz aufeinander zulaufenden Außenfronten mittels einer Abrundung zusammenbindet. Die vorerst letzte Erweiterung galt der Vergrößerung des Maschinenhauses: 1941–43 war im Nordosten eine 19-achsige Front entstanden, die in Material (ockerfarbener Vormauerziegel) und Architekturdetail den Bezug zum Kesselhaus sucht (C).

Diasporakapelle

Erfurt
Im Gebreite 75
Otto Bartning
1950

Die kleine unscheinbare Kapelle steht im Zusammenhang mit dem Notkirchenprogramm des Hilfswerks der evangelischen Kirchen nach dem 2. Weltkrieg. Zwischen 1947 und 1951 waren in ganz Deutschland 48 Kirchenbauten nach Bartnings Systemlösungen errichtet worden (vgl. Nordhausen, Notkirche). Ihnen „folgten in den Jahren 1949 bis 1953 die vorgefertigten Gemeindezentren und Diasporakapellen. (...) Sie waren die Fortführung des Notkirchengedankens und wurden von den gleichen Stiftern getragen. Im Unterschied zu den Notkirchen sollte hier ein kommerzielles Vorgehen erreicht werden" (1), was sich nicht zuletzt darin äußerte, dass neben 40 gestifteten eine ganze Reihe weiterer Gebäude entstanden waren. Zu den letzteren gehörte das 1950 in der abgelegenen „Cyriaksiedlung" aufgestellte Kirchenbauwerk der Erfurter Predigergemeinde.

---

(1) Bredow; Lerch 1983, S. 130.

Ensemble „Malzfabrik Wolff" EF

Erfurt
Iderhoff-, Neubauer- und
Thälmannstraße
Georg Bierbaum (B-F)
1880–1939

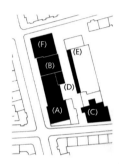

Die Wurzeln des Mälzereiunternehmens Wolff gehen in das 19. Jahrhundert zurück. Am späteren Juri-Gagarin-Ring entstand ab 1869 ein erstes großes Malzwerk. Dieses Stammwerk wurde zu Anfang der 1990er Jahre abgerissen. Dagegen ist das ab 1885 angelegte Werk an der Thälmannstraße nahezu vollständig erhalten. Als gewachsenes Gebilde vereinigt die Anlage das erste Bauteil, das „Darren- und Keimgebäude" (A), Arch.: Hanner & Hering, mit einer Vielzahl von Erweiterungen, die bis ins Jahr 1939 unter Beibehaltung des Fassadenmaterials Klinker ausgeführt wurden.

Ausgehend von der heutigen Iderhoffstraße hatten sich zwei parallel gelegene Gebäudegruppen nach Norden hin entwickelt, die durch einen lang gestreckten Fabrikhof voneinander getrennt sind. Die erste große Erweiterung hat der an der heutigen Thälmannstraße gelegene Ursprungsbau von Hanner & Hering 1920 mit der sog. Hafermühle (B) erfahren. 1929–30 folgte das Malzsilo an der Iderhoffstraße (C), das mit seiner wuchtigen Dimension das Straßenbild völlig beherrscht und mit ornamental

Ensemble „Malzfabrik Wolff"

verwendetem Klinkermauerwerk beeindruckt. Auf der Westseite des Fabrikhofs befindet sich, angelehnt an das alte Darren- und Keimgebäude, der achtgeschossige Turmbau der Gersteputzerei von 1933 (D). Gestalt und Lage sind an technologische Erfordernisse gebunden und entsprechen der Reinigungsfunktion. Gegenüber, auf der Ostseite, kam 1936 das eigentümlich langgestreckte Kontor- und Verwaltungsgebäude zur Ausführung. Der mit Travertin verkleidete Stahlskelettbau ist von aufrecht stehenden Fensteröffnungen geprägt, die rigide aneinandergereiht und von spitzgratigen Gesimsen gefasst werden (E). Durch den Bau des „Gerstesilos" wurde die Werksanlage 1939 komplettiert (F). Dieser letzte große Bauteil entstand auf der Ecke zur Theo-Neubauer-Straße. Während der Unterbau dekorativ mit schachbrettartig verlegtem Klinker verblendet ist und durch ein Gurtgesims abgeschlossen wird, beherrscht eine Pilasterordnung die obere Fassadenzone.

Hochhaus der Landesregierung EF

Erfurt
Johann-Sebastian-Bach-Straße 1
*Hartmut Schaub, Egon Hartmann,
Heinrich Weiß*
1950–51

In der Nähe
Arnstädter Straße 34, ehem. „Haus der Jugend", Georg Schirrmeister, 1951.
Das Sgraffitobild Kurt Hanfs – Allegorien auf „Jugend, Lernen, Aufbau und Verteidigung" – verweist auf die ursprüngliche Funktion des Gebäudes. Es befindet sich am vorspringenden Kopfbau, auf dem der Hauptakzent der schlicht gehaltenen Architektur liegt. In zeittypischer Manier verwendete Säulen und Pfeiler bilden das markante Eingangsmotiv.

Das Gebäude wurde als Sitz des Ministerpräsidenten des Landes Thüringen konzipiert und in Ziegelbauweise mit Verputz errichtet. Erd- bzw. Dachgeschoss sind zum einen durch Natursteinverkleidung und andererseits mittels einer vollkommenen Verglasung vom Gebäudeschaft abgesetzt. Materialengpässe hatten damals nach traditioneller Bauweise verlangt. Das entsprechende, massige Erscheinungsbild entsprach nicht völlig der Intention der Architekten, was angesichts der Straßenfront deutlich wird. Fensterlose Mauerwerksscheiben flankieren ein gerastertes Betonstabwerk, welches Loggien aufnimmt und dessen „serielle Ästhetik" mittels eines in den Putz geschnittenen Gitterliniennetzes auf die anderen Gebäudefronten übertragen ist.(1) Der Stellenwert des Baus erklärt sich, abgesehen von der Architektur selbst und der honorigen Bauherrschaft, mit der Debatte um die Baukultur der jungen DDR, zu deren Gegenstand der Bau erst in der regionalen und dann in der nationalen Presse wurde.(2)

(1) Siehe Winkler 1994, S. 60.
(2) Siehe z. B. Hopp 1952.

EF   **Gesellschafts- und Verwaltungsbau**

Erfurt
Juri-Gagarin-Ring/Ecke Frankestraße
Heiner Fenchel
1951–55

Der fünfgeschossige Hauptflügel des ehem. Hauses der Gewerkschaften ist parallel zur Frankestraße angeordnet. Die exponierte Ecklage zum Ring ist durch einen Kopfbau besetzt. Seiner herausgehobenen Funktion und Bedeutung wird durch die Baugestaltung Ausdruck verliehen (kolossale Pilaster, umlaufender eingeschossiger Vorbau, in dem sich einst der Hauptzugang befand, darüber Terrassennutzung). Im hinteren, straßenabgewandten Bereich schließt ein lang gestreckter dreigeschossiger Seitenflügel winklig an das Haupthaus an und umgreift einen gestalteten Freiraum. Die erkerartigen Vorbauten – sie gliedern und rhythmisieren die Baukörperfronten – entsprechen, wie die gesamte Anlage, der Architekturauffassung der „Nationalen Tradition".

Universität Erfurt
Ehem. Pädagogische Hochschule

EF

Erfurt
Nordhäuser Straße 63
1952–2000

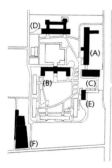

Die Vorgängerinstitution der ehem. Pädagogischen Hochschule, das Institut für Lehrerbildung, wurde mit dem Bau eines ersten Lehrgebäudes (A) 1952–54 auf dem Terrain westlich der Nordhäuser Straße ansässig. Während der lang gestreckte Baukörper noch den Bezug zur Stadt suchte, entwickelte sich ab 1956 ein städtebaulich autarker, weit in die Grundstückstiefe greifender Campuskomplex: Verschiedene zwei- bis dreigeschossige Wohnheimbauten bilden die Flanken einer Karreebebauung. Deren Innenhof wird auf der Nordseite von der kulissenhaften Fassade der alten Mensa geschlossen, die 1956–57 entstand (B). Wie das Lehrgebäude I und die Wohnheimbauten zeigt sie Würdeformen der Architektur der „Nationalen Traditionen": Symmetrie, Pilasterabfolge, Dreieckgiebel und Kolonnade. Eine Vermittlerposition zwischen der Selbstbezogenheit der Karreebebauung und der Öffentlichkeit nimmt das Auditorium maximum ein (C), das 1956–61 im Winkel an das Lehrgebäude I angefügt wurde und sich mit einem eingeschossigen Portikus der Nordhäuser Straße zuwendet (Giebel-

Universität Erfurt
Ehem. Pädagogische Hochschule

Johannes Saal (A), Günther Krumbein (B), Hermann Schmidt sen. (B)(C), Ingo Gerth (D), Willi Fieting (D), Helmut Seeland (E), Norbert Koch (F), Wolf-Dieter Drohn (F), Michael Schneider (F), Wolfgang Voigt (F)

plastik: H. Braun, im Inneren repräsentatives Foyer, Mosaiken: E. Schürer).

Mit dem Bau des Lehrgebäudes II in den Jahren 1958–62 fand der Leitbildwechsel in der DDR-Architektur Mitte der 50er Jahre seinen Ausdruck. Das Erscheinungsbild des gesamten Gebäudes wird von der zugrunde liegenden Skelettkonstruktion geprägt. Das Betonraster ist nach außen gekehrt und beliebig von Wand- oder Glasflächen ausgefacht. Auf der Rückseite sind zwei einen Innenhof umschließende Hörsäle pavillonartig an den Hauptbau angefügt (D). Der Bau eines Studentenwohnhochhauses brachte 1963 eine Höhendominante in den Hochschulcampus und sorgte für Fernwirkung (E). Der zehngeschossige Monolithbau prägt die Zugangssituation zum heutigen Universitätsgelände. Als Ergebnis eines Ideen- und Realisierungswettbewerbs entstand von 1998 bis 2000 in südwestlicher Erweiterung des Campus eine Universitätsbibliothek (F).

Lit.: Wettbewerbe aktuell 4/1995

Klinikum
Ehem. Medizinische Akademie

EF

Erfurt
Nordhäuser Straße 74
1880–2000

Grundsätzliche Neuordnungspläne für das 1880 gegründete städtische Krankenhaus gehen auf den Anstaltsdirektor A. Machol zurück. Seine Vorstellungen schlugen sich nach dem Ersten Weltkrieg in einem Generalbebauungsplan nieder, der vom städtischen Hochbauamt erarbeitet wurde und u. a. umfängliche Neubauten für die chirurgische und medizinische Abteilung unter Einbeziehung der bestehenden Bauten vorsah. Der Gesamtplan wurde von der Weltwirtschaftskrise zunichte gemacht. Lediglich das Chirurgiegebäude mit einhüftig von einem Gang auf der Nordseite erschlossenen Krankenzimmern kam 1926–28 zur Ausführung (A). Der erste architektonisch bedeutende Neubau nach dem Zweiten Weltkrieg war das 1952–54 errichtete Pathologische Institut im Zentrum des Komplexes – ein schlichter, mit Walmdach versehener Bau, dessen Zugänge von Balkonen mit Balustraden hervorgehoben werden (B). Im Zeichen des Ausbaues des einstigen städtischen Krankenhauses zur „Medizinischen Akademie" stand auch der gemeinsame Bau der Hals-Nasen-

EF

Klinikum
Ehem. Medizinische Akademie

Johannes Klass (A), Louis Wanzelius (A), Hanns Hopp (B), Gerhard Thiede (B), Carl Fugmann (C), Georg Roth (D), Rossmann & Partner (E)

Ohren- und Augenklinik auf dem Grundstück nördlich der Chirurgie in den Jahren 1956–58 (C). Grundrissfigur und Massenverteilung gehen auf das Chirurgiegebäude ein, indem dieses in spiegelverkehrter Anordnung zitiert wird: Symmetrie, Dreiflügeligkeit, Appendix mit Sonderfunktion im Rücken der Erschließungshalle. An die Stelle der Operationssäle trat nun ein halbkreisrunder Hörsaalbau. Die Architektur folgt einem stark reduzierten und spröden Neuklassizismus. Die Hauptfassade ist von monumentaler Wirkung und wird lediglich in der Mittelachse von einem Stabwerkraster aufgelöst. Dahinter befinden sich Aufenthaltshallen (Wandbilder von F. Markau und O. Knöpfer). Ganz im Süden des Geländes, wenig von der Nordhäuser Straße zurückgesetzt, wurde 1972–75 die zehngeschossige (!) Stomatologische Klinik in Montagebauweise errichtet (D). Nach 1990 entstanden eine Klinik für Strahlentherapie und im Norden – bis zum Pappelstieg reichend – das ausgedehnte Chirurgische Zentrum, 1997–2000 (E).

Lit.: Deutsche Bauzeitung 73/1929

Verwaltungsgebäude des ehem. Kali-Kombinats EF

Erfurt
Arnstädter Straße 28
*Hans Schreiber, Wolfgang Drewes,
Rolf Wicht*
1956–57

Das Gebäude setzt sich aus einem fünfgeschossigen Kopfbau und einem viergeschossigen straßenbegleitenden Flügel zusammen. Beide Bauteile sind als Mischkonstruktion errichtet. Das Stahlbeton-Rasterstabwerk der Fassaden steht mit massiven Innenwänden in Verbindung. Über ein Treppenpodest erreicht man den asymmetrisch in der Südfassade angeordneten Haupteingang, der sich mit drei nach vorn angekippten Schotten und mit einem weit ausgreifenden Betonschalendach als zeittypisches Detail präsentiert. Dahinter verbirgt sich das Foyer mit großzügiger Stahlbeton-Wendeltreppe, deren unbekümmert schwungvolle Form sich loslöst vom orthogonalen Grundriss. Brüstungsgeländer und Beleuchtungskörper sowie die feingliedrige, farbig verglaste Fensterfront des Treppenhauses sind weitgehend unverändert erhalten und offenbaren die charmante Eleganz der 50er-Jahre-Innenarchitektur. Das zweite, nördliche Treppenhaus äußert sich als aufgeständerter Halbrunderker an der Hoffassade des straßenseitigen Nordflügels.(1)

---

(1) Hüter [u. a.] 1979, S. 62.

EF

Verwaltungs- und Lagergebäude
der ehem. „Großhandelsgesellschaft Haushaltswaren"

Erfurt
Hugo-John-Straße 10
Walter Schappler
1957

Gebäudeanordnung und Architektur der Anlage sind von den einzelnen Nutzungen abgeleitet. Dem entspricht die fein gegliederte und aufwändigere Baugestaltung des Verwaltungsgebäudes an der Hugo-John-Straße. Die unterschiedlich hohen Fenster liegen in einem plastisch gestuften Stabwerkraster. Zwei massive Blöcke – sie nehmen die zwei Treppenhäuser auf – begrenzen das Verwaltungsgebäude, wobei gut die Hälfte der Giebelflächen von den großen Treppenhausfenstern eingenommen wird. Der Eingang ist von einem loggienartig durchbrochenen Risalit und einem abgerundeten Vordach markiert. Ein leicht geschwungener zweigeschossiger Verbinderbau leitet zum Lagerhaus über. Dieser lang gestreckte, dreischiffige Stahlbetonskelettbau an der Salinenstraße ist in seiner Fassadengestalt nicht mehr bauzeitlich (ursprünglich Stützen-Riegel-Raster). Erhalten geblieben sind jedoch die signifikanten höhergeschossigen Treppen- und Aufzugstürme an den Gebäudeschmalseiten und die vorstehenden Pfeilervorlagen.(1)

---

(1) Hüter [u. a.] 1979, S. 45.

Gartenbauausstellung   EF
Ehem. iga

Erfurt
Gothaer Landstraße 38
*Gesamtplanung: Reinhold Lingner,
später Claus Seidel*
1958–65

(A)

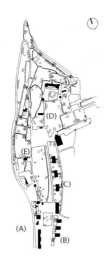

Bezugnehmend auf die Gartenbautradition Erfurts entstand 1958–61 eine staatlich finanzierte ständige Gartenbauausstellung unter Einbeziehung der ehem. Cyriaksburg. Auf ihrem Terrain und den sich südlich anschließenden Flächen waren ab 1950 Gartenschauen veranstaltet worden. Für die „Internationale Gartenbauausstellung", die sich als Lehrschau des Gartenbaues unter sozialistischen Bedingungen begriff, galt es, die bestehende Ausstellung um das Doppelte zu erweitern und 13 Hallen zu errichten, in denen sich sechs sozialistische Länder präsentieren konnten. Nach der Konzeption R. Lingners sollte die „Gesamterscheinung Einheitlichkeit der humanistischen Richtung, (und) freundschaftliche Verständigung unter den Völkern"(1) als Merkmale der sozialistischen Gesellschaftsordnung wiederspiegeln. Die „harmonische Zueinanderordnung der (...) einheitlichen Hallen um einen einzigen großen Freiraum"(2) stand im Dienst dieser Intention.

Den Auftakt bildet ein Empfangs- und Verwaltungsgebäude von 1960–61 (A). Der um ein offenes Atrium gruppierte Bau wendet dem Haupteingang seine geschossübergreifende,

Gartenbauausstellung
Ehem. iga

Gerhard Haubenreißer (A), Hermann Enders (B) und Ch. Hähnel, Franz Ollertz, Klaus Thiele (VEB Hochbauprojektierung Erfurt)

verglaste und von elegant gewellter Trauflinie nach oben abgeschlossene Fassade (Betondachschalen) zu – hinter ihr befindet sich eine Empfangshalle. Erster Besucher-Blickfang innerhalb des Ausstellungsgeländes ist die ehem. Halle „Völkerfreundschaft", die größte auf dem gesamten Areal. Mit dem Haupteingang ist sie über eine breite Wegeachse verbunden, die das Gelände in einen nördlichen und einen südlichen Freibereich teilt. Letzterer wurde von der breiten Front der „Halle der UdSSR" abgeschlossen (abgebrochen). Während in diesem Bereich ab 1959 Hallen in Stahlskelettbauweise und mit völliger Fassadenverglasung anzutreffen sind (B), begleiten den nach Norden ausgreifenden Hauptweg drei Hallenbauten (1958–59) in Holzkonstruktion (C). Vor ihnen erstreckt sich das die Anlage beherrschende Musterblumenbeet. Nennenswerte Einzelbauten sind locker in der Anlage verteilt: Pavillon am Mainzgarten, der als Pavillon des staatlichen Chemiekontors gebaut wurde (D) und das einstige „Kindercafé" (1963–65) – über polygonal gebrochenem Kreisgrundriss errichtet und mit abgehängter Dachkonstruktion (E).

(1) Lingner 1962 (II), S. 2.
(2) Ebenda.

Wohnkomplex Johannesplatz EF

Erfurt
Ammertalweg, Eislebener Straße,
Friedrich-Engels-Straße,
Johannesplatz u. a.
1965–70

Neben den vielen vereinzelten Wohnbauprojekten, die dem Wiederaufbau von Kriegszerstörtem und Lückenschließungen galten, entstanden in den 50er Jahren erste größere zusammenhängende Wohngebiete wie das charakteristische Wohngebiet Daberstedter Feld (1957–66). Ihr Städtebau ist von straßenbegleitender offener Bebauung gekennzeichnet, die sich in bestehende Strukturen einzufügen und diese fortzuschreiben vermochte. Diese Art des Wohnungsbaus, der darauf zielte, die äußeren Stadtteile abzurunden, hatte aus der Sicht des Jahres 1965 „unrationelle Ausnutzung des Baulandes und (…) Zersplitterung zur Folge."(1)

Demgegenüber wurden für den Wohnkomplex Johannesplatz eine „städtebaulich geschlossene Konzeption, (…) die Verbesserung des gesellschaftlichen Versorgungsgrades und optimale Bedingungen für Baudurchführung angestrebt."(2) Der Standort entsprach der geplanten nördlichen Ausbreitung der Stadt durch Wohnungsbauten. Den Vorteilen wie die günstige Beziehung zu Industriebetrieben im Norden standen schlechte Gründungsverhältnisse gegenüber, die zur Legitimation der stark konzentrierten Bebauung herangezogen wur-

EF Wohnkomplex Johannesplatz

Städtebau: Walter Nitsch, Heinz Schwarzbach, Gunar Hartmann, Siegfried Richter, Siegward Schulrabe, Klaus Thomann
Wohnungsbau: Joachim Stahr, Günter Andres
Komplexzentrum: Rolf Flagmeyer, Hermann und Walter Schmidt

den. Der erreichte Verdichtungsgrad von 370 Einwohnern/ha stellte einen Spitzenwert dar, der ohne die Grundrisslösung der „Wohnungsbaureihe Erfurt", die hier erstmals angewandt wurde, nicht realisierbar gewesen wäre. Die auf einer 5 Mp-Montagebauweise basierende Baureihe entstand in der Folge des Musterbaus, mit der unter J. Stahr 1964–65 in Weimar-Nord experimentiert wurde. Diese Bauweise wurde darüber hinaus zur Grundlage für sämtliche Plattenbauwohnkomplexe der Stadt, als deren Prototyp der Wohnkomplex Johannesplatz anzusehen ist. Ihm folgten die Wohnkomplexe „Rieth" (1971–74), „Nordhäuser Straße" (1973–88), „Roter Berg" (1977–81), „Kleiner Herrenberg" (1979–86), „Wiesenhügel" (1983–87) und „Drosselberg" (1986–90).

Gebildet wird der Wohnkomplex Johannesplatz durch drei kammartige Gruppen von Wohnzeilen, die das „gesellschaftliche Zentrum" mit Versorgungsfunktion und „Bauten der Bildung" umschließen. Streng orthogonal sind fünfgeschossige Wohnzeilen und elfgeschossige Wohnscheiben zueinander geordnet, wobei die Zeilen Ost-West und die Scheiben Nord-Süd-Ausrichtung aufweisen.(3)

Am nördlichen und südlichen Rand des Komplexes wurden durch 16-geschossige Punkthäuser Höhendominanten mit Fernwirkung gesetzt, die, abgesehen von städtebaulichen Aspekten, dem Ziel der Verdichtung dienten.

(1) Nitsch; Henn 1965, 46f.
(2) Ebenda, S. 47.
(3) Siehe Hüter [u. a.] 1979, S. 44.

Wohnungsbauten und Hotelhochhaus „Ostring" EF

Erfurt
Kreuzungsbereich Krämpferstraße,
Juri-Gagarin-Ring

*Städtebau: Walter Nitsch, Siegward
Schulrabe
Wohnungsbau: Joachim Stahr
Burkhart Ihlenfledt
Hotel: Burkhart Ihlenfledt, Christoph
Roth, Siegfried Jaeck*

1967–68/1979–80

Der Wille zur Neudefinition der Innenstadt fand in einem 1967 ausgelobten städtebaulichen Wettbewerb einen unmissverständlichen Ausdruck. Die weitreichenden Pläne hatten die Schaffung „einer neuen sozialistischen Stadtgestalt"(1) zum Ziel – die Absage an das „Alte" inbegriffen. So sollten ursprünglich 5.000 Wohnungen in der Innenstadt abgerissen werden, um an ihrer Stelle 10.000 neue in aufgelockerter Bauweise zu errichten.

Als erste Etappe verstand man die Bebauung im östlichen Bereich des Juri-Gagarin-Rings. Hier entstanden 1200 Wohneinheiten als Plattenbauten der „Wohnungsbaureihe Erfurt". Während nördlich der Kreuzung elfgeschossige Zeilen die Ringstraße flankieren, sind im Süden drei sechzehngeschossige Punkthochhäuser gestaffelt angeordnet. Den Höhepunkt des Bebauungsgebietes ist das zwanziggeschossige Hotelhochhaus auf dem schräg gegenüber liegenden Grundstück, ausgelegt für 600 Betten.

---

(1) Nitsch 1968, S. 415.

EF

Schulkomplex
Ehem. Bezirksparteischule der SED

Erfurt
Werner-Seelenbinder-Straße 7
*Heinz Gebauer, Walter Schönfelder,
Erich Neumann, Gottfried Mempel,
Hannelore Henze*
1972

Der Bautyp, charakterisiert von der Mischung von schulischer und internatsartiger Nutzung, wurde nicht oft verwirklicht. Einer der ersten Bezirksparteischulbauten entstand 1969–70 in Rostock. 1972 folgte diesem der Komplex in Erfurt. Der Schulkomplex ist, weit von der Straße zurückgesetzt, im abfallenden Gelände angeordnet. Das Arrangement der einzelnen Baukörper folgt dem Rostocker Vorbild und zeigt einen vierflügeligen Komplex von klosterhafter Geschlossenheit. Herausragende Bedeutung innerhalb des Raumprogramms genießt das Auditorium maximum, dessen massiger Kubus über dem Hauptzugang thront. Die schräge Deckenuntersicht der Eingangshalle ergibt sich aus der ansteigenden Bestuhlung im auditorium maximum. Ein flacher Verbindungsgang und der rückwärtige Seminarraumflügel koppeln Halle bzw. Mensa mit der höhendominanten Internatsscheibe. Der eingeschlossene Innenhof dient als Pausenbereich und steht mit den erdgeschossigen Lektionsräumen, Lesesälen und der Bibliothek in enger Beziehung.

Lit.: Architektur der DDR 3/1976

Sportzentrum Süd

EF

Erfurt
Arnstädter Straße und
Johann-Sebastian-Bach-Straße
1927–1994

Südlich des Beethovenplatzes wurde in der zweiten Hälfte der 20er Jahre die „Mitteldeutsche Kampfbahn" errichtet (A). Aus Anlass der Deutschen Leichtathletikmeisterschaft 1994 wurde die Haupttribüne des 35.000 Zuschauer fassenden Erdwallstadions 1992–94 neu gebaut und mit einer textilen Haut überdacht. Das Tragwerk besteht aus einer abgespannten Brettschichtholz-Stahlpylon-Kombination. Bereits Ende der 60er Jahre war im Hinblick auf die Förderung des DDR-Leistungssports der Plan gereift, in der Nähe ein Sportzentrum zu etablieren. Abgesehen von einer Sprinthalle entstand 1969–71 eine Leichtathletikhalle aus industriell gefertigten, zweifach gekrümmten Schalenelementen, die in der DDR verstärkt seit den 50er Jahren entwickelt wurden (B). Die Schalen des „Uni-HP-Systems" des „VEB Halle-Projektes" wurden als Dach- oder Deckenelemente aus schlaff bewehrtem oder vorgespanntem Stahlbeton hergestellt. Das Wiederverwendungsprojekt für die Halle – der Prototyp zur Baureihe entstand 1966 in Halle-Neustadt – sah neben dem Einsatz der sog. HP-

EF — Sportzentrum Süd

Johannes Klass (A), Ullrich Zimmermann (A), Erich Hauschild (B), Herbert Müller (Ingenieur) (B), Eitel Jackowski (C), Eva Kaltenbrunn (C), Günther Nichtitz (C)

(B)

Dachschalen auch die Verwendung zylindrischer Schalen für die Außenwände vor. Sie geben der Halle ihr besonderes Gepräge. Die Giebelansichten verraten die innere Disposition: Gegeneinander abgespannte HP-Dachschalen bilden einen dreischiffigen Innenraum, dessen Mittelschiff von zwei versetzt endenden Schalen überdeckt wird. Der Höhenversatz ist durch ein Glasband geschlossen. Fast zeitgleich (1970) entstand eine Schwimmhalle (C), die auf einem Wiederverwendungsprojekt des „Staatlichen Komitees für Körperkultur und Sport Leipzig" basiert. Der Schwimmhallentyp sollte sowohl für Leistungs- als auch für Volkssport genutzt werden. In Dresden entstand 1969 der erste Bau – mehrere andere Bezirksstädte, so auch Erfurt, sollten folgen. Die Halle „besteht aus dem eigentlichen Hallenkörper, in den sich an einer Längsseite ein Sozialbau teilweise einschiebt."(1) Überdacht wird die Schwimmhalle von einer Spannstahl-Hängekonstruktion.

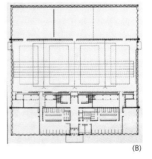

(B)

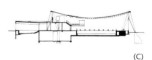

(C)

---

(1) Kaltenbrunn 1969, S. 280.

Eigenheimkomplex

EF

Erfurt
Brühler Herrenberg
Hilmar Ziegenrücker, Otto Axthelm
1973–78

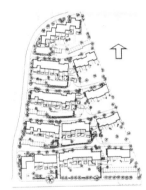

Aufgrund der Lage im Südwesten der Stadt und dem nach Süden hin abfallenden Gelände war das Grundstück auf der Ecke Brühler Herrenberg/iga-Blick ein bevorzugter Eigenheimstandort. „Zuschnitt und Geländeprofil ergaben zwangsläufig eine zeilenförmige Reihenhausbebauung, die sich den Hang hinauf staffelt."(1) Gebäudeabstände und Grundstücksgrößen wurden auf ein Minimum reduziert. Freiflächen waren für gemeinschaftliche Nutzung vorgesehen, weshalb auch auf die Einzäunung der Grundstücke verzichtet wurde, zumal oft die „untere Begrenzung durch eine Stützmauer – infolge der Hanglage – gegeben war. Die Garagen sind unter Ausnutzung des Geländeprofils in den Hang gesetzt, so daß die Dächer als bepflanzte Freiflächen" (2) den darüber liegenden Grundstücken zugeschlagen werden konnten. Die zweigeschossigen Reihenhäuser mit Flachdach entstammen einem Typenprojekt, welches gelegentlich durch das „Vorschalten" von Loggien im Süden variiert wurde.

(1) Ziegenrücker 1977, S. 148.
(2) Ebenda.

EF   **Krematorium Hauptfriedhof**

Erfurt
Binderslebener Straße
Janos Szabo
1973–76

Zu dieser speziellen Bauaufgabe fehlten in der DDR Erfahrungen. Deshalb galt es beim ersten Krematoriumsbau dieser Größenordnung, auf Kenntnisse anderer sozialistischer Länder zurückzugreifen. Der ungarische Architekt einer Feuerbestattungsanlage in Bratislava wurde darauf für das Erfurter Projekt verpflichtet. Der vordere Teil des Krematoriums gliedert sich in zwei mächtige, voneinander abgesetzte und gestaffelt versetzte Baukörper. In ihnen befinden sich die beiden Feierhallen, während im rückwärtigen Teil die Verbrennungsanlage sowie Verwaltungs- und Lagerräume untergebracht sind. Zum Konzept Janos Szabos' gehörte die Inszenierung des Wegs der Trauergäste: Über breite Freitreppen wird der Besucher auf die Ebene des Foyers geführt, um dann im Inneren zu dem Toten wieder herabzusteigen.(1) Die Metapher vom Leben als Werden und Vergehen kommt einem in den Sinn, das Thema, dem auch das Metallrelief „Das Leben" von Günter Reichert zwischen den beiden Freitreppen gewidmet ist.

Ein umlaufender Stützenkranz trägt die massiven „Wandschürzen" aus vorgefertigten Betonelementen, die zu einem vereinfachten Sims „zusammengeschnürt" werden. Zurückgesetzt hinter der Stützenreihe befindet sich geschosshohe Verglasung. Der Kontrast zwischen geschlossenen und transparenten Raumschalen bestimmt das besondere Gepräge der Architektur und ermöglicht eine beeindruckende Lichtregie.

(1) Hausner 1999, S. 64f.

Städtebaulicher Komplex „Südring" EF

Erfurt
Juri-Gagarin-Ring (südlicher Bereich)
Städtebau: Walter Nitsch, Siegward Schulrabe
Studie: Joachim Stahr, Günther Andres, Helmut Neumann,
Erich Göbel
Komplexarchitekten: Burkhart Ihlenfeldt, Helmut Unbehaun
1973–76 und 1978–84

Ausdruck der gegenüber der Studie von 1969–70 veränderten Zielvorstellung war der Verzicht auf Hochhäuser und der verstärkte Versuch, durch Abwinkeln der Wohnscheiben städtebaulichen Monotonien mit Gliederungsrhythmen zu begegnen.

„Während in der Beginnphase stärker von bewußt gestalteten Kontrasten zwischen Alt und Neu als einem dialektischen Wechselverhältnis veränderter gesellschaftspolitischer und sozialökonomischer Bindungen ausgegangen wurde, erkennen wir heute"(1), so der Stadtarchitekt W. Nitsch 1980, „daß es (...) notwendig ist, den Maßstab der Stadt in der Gesamtheit stärker zu wahren."(2) Das bedeutete ein klares Verlassen des Mitte der 60er Jahre eingeschlagenen Wegs (vgl. östlicher Juri-Gagarin-Ring, Wohnungsbauten und Hotelhochhaus). Tatsächlich baute man aber bis 1984 weitgehend nach der städtebaulichen Konzeption und der funktionell-baukünstlerischen Studie von 1969–70. Dem Verlauf der inneren Stadtbefestigung folgend entstanden 1973–76 die beiden ersten Wohnscheiben (A) (B), denen 1978–84 eine von frei stehenden monolithischen Aufzugskernen gegliederte „Wohn-Großplastik" mit zweigeschossiger „Funktionsunterlagerung" (Geschäfte, Gastronomie) folgte (C).

(1) Nitsch 1980, S. 157.
(2) Ebenda.

EF # Gebäude der Landesversicherungsanstalt (LVA)

Erfurt
Kranichfelder Straße 3
Kist, Koop, Fehmet, Waldmann in Arbeitsgemeinschaft mit Nickel, Probst, Meyer, Karl
1992–96

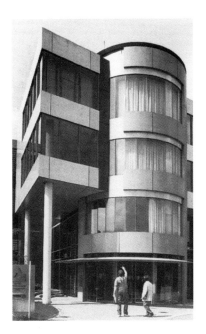

Die Landesversicherungsanstalt Thüringen hat ihren Verwaltungsbau in bestehende Bausubstanz integriert. Drei quer zur Kranichfelder Straße stehende ehemalige Kasernengebäude der 30er Jahre wurden durchgreifend für ihre Zwecke umgebaut, mit gläsernem (Staffel-)Geschossaufsatz und flachem Dach versehen und mittels eines dreigeschossigen Erschließungsstrangs zusammengeführt. Nichts scheint noch an die ursprüngliche Nutzung zu erinnern. Im Osten, ist der Eingangsbereich, ist die verbindende Achse spitzwinklig aufgeweitet. „Es entsteht ein schöner und schlanker Luftraum, um den sich die Sonderfunktionen (Sitzungsräume, Kantine) ansiedeln."(1) Sie artikulieren sich als eigenständige Außenformen an der Nordseite und an der Eingangsfassade, wo ein metallischer Zylinder den Hauptzugang markiert. Als Beispiel für die Einbeziehung von Bestehendem in repräsentative Verwaltungssitze hat das Projekt einen gewissen Vorbildcharakter.

---

(1) Gruber; Beier 1996, S. 12.

EF   **Kaufhaus „Breuninger"**

Erfurt
Ecke Schlösserstraße/Junkersand
Kammerer & Belz, Kucher und Partner
1993–97

Im Gegensatz zum Vorgänger-Kaufhaus entstand ein Monolith, mit dem eine alte Frage aufgeworfen wurde. „Ob nun im Sinne einer ‚ehrlichen Architektur' diese Volumen als klotzige Baumassen in die Stadt gestellt werden sollten"(1) oder ob mit Gliederung auf den Maßstab der Umgebung einzugehen sei.

Mit Rücksicht auf Erfurts Innenstadt entschied man sich für Letzteres. Die Außenwand ist aufgeschnitten, Glasfugen flankieren die sichtbaren Stützen, wodurch die Wandscheiben zu schweben scheinen. Architektonische Gestik ist auf die Ecklage beschränkt. Mit einer gläsernen „Blase" markierten die Architekten nicht nur den Zugang, sondern versuchten, an die Tradition der Warenhausarchitektur des frühen 20. Jahrhunderts anzuknüpfen: Unweigerlich wird man an das Geschäftshaus in der Breslauer Junkernstraße von H. Poelzig erinnert, der bereits 1911 die Rundung an die Stelle der Ecke setzte und gleichzeitig die Front geschossweise vorspringen ließ. Spannung und dynamischer Zug entstehen auf diese Weise auch in Erfurt, wenngleich ein zylindrischer Turm aufgesetzt und verwirrend wirkt.

---

(1) Gruber; Hubrich; Beier 1997, S. 24.

Landeszentralbank für Sachsen und Thüringen

Erfurt
Max-Reger-Straße 14
Braun & Voigt und Jons Reimann
1994–1997

Der Bau ging 1992 aus einem Wettbewerb hervor. Der kantige zweigeschossige Baukörper riegelt mit seiner lagernden Zugangsfront die Max-Reger-Straße im Osten ab. Grauer Granit in horizontalen Bändern definiert die Raumkanten des Baukörperkubus, der im Erdgeschoss eine Eingangshalle, Sozial- und Wirtschaftsbereiche aufnimmt. Die Geschäftsebene im Obergeschoss gliedert sich um den zentralen Kundenbereich in eine differenzierte Großraumzone sowie Einzelbüros. Der völlig verglaste Baukörper der Geschäftsebene scheint über dem Erdgeschoss zu schweben. Dort bilden verschiedene Formen – z. B. die plastisch geformte Glasbausteinfassade des Sozialbereichs – und Materialien eine Collage, die im Kontrast zur einheitlichen Glasfassade des Großraumarbeitsbereichs stehen. Die gesamte Eingangsfront versucht sich mittels „Tor-Gestik" selbst zu erklären, ansonsten herrscht nüchterne Zweckarchitektur, die auf die Wirkung edler Materialien setzt.

EF   **Einfamilienhaus Legge**

Erfurt-Windischholzhausen
Teichstraße 18
Rolf Gruber
1996–98

In den Wohnbaugebieten der Randbereiche von Städten und Dörfern äußert sich seit der deutsch-deutschen Vereinigung die bedenkliche Mono(bau-)kultur der schlüsselfertigen Eigenheimindustrie. Für eine andere, individuelle und vom Architekten geschaffene Lösung des Themas steht das Einfamilienhaus Legge. Kubatur, Dachform, Wand-Öffnungsverhältnis und Materialwahl stellen sich gegen die Vorgaben gängiger Bebauungspläne, ohne dass die Erinnerung an das „klassische Haus" auf der Strecke bleibt. Im Gegenteil, das funktionelle Konzept, die schlichte Bauweise und die Kompaktheit der Erscheinung assoziieren ursprüngliche Haus-Vorstellungen: „Der Architekt hat das, was seit dem Einzug des Gebauten in die menschliche Geschichte als Architektur benannt wird, archaisch umgesetzt; das Haus als Unterkunft und Schutz vor Kälte, Hitze und Wetterunbilden."(1)

---

(1) Gruber [u. a.] 1998, S. 3.

Dienstgebäude des Bundesarbeitsgerichtes

Erfurt
Hugo-Preuß-Platz 1
Gesine Weinmiller
1996–99

Das Bundesarbeitsgericht war laut Empfehlung der „Föderalismuskommision" nach Erfurt zu verlegen. G. Weinmiller konnte nicht nur im 1995 durchgeführten Wettbewerb einen 1. Preis erringen, sondern ihren Entwurf auch verwirklichen. Das Ergebnis ist ein „Haus, das nicht einlädt, das sich noch nicht einmal als öffentlicher Ort zu erkennen gibt. Acht Ecken, (…) ein Quader ohne Kompromiss – ungerührt und eigensinnig liegt das Gebäude in der gewellten Landschaft des Petersbergs (…). Es prunkt nicht, spart sich alle hoheitsgebietenden Gesten, ist einfach da, unübersehbar."(1) rühmte H. Rauterberg.

Die schiefernen, mit feinster Parallelschraffur versehenen Verkleidungen der Sichtschutzblenden kritisierte W. Kil dagegen gar als „luxuriös erdachte (…) snobistische Arabeske."(2) Angesichts solch subtiler Kostbarkeit fragte er zielsicher, „warum dieser ‚kleine Unterschied', diese vielen Bemühungen allersorgfältigster Handarbeit, dann unter einem endlos gerasterten Fassadenbild verborgen werden müssen", (obwohl jenes) „geradezu aufdringlich ‚maschinelle Serienproduktion' assoziiert."(3)

Die Raffinesse, die hinter der vermeintlichen Monotonie gut versteckt ist, erschließt sich aus der Nähe, aus handwerklich perfekter Materialbearbeitung und maßgeschneiderten Details.

(1) Rauterberg 1999, S. 45.
(2) Kil 2000, S. 22.
(3) Ebenda.

Dienstleistungszentrum der Stadtwerke Erfurt GmbH   EF

Erfurt
Magdeburger Allee 34
Claus Worschech und Partner
1998–2000

Der Gesamtentwurf sieht drei U-förmige Baukörper vor, die sich von der Magdeburger Allee aus nach Osten in die Tiefe des Grundstücks entwickeln. Bisher wurden zwei Bauabschnitte ausgeführt und in Betrieb genommen. Die einfache Gestaltung „der wiederkehrenden Grundkörper ist leicht zu erfassen und erleichtert die Orientierung in den Gebäuden" (1), wobei die Gestaltung der einzelnen Raumgruppen, die verschiedenen Geschäfts- und Dienstleistungsaufgaben dienen, bis hin zur Direktion, keiner Hierarchie folgt. Alle Gebäudeteile sind gleichrangig aufgefasst, es gibt keine architektonischen Schwerpunkte. Architektursprache und Materialwahl entsprechen dem genius loci: Seit 1883 wird das Terrain als Betriebshof der städtischen Nahverkehrsbetriebe genutzt.(2) Erhalten gebliebene historische Industriegebäude regten zur Verwendung von Klinker als Fassadenmaterial und zum „industriellen" Erscheinungsbild des Komplexes an. Die Vermeidung eines für Verwaltungssitze typischen Pathos', das sich oft an Bankgebäude anzulehnen versucht, und die fast lapidare Selbstverständlichkeit machen den Charakter des Gebäudes aus.

---

(1) Hubrich; Korrek; Beier 2000, S. 20.
(2) Siehe ebenda.

Wohngebiet Ringelberg

Erfurt
O.-Schlemmer-Straße 3/4/5 (A)
J.-Albers-Straße 1/
L.-Feiniger-Straße 4/6 (B)
*Schettler & Wittenberg (A),
Wohnstadt Thüringen (B)*
1998

Umfangreiche Bauprojekte, verbunden mit der verkehrstechnischen Erschließung durch die Straßenbahn, machen das neue Wohngebiet am Ringelberg im Osten Erfurts zu einem attraktiven Standort. Die Landesentwicklungsgesellschaft Thüringen mbH fungierte hier als Bauherr zahlreicher Projekte des sozialen Wohnungsbaus.

Der weiß verputzten Bauten (großes Foto), 1998 nach Plänen der Wohnstadt Thüringen errichtet, wird von einem klar abgehobenen Pultdach bedeckt. Auffallend sind die Laubengangerschließung und die heitere Farbgebung der Eingänge.

Ebenfalls auf dem Ringelberg befinden sich zwei „städtische" Wohnhäuser, die 1998 nach Entwürfen des Architekturbüros Schettler und Wittenberg fertiggestellt wurden. Die Gebäude, ein Laubenganghaus (kl. Foto unten) und ein spännererschlossenes Wohnhaus (kl. Foto oben), liegen sich gegenüber und vermitteln durch die gleiche Wandöffnungsstruktur, durch Farbgebung und Details ein homogenes Bild im Stadtraum. Die genannten Beispiele bestätigen, dass auch im sozialen Wohnungsbau gute Architektur entstehen kann.

Im Zusammenhang
Von dem Architektenbüro Schettler & Wittenberg mit der LEG als Bauherr wurden auf dem Ringelberg die Gebäude der Walter-Gropius-Straße 44–54 verwirklicht. Dieser Häuser sind darauf ausgelegt, das städtebauliche Rückgrat für die geplante weitere Bebauung auf dem Ringelberg zu bilden.

Die Landesentwicklungsgesellschaft hat ihren Sitz in der Mainzerhofstraße 12 in Erfurt. Bei diesem Gebäude handelt es sich um einen Erweiterungsbau von den Architekten Guggenbichler, Wagenstaller und Ziegenrücker.

Thüringens Mitte

Stadt Weimar
WE

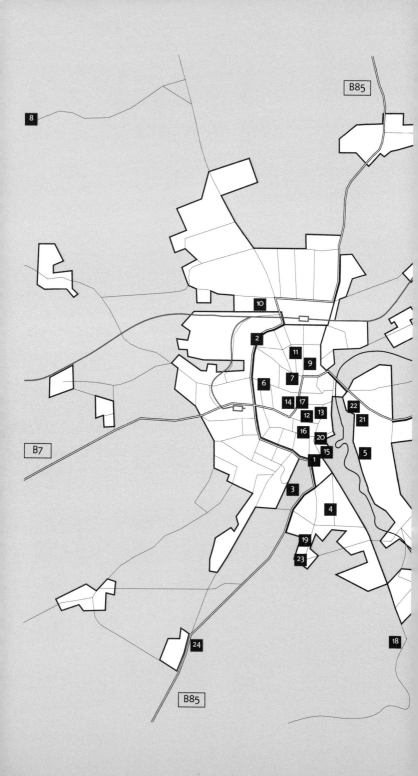

Thüringens Mitte
Stadt Weimar

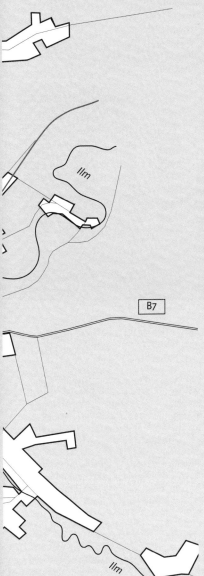

1 Hauptgebäude und Van-de-Velde Bau, Gropiuszimmer
2 Siedlung Heimfried
3 Märzgefallenendenkmal
4 Haus Lessner
5 Haus Am Horn
6 Friedrich-Schiller-Gymnasium
7 Congress Centrum Neue Weimarhalle
8 Ehem. KZ Buchenwald
9 Weimarplatz, ehem. Gauforum
10 Hetzerhalle und Viehauktionshalle
11 Buchenwaldplatz
12 Schillermuseum
13 Marktnordseite
14 Friedrich-August-Finger-Bau
15 Mensa am Park
16 Universitätbibliothek
17 Handelshaus zu Weimar
18 Musikgymnasium Schloss Belvedere
19 Gartenhofhäuser
20 Dorint-Hotel Weimar
21 Studentenwohnheim Leibnizallee
22 Europäische Jugendbildungs- und -begegnungsstätte
23 Sophien- und Hufeland-Klinikum
24 Wohnhaus Neufert

Hauptgebäude und Van-de-Velde-Bau

WE

der Bauhaus-Universität Weimar

Weimar
Geschwister-Scholl-Straße 7–8
Henry van de Velde
1905–6 Kunstgewerbeschule
1904 Ostteil Kunstschule/1911 Westteil
Kunstschulgebäude mit Haupttreppe

Im Zusammenhang
Das Hauptgebäude der Bauhaus-Universität wurde 1993–94 (Dachgeschoss) und EG/1.OG (1997–99) aufwändig instand gesetzt. Die gewaltigen Oberlichtfenster des 2. OG wurden dabei in einer etwas klobigen Aluminiumfassade ausgeführt, Arch. Schuster und Lappe, Weimar. Bei der Instandsetzung der übrigen Geschosse (Arch. van den Valentyn, Köln, und Ingenieure Harms & Partner, Hannover) ging es vor allem um haustechnische Verbesserungen und behindertengerechte Ausstattung des Gebäudes. Der ursprüngliche Raumeindruck ohne störende Einbauten wurde wiederhergestellt.

Hier befand sich von 1919–1925 die „Wiege des Bauhauses", dessen Spuren allerdings nach seiner Schließung in Weimar schnell getilgt wurden. 1904 wurde nach Plänen van de Veldes der Ostflügel der großherzoglichen Kunstschule an der Belvederer Allee mit dem Oberlichtsaal errichtet, 1911 folgte der Westteil mit den Atelierräumen und der ovalen Haupttreppe im mächtigen Mittelrisalit. Gegenüber entstand 1905–06 ebenfalls nach Plänen des Architekten der winkelförmige Bau der Kunstgewerbeschule, der auf symmetrische Vollendung durch einen zweiten Flügel zur Marienstraße hin angelegt war. Das Gebäude ist Beweis für die Bestrebungen van de Veldes, den Historismus in der Architektur durch material- und funktionsgerechtes Bauen zu überwinden. Der Architekt des Jugendstils und Kunstschulreformer, er wurde übrigens 1915 aus Weimar „hinauskomplimentiert", bereitete den Boden für Walter Gropius als Direktor des „Staatlichen Bauhauses Weimar – Vereinigte ehem. großherzogliche Hochschule für bildende Kunst und ehem. großherzogliche Kunstgewerbeschule" im Jahr 1919.

Lit.: Gropius, Walter: Neue Arbeiten der Bauhauswerkstätten, München 1925

Gropiuszimmer
Hauptgebäude der Bauhaus-Universität

Weimar
Geschwister-Scholl-Straße 8
*Gerhard Oschmann,
urspr. Walter Gropius*
Rekonstruktion 1999, urspr. 1923

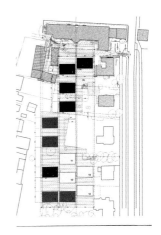

Das Zimmer des Bauhausdirektors sollte auf der großen Bauhaus-Ausstellung einen Eindruck von den Leistungen der Schule und deren neue Raumgestaltung im Sinne des propagierten „Gesamtkunstwerkes" vermitteln. Die Konzeption des Raumes ist die eines Kubus im Kubus, die ineinander jeweils nach den Regeln des „Goldenen Schnittes" verschränkt sind. Die Proportionen ergeben sich aus den Raummaßen von 5 x 5 x 5 m des durch eine eingezogene Zwischenwand gebildeten inneren Würfels. Das Mobiliar, Sessel, Sofas, Teppich, Wandregale, Soffittenlampen etc., stammte aus den Werkstätten des Bauhauses. Weder Mobiliar noch feste Einbauten blieben in Weimar erhalten. 1999 wurde der Raum rekonstruiert.

Weitere (nachgebildete) Zeugnisse der Bauhauszeit sind die Reliefs im Haupttreppenhaus von Joost Schmidt, eine Konfiguration sich wechselseitig durchdringender geometrischer Körper (Hubert Schiefelbein, 1976), die konstruktivistischen Wandbilder von Herbert Bayer im Nebentreppenhaus sowie die figürlichen Wandmalereien und Reliefs von Oskar Schlemmer im Treppenhaus des Van-de-Velde-Baues.

In der Nähe
Aus einem Wettbewerb 1996 ging die Arbeit des Architekturbüros AV 1 aus Kaiserslautern (Hans-Jürgen Butz, Boris Dujmovic, Michael Schanné, Albert Urig) als Sieger hervor. Für die erforderlichen Erweiterungsbauten der Universität, vor allem Werkstätten und studentische Arbeitsräume, ist eine nicht hierarchische Addition von 13 in Kubatur und Grundriss annähernd gleichen viergeschossigen seriell-minimalistischen Einzelbauten vorgesehen, die sich damit sowohl in mehreren Bauabschnitten realisieren lassen als auch offen für jegliche Nutzung bleiben.

Lit.: Winkler, K.-J.; Oschmann, G.: Das Gropius-Zimmer. Geschichte u. Rekonstruktion des Direktorenarbeitsraumes am Staatl. Bauhaus in Weimar 1923/24, Weimar 1999

Siedlung Heimfried

WE

Weimar
Zwischen Röhr- und
Döllstädtstraße
August Lehrmann, Max Vogeler
1919/1926–28

In der Nähe
Zeitgleich wurde zwischen Buttelstedter Straße und nördlich der Kromsdorfer Straße nach Plänen des Architekten und Stadtbaurates Max Vogeler auch die Siedlung Landfried als Notwohnungsbau für Arbeiter gebaut. Auch hier entstanden schindelverkleidete zweigeschossige Fachwerkhäuser.

Die Grundlinien der Stadtentwicklung Weimars nach 1919 waren im Wesentlichen schon vor dem 1. Weltkrieg angelegt. Die Stadterweiterung sollte schwerpunktmäßig in der Nähe der sich entwickelnden Industrie im Norden der Stadt erfolgen. Die Planung orientierte sich an Camillo Sittes malerisch-kleinstädtischen Vorbildern und an Ideen der Gartenstadtbewegung. Die schlechte wirtschaftliche Lage und die sich verschärfende Wohnungsnot nach 1919 führten zum Bau erster ein- und zweigeschossiger schindelverkleideter Reihen- und Doppelhäuser als Holzfachwerkbauten am Ende der Röhrstraße. Architekt dieser, lokaler Tradition verpflichteten Häuser mit Mansarddach war Max Vogeler. Die Gagfah, eine Wohnungsbaugesellschaft für Angestellte, bebaute ab 1926 das ganze dreieckförmige Areal zwischen Röhr- und Döllstädtstraße mit zweigeschossigen Reihenhäusern. Am Zeppelinplatz entstand eine viergeschossige Randbebauung. Den Reihenhäusern sind Gärten zugeordnet, die Erschließung erfolgt über Fußwege.

Lit.: Wissenschaftliche Zeitschrift der HAB Weimar, Ausgabe A, 3–4/1992

Märzgefallenendenkmal

Weimar
Hauptfriedhof
Entwurf Walter Gropius
1922

Im März 1920 putschte der rechtsextreme Politiker Kapp mit Unterstützung des Militärs gegen die Reichsregierung. Am 15. März kam es in ganz Deutschland zu einem Generalstreik zur Verhinderung des Putsches. In Weimar versammelten sich vor dem Volkshaus Demonstranten, deren Kundgebung vom Militär blutig niedergeschlagen wurde. Acht Todesopfer waren zu beklagen, die auf dem Hauptfriedhof beigesetzt wurden. Das Weimarer Gewerkschaftskartell lobte einen Wettbewerb für ein Denkmal aus, den Walter Gropius gewann. Das Grabmal besteht aus einem Gräberfeld aus sich überlappenden Betonschollen und einem mit diesen verbundenen, aus Dreiecken und schiefwinkligen Trapezen zusammengesetzten Hochkörper aus Beton, der sich blitzartig aus der Erde zu erheben scheint. Zahlreich sind die kunsthistorischen Spekulationen über Vorbilder für dieses Bauwerk, möglicherweise eine Adaption von Karl Schmidt-Rottluffs „Säule des Gebets". 1934–35 wurde das Bauwerk „undeutschen" Kunststils von den Nazis abgebrochen und erst 1946 etwas verändert wiederaufgebaut.

In der Nähe
In der Windmühlenstr. 19, hoch über der Stadt Weimar, thront das einstige Haus des „Reichsstatthalters in Thüringen" Fritz Sauckel. Er war Fraktionsführer der NSDAP im Thüringer Landtag seit 1930 und ab 1932 Innenminister. Die zweigeschossige Dreiflügelanlage, erbaut 1937, geht auf den Entwurf des „Generalbaurates der Hauptstadt der Bewegung" Hermann Giesler zurück. Der Bauherr wurde 1946 wegen seiner Verbrechen als Generalbevollmächtigter für den Arbeitseinsatz ausländischer Zwangsarbeiter zum Tode verurteilt.

Lit.: Winkler, Klaus-Jürgen: Die Architektur am Bauhaus in Weimar, Berlin 1993

Haus Lessner

WE

Weimar
Freiherr-vom-Stein-Allee 34
Thilo Schoder
1922–23

In der Nähe
Das Haus „Hohe Pappeln", Belvederer Allee 58, Henry van de Veldes eigenes Wohnhaus, zur Bauzeit 1908 weit vor der Stadt gelegen. Eine der drei vom Direktor der Kunstgewerbeschule in Weimar entworfenen Villen. Das Haus wird von einem markanten schiffskielartigen, teilweise durchbrochenen Mansarddach bestimmt. Im Erdgeschoss sind neben einem zur Diele offenen Salon Arbeits- und Speisezimmer untergebracht. Viele Details wie Wände aus Kalksteintuff und die Innenausstattung tragen die Handschrift des Bauherrn und -meisters.

Thilo Schoder, ein Schüler Henry van de Veldes, erhielt 1922 den Auftrag zum Bau einer repräsentativen Villa für das aus St. Petersburg stammende Direktorenehepaar Lessner. Das zweigeschossige Haus ist im Grundriss geprägt durch eine zwischen zwei Flügeln vermittelnde diagonale Symmetrieachse. In der Diagonalen liegt zur Straße hin, auch in der Fassade als dominierendes Motiv ablesbar, der Salon. Weitere Haupträume durchbrechen jeweils seitlich mit polygonalen Erkern die Fassade. Nur der Küchenanbau stört die Symmetrie der Gesamtanlage. Im zurückspringenden Obergeschoss lagen die Schlafräume, Bäder sowie ein Sonnendach.

Die plastische, polygonale Gliederung des Baues erinnert an Wohnhäuser van de Veldes, während ein weiter Dachüberstand, der Eingang und der rückwartig in der Diagonale gelegene Brunnenhof an Bauten von Frank Lloyd Wright denken lassen. Geometrisierende Travertinsteinarbeiten bestimmen Pfeiler, Lisenen und Kassettendecke des Eingangs. Der Wechsel von tiefroten Putzflächen, Travertinsockel, -brüstungen und -lisenen bestimmt die äußere Erscheinung.

Lit.: Rüdiger, Ulrike (Hrsg.): Thilo Schoder. Architektur und Design 1888–1979, Kat. Jena 1997

Haus Am Horn

Weimar
Am Horn 61
Georg Muche
1923

Errichtet wurde das Gebäude als Versuchshaus für die Bauhaus-Ausstellung 1923. Adolf Behne, unermüdlicher Unterstützer der Moderne, kritisierte den Entwurf, der aus einem internen Wettbewerb des Bauhauses hervorging: „…Ein Grundriß von äußerster Regelmäßigkeit und Symmetrievorbild scheint das antike Haus gewesen zu sein. (…) Die Räume um ein genau in die Mitte haltendes Quadrat so herumgelegen, daß abermals ein, genau doppelt großes Quadrat entsteht, ist Reißbrettgeometrie. (…) Der Gedanke war bei der Aufstellung des Grundrisses, die übliche ökonomische Gleichbehandlung der Räume zu verbessern durch die Schaffung eines dominierenden Haupt-Wohnraumes bei bescheidener Abmessung der Spezialräume. Sicherlich hat dieser Gedanke seine Berechtigung. Aber es war durchaus nicht geboten, ihn in das tote Schema der zentral ineinandergestellten Quadrate zu pressen, wobei der Hauptraum eigentlich zum Nebenraum wird, durch seine allseitige Abschnürung."(1)
Seit 1999 ist das Haus wieder im – rekonstruierten – „Originalzustand" zu besichtigen.

In der Nähe
Östlich des Versuchshauses war seit 1922 der Bau einer Bauhaus-Siedlung in der Diskussion. Pläne von Walter Gropius und Fred Forbat wurden allerdings nie realisiert. Nach dem Abzug der GUS-Truppen von dem Kasernengelände (Leibnizallee 12) ergab sich ein Anknüpfungspunkt an diese Tradition in Weimar. Auf dem ehem. Kasernenareal soll im Auftrag der Landesentwicklungsgesellschaft Thüringen nach Plänen von Adolf Krischanitz, Diener & Diener und Luigi Snozzi eine ökologisch und sozial beispielgebende Siedlung nach höchst komplexen Bebauungsregeln entstehen.

(1) Behne 1923, S. 501.

Friedrich-Schiller-Gymnasium WE

Weimar
Thomas-Mann-Straße 2
August Lehrmann
1931, Fertigstellung 1936

In der Nähe
Wohngebiet Weimar-West ist zwischen Schwanseestraße und der Bahnlinie Erfurt-Weimar als größtes Neubauvorhaben der Stadt mit fast 4000 Wohnungen zwischen 1978 und 1984 entstanden. Im Wohngebiet Weimar-Nord zwischen Ettersburger Straße und Rießnerstraße wurde 1964/65 in der Heldrunger Straße ein fünfgeschossiger Experimentalbau mit innen liegenden Treppenhäusern, Küchen und Bädern errichtet, der die Grundlage für die Wohnungsbaureihe „Erfurt" bildete. Die Entwürfe dazu lieferten Joachim Stahr und Joachim Andrich (Foto).

Das heutige Friedrich-Schiller-Gymnasium war zunächst als Mädchenberufsschule geplant worden. Zu den Schwanseeteichen hin dominierend, erhebt sich der im Grundriss symmetrisch angelegte Doppelquader fünf- bzw. im Nordwesten sechsgeschossig. Die Monumentaltität wird noch durch einen die Symmetrie brechenden Uhrturm über der Nordwestecke gesteigert. Die Grundrissdisposition ist einfach und funktional: eine zweibündige Anlage mit Mittelgang von zwei Treppenhäusern erschlossen, mit Schulaula im 3. OG.

Das Gebäude wurde in zwei Bauabschnitten errichtet, da die Weltwirtschaftskrise die Umsetzung der Gesamtkonzeption des Weimarer Stadtbaurates zunächst verhinderte. Der Wechsel von stark reliefhaften, die Horizontale betonenden Klinkerverblendungen, besonders in der schwer wirkenden Sockelzone und weißen Putzflächen, bestimmt die Fassade des einzigen öffentlichen Gebäudes Weimars, das sich als ein gemäßigter Vertreter des „Neuen Bauens" bezeichnen lässt. Sehenswert sind die Verglasungen der Fenster in der Aula, die historische Weimarer Persönlichkeiten darstellen.

Lit.: Wissenschaftliche Zeitschrift der HAB Weimar, Ausgabe A, 3–4/1992

Congress Centrum Neue Weimarhalle

Weimar
UNESCO-Platz 1
alte Weimarhalle: G. und M. Vogeler
Wettbewerb: Wuttke und Ringhoff
Neubau: Gerkan, Marg & Partner
1932, 1996, 1999

Goethegedenkjahre beschleunigen das Baugeschehen in Weimar. 1930, zwei Jahre vor dem 100. Todestag des Dichters und mitten in der Weltwirtschaftskrise, wurde der zweitplatzierte Wettbewerbsentwurf G. Vogelers eiligst an dem damals umstrittenen Standort hinter dem Bertuch-Haus in den Volkspark eingepasst. Die Grundrisskonfiguration des alten Baues, 1997 wegen „Baufälligkeit" in der Umbauphase abgebrochen, ist im heutigen Bau (historische Aufnahme kleines Foto) noch ablesbar.

Im Kern bestand der biaxial-symmetrisch angelegte, „gemäßigt-moderne" Bau aus einem großen und einem kleinen Saal. Zur Parkseite streckten sich zwei Seitenarme, entlang der Wandelhalle lag das Restaurant. Das Gelände zum Park hin bildete eine dreistufige Terrassenanlage. Die Eingangsseiten zierte ein stilisierter Portikus im 1. OG. 1997, zwei Jahre vor Goethes 250. Geburtstag, wurde das zweitplatzierte Büro des Wettbewerbs mit der Realisierung des Neubaues beauftragt. Heute bestimmen mit grauem Muschelkalk verkleidete Pfeiler und wandhohe Holzläden die kantigen Rasterfelder der Fassade. Tiefgarage und neue Seminarräume ergänzen den Bau.

Der an die Halle angrenzende Park ist Teil eines schon vor dem 1. Weltkrieg geplanten, aber nicht realisierten „Kulturprojektes" von der Jakobskirche bis zum heutigen Wimaria-Stadion. Die barock-axiale Anlage in der schmalen Asbachaue mit Schwimmbad, Turnhallen, Sportplätzen und Stadien wurde nach dem Erwerb des Froriepschen Gartens hinter dem Bertuchhaus durch die Stadt Weimar nach 1925 angelegt. (Planung: Stadtbaurat August Lehrmann). Der Grünraum verbindet, heute von drei Straßen und einer Bahnlinie zerstückelt, den Stadtteil Weimar-West mit dem Zentrum.

Lit.: Bauwelt 37/1999

Ehem. KZ Buchenwald

Weimar
Auf dem Ettersberg
Architekt unbekannt
1937–45

In der Nähe
Auf dem südöstlich des ehem. KZ gelegenen Hanges des Ettersberges liegt das Buchenwald-Mahnmal, errichtet 1954–58 nach Plänen von L. Deiters, H. Grotewohl (und Kollektiv). Ein Stelenweg mit Darstellungen des Lagerlebens führt hinunter zu drei Rundgräbern für die Ermordeten, die an der von 18 steinernen Pylonen gesäumten „Straße der Nationen" liegen. Vom letzten Ringgrab aus geht ein Weg hinauf zum Feierplatz mit der Denkmalgruppe von F. Cremer mit 11 überlebensgroßen Bronzefiguren. Dahinter der 50 m hohe Glockenturm mit offenem Turmaufsatz.

Nahe der Stadt Weimar, heute mit dem Stadtbus erreichbar, wurde 1937 das Konzentrationslager Ettersberg, (nach Protesten aus Weimar) später umbenannt in „KL Buchenwald/Post Weimar", errichtet. In dem Lager und seinen 136 „Außenkommandos" wurden zwischen 1937 und 1945 mehr Menschen ermordet, als Weimar 1937 Einwohner zählte. Das Lager bestand im Kern aus einem 40 ha großen, mit Stacheldraht umzäunten Häftlingslager (68 Unterkunftsbauten, Fleckfieberversuchsstation, Kantine, Krematorium usw.) Außerhalb des Häftlingslagers befanden sich Kommandantur, SS-Kasernen, Garagen, Industriebetriebe und die SS- Führersiedlung. Durch das Lagertor mit der Aufschrift „JEDEM DAS SEINE" wurden fast 250.000 Menschen getrieben, gekennzeichnet als „Politische, Emigranten, Bibelforscher, Asoziale, Berufsverbrecher, Homosexuelle, Juden und Ausländer", und der Maxime Heinrich Himmlers „Vernichtung durch Arbeit" unterworfen. Heute noch in der Gedenkstätte sichtbare Relikte des Grauens sind neben dem eigentlichen Häftlingslager der Appellplatz, Fragmente des Bahnhofes und der SS-Bauten.

Weimarplatz
Ehem. Gauforum

Weimar
Weimarplatz
Hermann Giesler
1937–1944 (nicht fertiggestellt)

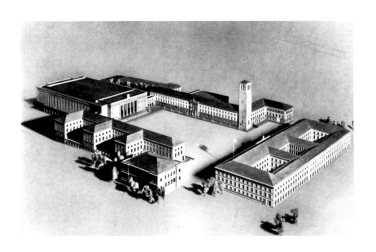

Fast zeitgleich mit der Einrichtung des KZ Buchenwald begannen die Bauarbeiten am „Platz Adolf Hitlers" (heute harmlos „Weimarplatz"), einem Aufmarschplatz für 60.000 Menschen, flankiert an der östlichen Stirnseite von einer „Halle der Volksgemeinschaft", im Süden von Gebäuden des Reichsstatthalters und der Gauleitung, im Norden für die „Gliederungen der NSDAP" und im Westen für die „Deutsche Arbeitsfront". Die Entscheidung für den Wettbewerbssieger traf Hitler persönlich, der auch in die Planungen eingriff. Bauliches Vorbild waren die Parteibauten der NSDAP in München. Offizieller Baubeginn war 1936 am 10. Jahrestag des 2. Reichsparteitags der NSDAP in Weimar.

Es ist der am frühesten begonnene „Prototyp" für andere geplante Gauforen und wurde als einziger noch vor dem Krieg weitgehend fertiggestellt. Er wird heute vom Landesverwaltungsamt genutzt. Die große Halle, mit vorgespannten Betonfachwerkträgern überdeckt, wurde nach 1973 zum Lagerhaus umgebaut und steht heute leer. Die Problematik des Umganges mit dem NS-Erbe beschäftigte mehrere Wettbewerbe, bisher ohne sichtbare Ergebnisse.

Im Zusammenhang
Der Name der Stadt war als Hort deutscher Geistesgrößen und Gründungsort der geschmähten „Weimarer Republik" doppelt symbolisch besetzt und deshalb von besonderem Interesse für die NS-Propaganda, die sich gern der Architektur als Instrument bediente. Neben den Bauten am Gauforum entstanden auch Verwaltungsgebäude (z. B. das Kreishaus in der Schwanseestraße v. Flemming 1936–37,Foto, und das ehem. Ärztehaus in der Bauhausstraße 11 v. Schirrmeister, 1935) sowie „malerische" Ersatzbauten in der Ferdinand-Freiligrath-Str. (W. Bäumer, 1937–39) für die für das Gauforum abgebrochenen Wohnhäuser.

Lit.: Der Deutsche Baumeister 2/1940

Hetzerhalle und Viehauktionshalle

Weimar
Rießner Straße 53
Otto Hetzer, Ernst Flemming
1910 und 1938

In der Nähe
Die ehem. Weimar-Werke in der Kromsdorfer Straße waren bis 1990 einer der größten Industriebetriebe der Stadt. Bemerkenswert ist das lang gestreckte zweigeschossige Eingangsgebäude um 1930. Die dahinter liegenden Werkhallen wurden 1939–42 errichtet (Foto). Als Waggonfabrik 1898 gegründet, wurde der Betrieb 1936 in die Wilhelm-Gustloff-Stiftung eingebracht und war damit Teil der Rüstungsproduktion des NS-Konzerns, der auf dem Gelände des Konzentrationslagers Buchenwald im Gustloff-Werk II bis zu 4000 Häftlinge und Zwangsarbeiter beschäftigte.

Das Gebiet nördlich des Bahnhofes zwischen Ettersburger und Rießner Straße wurde ab der Mitte des 19. Jahrhunderts zunehmend von Gewerbebetrieben genutzt. 1893 siedelte sich dort der Zimmereibetrieb Otto Hetzer AG an, der hauptsächlich Parkett herstellte. Hetzer meldete 1909 ein Patent an, das den Holzbau revolutionieren sollte: Die Verleimung von Holzlamellen zu gekrümmten Holzbindern, mit denen die bisherigen Beschränkungen der Länge und Dicke von Holzprofilen überwunden waren. Zwei Abbundhallen des Unternehmens aus dem Jahr 1910 stehen heute noch. Die größere Halle ist aus einem Zweigelenkrahmen mit Doppel-T-Profil und abgehängtem Zugband konstruiert. Sie überspannt 28 m. Das Profil der Rahmen war dabei ähnlich wie beim Stahlbau ein Doppel-T. 1938 entstand auf dem Gelände des ehem. Sägewerkes eine Zuchtviehauktionshalle als Stahl sparende Holzkonstruktion. Von außen wie eine zu groß geratene Scheune wirkend, beeindruckt das sakrale Innere der 35 m breiten und 25 m hohen Halle mit sichtbaren Holzfachwerkbindern. Die Halle wird zeitweise für kulturelle Veranstaltungen genutzt.

Lit.: Bauwelt 23/1999

Weimar
Buchenwaldplatz
W. Arnold (Denkmal), S. Tschierschky
(Platzgestaltung), Otto Englberger
(Randbebaung Nordseite)
1958

An der Stelle eines bis 1945 existierenden Denkmals für die Gefallenen des Krieges 1870–71 wurde 1958 ein überlebensgroßes Standbild des 1944 in Buchenwald ermordeten Arbeiterführers Ernst Thälmann eingeweiht. Einem Aufruf der SED-Kreisleitung folgend, schlug der erste Rektor der Hochschule für Architektur und Bauwesen, Prof. Otto Englberger, eine neue Gesamtgestaltung des Platzes an der Kreuzung von Carl-von Ossietzky-Staße und Carl-August-Allee vor.

Das Denkmal Thälmanns, eine Arbeit des Dresdner Professors Walter Arnold, wird von einer zum Denkmal hinweisenden Natursteinmauer abgegrenzt. Den nördlichen Platzabschluss bilden zwei drei- und viergeschossige Wohn- und Geschäftshäuser nach Plänen von Otto Englberger und Kollektiv. Sie stellen die ersten größeren Wohnungsneubauten Weimars nach 1945 dar. Der Hausblock an der Carl-August-Allee ist mit seinen tiefen Grundrissen als Vierspänner mit innen liegenden Bädern ausgeführt worden. Laden- und Caféeinbauten im EG mit einer Terrasse zum Platz hin ergänzen die Wohnungsbauten.

In der Nähe
Gegenüber in der Carl-August-Allee 9 liegt das 1863 erbaute erste Wohnhaus zwischen Bahnhof und Landesmuseum, das sog. „Stegmann-Haus". Den als Dreiflügelanlage konzipierten Neorenaissancebau schmückt ein Terrakottafries über dem EG nach Entwürfen von Wislicenus, Lehrer an der Weimarer Kunstschule zwischen 1865–68. Bauherr war der Bauleiter des Neubaues des Neuen Museums am Rathenauplatz 1, Carl Stegmann.

Friedrich-August-Finger-Bau   WE

Weimar
Coudraystraße 11 A
Emil Schmidt, Kurt Riemer
1958–60

In der Nähe
Das Institutsgebäude, 1974–75 nach Entwürfen von H. Lahnert, P. Karsten und K.-J. Winkler erbaut, besteht aus einem 6-geschossigen Bürogebäude als Typenprojekt, in Stahlbetonskelettbau ausgeführt, und einer über eine Brücke im 1. OG angeschlossenen Experimentierhalle für Großversuche in Stahlbeton mit einer im Stadtbild ungewohnt kühlen U-Verglasung in Stahlrahmen. Das Gebäude war angelegt für die Lage an einer zum Kreisverkehr erweiterten Kreuzung der Erfurter Str./Coudraystr./Heinrich-Heine-Str. im Rahmen der Planungen für die Innenstadt Weimar von 1968.

Das Seminargebäude Coudraystraße 11A, der „Friedrich-August-Finger-Bau" mit seinem repräsentativen Vorderhaus, asymmetrischen Fensterbandmotiven in Straßen- und Giebelfassade und einer frei schwingenden Außentreppe zählt zu den wichtigen Bauten der Architektur der DDR der späten fünfziger Jahren in Weimar. Hier zeichnet sich die Abkehr von der „Nationalen Tradition" ab. Der Baukörper schließt mit seinen drei Geschossen und dem Walmdach mit Dachgauben noch an die Proportionen der Nachbarbebauung von 1928–30 an. Besonders hervorzuheben ist das großzügige Treppenhaus mit seinen aluminiumverkleideten Stahlbetonsäulen und die durch Putzleisten gegliederte Fassade über einem mit Travertin verkleideten Sockelgeschoss. Zusammen mit den Bauten Coudraystraße 7, 9 und 13 ist die Entwicklung der Architekturtendenzen zwischen 1930 und 1974 hier mustergültig abzulesen. Das Gebäude Coudraystraße 7 und 9 wurde 1974 zunächst für das Schwermaschinenkombinat Ernst Thälmann erbaut, später aber von der Hochschule als Instituts- und Hörsaalgebäude übernommen.

Mensa am Park

Weimar
Marienstraße
Anita Bach, Peter Klaus Kiefer
(und Kollektiv)
1982

Nach der Gründung der Hochschule für Architektur und Bauwesen (HAB) im Jahr 1954 wurden für die neu gegründeten Fakultäten Bauingenieurwesen und Baustoffingenieurwesen Ergänzungsbauten notwendig. Erste Planungen Anfang der fünfziger Jahre wurden ab 1955 in den Hörsaalneubauten auf der Ostseite der Marienstraße nach Entwürfen von Emil Schmidt, noch der Doktrin der „Nationalen Tradition" folgend, ausgeführt. Ein im Park an der Ilm geplantes Auditorium Maximum kam jedoch nicht zur Ausführung. Geplant war es an der Stelle der heutigen Mensa, die 1982 in Betrieb genommen wurde. Die zweigeschossige Mensa wurde nach Planungen der Professorin der HAB Anita Bach (Entwurfsbüro für Hoch- und Fachschulbauten an der HAB, Projektverantwortliche: S. Richter und Peter Klaus Kiefer) auf einem Stützenraster von 6 x 6 m errichtet und öffnet sich großzügig verglast und die Baumasse durch Abstaffelung optisch verringernd zum Park hin. Das Gebäude ist mit großformatigen Betonelementen verkleidet.

In der Nähe
Seminargebäude Marienstraße 3 als Mitteltrakt (Entwurf von E. Röllig, 1966–70) des ehem. Jägerhauses, dessen Mittelteil im 2. Weltkrieg zerstört wurde, sowie die Hörsaalbauten nach Entwürfen von E. Schmidt als Teil eines nicht vollständig realisierten Hochschulkomplexes, der sich axial in einer Verlängerung des ehem. Werkstattbaues (Van-de-Velde-Bau) und in der Erweiterung des Hauptgebäudes südlich fortsetzen sollte. Noch radikalere Planungsstudien Ende der 60er Jahre sahen südlich des Hauptgebäudes Hochhausbauten für eine großstädtische Universität vor. (Studie: A. Bach, S. Richter, P. K. Kiefer, G. Halger 1969–70).

Lit.: Architektur der DDR 9/1989

Schillermuseum WE

Weimar
Neugasse
VEB *Stadtbau Weimar, J. Seifert, F. Michalski (Wettbewerb)*
VEB *Bau- und Montagekombinat Erfurt, IPRO, (Außenstelle Weimar)*
1984–88

Im Zusammenhang
Das Goethe-Nationalmuseum musste im Kulturstadtjahr 1999 aufgefrischt werden. Nach Plänen der Berliner Architekten Fischer und Fromm wurde zur Bewältigung der zu erwartenden Besucherstürme ein neues Treppenhaus in den völlig entkernten Bau eingestellt. Mit dem Treppenhaus, das sich vom Rund zum Oval weitet, wurde die Erschließung der auf zwei Ebenen verteilten Schauräume neu organisiert. Im Inneren des Ausstellungsbaues wurde eine holzvertäfelte Mixtur aus Vitrine und Treppenhaus eingestellt. Ein Festsaal wurde im 2. OG untergebracht.

Von 1802 bis zu seinem Tod 1805 lebte Friedrich Schiller in dem 1777 erbauten spätbarocken zweigeschossigen Haus an der als „Esplanade" angelegten heutigen Schillerstraße. Das Haus gehörte zu einem Grundstück an der Windischenstraße. Seit 1847 ist das Wohnhaus im Besitz der Stadt Weimar und wurde Dichtergedenkstätte mit dem für bedeutende Literaten obligatorischen Arbeits- und Sterbezimmer. Das Ensemble wurde mehrfach neu gestaltet und im Krieg schwer beschädigt. Aus einem auf acht Teilnehmer beschränkten Wettbewerb ging der VEB Stadtbau Weimar (Jürgen Seifert, Frank Michalski) als Sieger hervor, die weitere Planung übernahm das Bau- und Montagekombinat Erfurt. Der in seinen Dimensionen gut eingegliederte zwei- und zur Windischenstraße hin dreigeschossige Neubau schließt mit einem Verbindungsgang an das Schillerhaus an. Das Flachdach versteckt sich hinter einer schiefergedeckten Mansarde, die vertikalen, auch die Ecken aktzentuierenden Fensteröffnungen mit Sprossenteilung waren ganz auf der Höhe der postmodernen Zeit. Der einzige Museumsneubau der DDR wird heute für Wechselausstellungen genutzt.

Lit.: Zimmermann, Gerd; Brauns, Jörg (Hrsg.) KulturStadtBauen. Eine architektonische Wanderung durch Weimar – Kulturstadt Europas 1999, Kat. Weimar 1997

Marktnordseite

Weimar
Markt, Kaufstraße, Schlossgasse, Kollegiengasse
A. Gebauer, E. Bretfeld,
T. Rämmler, U. Jungk, P. Kiefer,
T. Wiel, S. Ludes (Marktgalerie)
1988–93

Neues zu bauen im Weimarer Zentrum ist stets ein langwieriges Unternehmen gewesen. Die nördliche Platzwand des Marktes wurde 1945 durch einen Bombenangriff zerstört und blieb bis 1988 teilweise unbebaut. Schon 1965 fand ein Wettbewerb statt, der die Lücke am zentralen Platz der Fremdenverkehrsstadt füllen sollte. Der erstplatzierte Entwurf des Kollektivs des Dresdner Hochschulprofessors Leopold Wiel orientierte sich dabei an dem Vorbild des Aufbaus der Stadt Warschau und war an der Wiederherstellung des historischen Stadtraumes orientiert. 1986 wurden weitere Überlegungen zur Verwendung eines historisierenden Wohnungsbau-Typenprojektes mit Funktionsunterlagerung angestellt. Letztendlich begannen die Arbeiten ab 1988 mit einer Kopie von vier Fassaden und Baukörpern um die ehem. Hofapotheke. Alle nicht bebauten Parzellen wurden 1989 einem Investor in Erbbauverträgen übereignet. Die „Marktgalerie" wurde daraufhin als ein ausschließlich in der Fassade differenzierter Baukomplex errichtet. In die interne Glashalle verirrt sich trotz eines markanten „Pylon" in der Marktstraße kaum ein Besucher.

In der Nähe
Am Markt 18 steht das Hotel „Elephant". Das 1561 erbaute Haus wurde von F. Grillparzer 1826 als „Vorzimmer zu Weimars lebender Walhalla" beschrieben, dort wohnten Besucher und Bewunderer Goethes wie F. Schiller, L. Börne, L. Klinger, F. Liszt, R. Wagner. In Th. Manns Roman „Lotte in Weimar" wird der Besuch von C. Kestner verewigt. Ein Freund des von H. Giesler geplanten Neubaus nach Totalabriss 1936 war A. Hitler. Die weitere Instandsetzung erfolgte nach 1993.

Lit.: Bund der Architekten der DDR (Hrsg.): Rekonstruktion der Innenstadt von Weimar, Weimar 1983

Universitätsbibliothek
Ehem. Brauerei „Limona"

Weimar
Steubenstraße 8
*Torsten Brecht, Bernd Rudolf,
Joachim Huber (Fotowerkstätten),
Andreas Meck, Stephan Köppel (Bibliothek)*
1994–95 Umbau

Im Zusammenhang
Als weitere Höhendominante im Weimarer Zentrum entstand am Jakobsplan 1 1970–72 im historischen Jakobsviertel ein zehngeschossiger Baukörper, der als Studetenwohnheim genutzt wird. Der Entwurf stammt von A. Bach und H. Ellenberger. Das Gebäude steht für größere Planungen des Generalbebauungs- und Verkehrsplanes von 1968 für eine Neugestaltung des Stadtzentrums. Diese sahen den Abriss des Jakobsviertels zugunsten eines Geschäfts-, Sport- und Kulturbereiches mit einem punktförmigen Bettenhochkörper (dem heutigen Wohnheim) vor.

Das Areal um das Malzhaus des ehem. Getränkekombinates, von Eingeweihten nur nach dessen Name „Limona" genannt, soll nach dem Ergebnis zweier Wettbewerbe und langer Planungsverfahren der Bauhaus-Universität dienen. Ein erster Schritt dazu war der Umbau des Malzhauses selbst, das heute die Präsenzbibliothek der Fakultäten Architektur und Gestaltung im EG–2. OG beherbergt. Im 3. und 4. OG gruppieren sich Labor- und Werkstatträume um ein zweigeschossiges Fotostudio.

Weithin sichtbares Zeichen des Umbaues ist die rundum verglaste Dachlaterne. Ihr sehr vorsichtig auskragendes Flugdach mit stetig gekrümmter Deckenunterseite aus Edelstahlblechen bedeckt einen Ausstellungs- und Tagungsraum mit schöner Aussicht über das Stadtzentrum.

Zu Füßen des Turmes auf der Ostseite des Grundstückes soll die Universitätsbibliothek entstehen. Entwürfe dazu lieferte das Büro Andreas Meck und Stephan Köppel im Jahr 1995.

Lit.: Zimmermann, Gerd; Brauns, Jörg (Hrsg.) KulturStadtBauen. Eine architektonische Wanderung durch Weimar – Kulturstadt Europas 1999, Kat. Weimar 1997

WE Handelshaus zu Weimar

Weimar
Theaterplatz
Bernhard Winking
1995–96

Die Nordseite des Theaterplatzes mit dem Weimarer Wahrzeichen, dem Goethe- und Schiller-Denkmal von 1857, wird seit 1996 mit dem Neubau des Handelshauses abgeschlossen. Der Entwurf für die Fassade ging aus einem nach Baubeginn ausgeschriebenen Gutachterverfahren hervor, das Bernhard Winking für sich entscheiden konnte. Winking: „Das neue Gebäude gesellt sich zurückhaltend, unaufdringlich, seiner selbst jedoch bewußt zu den bedeutenden Baudenkmälern des Platzes"(1). Das Selbstbewusstsein begründet sich in der Anlehnung an Vorbilder der Kaufhausarchitektur der zwanziger Jahre. Die in Sandstein ausgeführte Fassade mit gerundeten Laibungssteinen und vorstehenden Brüstungselementen ist in gleichmäßige Fensterfelder aufgeteilt. Das 3. OG springt zurück. Das in der Wielandstraße benachbarte Wieland-Haus und ein Gebäude zur Heinrich-Heine-Straße hin wurde in den Komplex integriert. Im Inneren befindet sich um einen engen Lichthof ein „Shop-in-shop"-Kaufhaus.

In der Nähe
Im Deutschen Nationaltheater tagte von Februar bis August 1919 die Deutsche Nationalversammlung und beschloss hier die erste demokratische Verfassung des Deutschen Reiches, für das sich der Name „Weimarer Republik" (1919–33) eingebürgert hat. Eine Gedenktafel von W. Gropius erinnert daran. Das heutige Gebäude wurde 1906–07 nach Entwürfen von Heilmann und Littmann gebaut, 1945 durch Bomben im Inneren zerstört, 1947–48 wieder aufgebaut. Weitere Veränderungen von 1973–75 und 1999–2000.

(1) Zit. n. Zimmermann; Brauns 1997, S. 140.

Musikgymnasium Schloss Belvedere WE

Weimar
Schloss Belvedere
*Thomas van den Valentyn,
S. Mohammed Oreyzi,*
1996

Die Architektur spiegelt vielfältige Bezüge sowohl zur Antike als auch zur klassischen Moderne wider. Die Verwandtschaft mit Le Cobusiers Ideen, insbesondere die zitierten Motive der Villa Savoye in Poissy, kann der Bau nicht leugnen. Ziel der Architekten war aber nicht, eine Collage aus Zitaten zu bauen, sondern verbunden mit eigenen Innovationen, eine „sanfte Hommage" an Vorbilder zu verwirklichen.

Nachdem das Gymnasium 1992 die baufällig gewordenen Kavaliershäuser zunächst verlassen musste, ermöglichte es die Finanzierung einer Bank, dass der traditionsreiche Sitz beibehalten werden konnte. In diesem Zuge wurde der alte Gasthof saniert und die zwei angrenzenden Flügel in historischer Kubatur wieder errichtet. Für die Schule entstand ein „moderner" Neubau, der nördlich der Hofanlage aus dem abfallenden Terrain wächst. Über einem mit Steinplatten verkleideten Sockelgeschoss sind im Erdgeschoss fünf Boxen (Holzverkleidung aus orangener Pitchpine) mit unterschiedlicher Grundrissform scheinbar beliebig eingeschoben, die nicht die volle Geschosshöhe erreichen und die die zurückgesetzte Glasfassade durchbrechen. Darüber lagert auf je fünf Sichtbetonstützen an den Längsseiten das weiß verputzte Obergeschoss mit schmalen Fensterbändern. Der bis ins Detail geplante Neubau beherbergt einen besonders interessanten stadionartigen Saal mit umlaufenden Stufenabsätzen im Sockelgeschoss, der seinen Abschluss im Freien findet und, durch eine grosse Glasschiebetür zu öffnen, als „Waldbühne" nutzbar ist.

Lit.: Dallmann, Elke: Der Neubau des Musikgymnasiums in Weimar/Belvedere, Magisterarbeit (unveröffentlichtes Manuskript) Jena 1999

WE   **Gartenhofhäuser**

Weimar
Lessingstraße/Alexander-Olbricht-Straße/Ratstannenweg
Walter Stamm-Teske
1997

Flächensparender Wohnungsbau von hoher Qualität ist in Weimar nicht häufig anzutreffen. Eines der Positivbeispiele sind die drei Zeilen der nord-süd-orientierten 26 Wohnhäuser in der Lessingstraße. Die Wohnflächen der in der Rechtsform einer Genossenschaft gegründeten und unter Beteiligung der Bewohner geplanten zweigeschossigen Häusergruppe variieren je nach Bedarf zwischen 38 und 118 qm.
Das Neubaugebiet „Über der großen Sackpfeife", ansonsten geprägt von der Dürftigkeit üblicher Hausbauprodukte, beweist hier, dass es nicht so sein müsste, wie es fast überall ist. Die mit begrünten Pultdächern bedecken Reihenhäuser werden nur über interne Fußwege erschlossen, die durch überdachte Eingangsbereiche und hausexterne Nebenräume gliedert sind. Die PKW-Stellplätze bleiben östlich außen vor. Der größte der den Häusern südlich zugeordnete Gartenhöfe ist 90 qm klein, dafür entschädigt ein Gemeinschaftshaus mit Spielplatz, das auch als einziger unterkellerter Bau die Heizung beherbergt. Die Häuser wurden als Stahlbeton-Schottenkonstruktion errichtet, die Fassaden sind mit Holzfurnierplatten verkleidet.

Lit.: Zimmermann, Gerd; Brauns, Jörg (Hrsg.) KulturStadtBauen. Eine architektonische Wanderung durch Weimar – Kulturstadt Europas 1999, Kat. Weimar 1997

Dorint-Hotel Weimar

Weimar
Beethovenplatz 1–2
*Marianne Burkhalter,
Christian Sumi*
1998

In der Nähe
Vor dem Hotel Weimars schönstes unterirdisches Gebäude nach Plänen des Kölner Architekten Peter Weber. Unter dem Beethovenplatz liegt eine zweigeschossige runde Wenderampenanlage als Parkhaus mit 343 Stellplätzen. Weimars erste öffentliche Tiefgarage ist nur an etwas modisch-elliptischen Glaspavillons auf dem Platz zu erkennen. Sie bietet auch einen direkten Zugang zum Hotel.

Die Randbebauung des Beethovenplatzes, der seit 1777 in den Park an der Ilm einbezogen ist, begann mit der Ackerwand im Norden Anfang des 19. Jahrhunderts. Westlich, an der Stelle des jetzigen Hotelneubaus, stand seit 1854–55 die Weimarische Bank. Das an einen Renaissancepalast erinnernde Gebäude wurde im 2. Weltkrieg zerstört. Nördlich der ehem. Bank blieben das Zöllnersche Wohnhaus (1855) und südlich das „Dingelstedthaus" (1856–57) bestehen. Der Hotelneubau an Stelle der Bank integriert die beiden Eckbauten in den Hotelkomplex. Zum Platz hin viergeschossig wurde nach Westen hin eine weitere 5-geschossige Raumschicht vorgelagert. Die Fassade des Neubauteiles zum Platz hin nimmt die Proportionen der Nachbarbebauung auf. Die Streifenornamentik der Fassade erinnert an ein in der Renaissance beliebtes ornamental-tektonisches Motiv. Das elegante Äußere, beeinträchtigt nur durch die in der zweiten Schicht liegenden grauen Brandwände, setzt sich im Inneren nicht fort. Dort herrscht eine wilde Hotelstilmischung aus Art déco, Weimarer Klassik und Bauernstube. Die Architekten sind daran aber unschuldig.

Lit.: Bauwelt 44/1999

WE Studentenwohnheim Leibnizallee

Weimar
Leibnizallee 100
Karl-Heinz Schmitz
1998

An der Leibnizallee, die vom Weimarer Schloss aus der Stadt hinaus führt, entstand im 19. Jahrhundert ein Kasernentrakt, zu dem auch ein später errichteter Lazarettbau und ein Gefängnistrakt gehörten. 1996 wurde das ehem. Lazarett zu einem Studentenheim umgebaut. Aus dem nachfolgenden, für einen einhüftigen Ergänzungsneubau ausgeschriebenen Gutachterverfahren ging Karl-Heinz Schmitz als Sieger hervor. Der Architekt entwarf zum lang gestreckten ehem. Gefängnistrakt einen scheibenförmigen Baukörper hinzu, der zum Altbau in einem Abstand von nur 1,10 Metern steht. Als zentrale gestalterische Aussage sollte der große vorgelagerte Garten erhalten bleiben. Die zwischen Alt- und Neubau entstandene Fuge wird zur Erschließung genutzt, die Studierenden betreten die Zimmer im Neubau über hölzerne Brücken. Der Neubauteil, aus unverputzten Betonwerksteinen aufgemauert, mit einem flachen Pultdach eingedeckt, versprüht insgesamt asketischen Charme. Das Projekt galt als Auftakt für neue Bauprojekte am Horn.

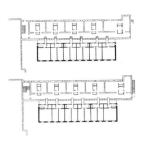

In der Nähe
Katholische Kirche, Kapelle „St. Regina Apostolorum", Taubacher Straße 9. Dieses Gebäude wurde 1995–96 von den Architekten Jung, Reich und Wiel verwirklicht. Der strenge, ruhige Bau hinter dem bestehenden Pfarrhaus fällt zunächst nur durch ein Stück Dach und eine Stütze ins Auge.

Lit.: Bauwelt 33/1998

Europäische Jugendbildungs- und -begegnungsstätte WE

Weimar
Jenaer Staße 2–4
Claus Worschech & Partner
1998–99

In der Nähe
Finanzamt Weimar, Umbau und Erweiterung des Finanzamtes Weimar, Jenaer Str. 2a, Junk & Reich Architekten, Weimar. Das ehem. Divisionsstabsgebäude der Wehrmacht (1935), später Verwaltungssitz der SED, wurde unter weitgehender Beibehaltung der Substanz ergänzt. Der mittige Haupteingang des Hauptgebäudes wurde zugunsten einer großzügigeren Verglasung zwischen den beiden Treppenhausrisaliten abgebrochen. Der Nebentrakt wurde durch einen einhüftigen Büroriegel ergänzt.

Für die internationale Jugendarbeit in Weimar wurde 1996 eine gemeinsame Stiftung von Stadt, Land und Bund ins Leben gerufen. Als Standort wurde ein parkartiges Hanggelände gewählt, das oberhalb der Ilmaue östlich des Weimarer Schlosses liegt.

Zwischen zwei in die Nutzung integrierte Villen an der Jenaer Straße wurde ein zentraler zweigeschossiger Gebäuderiegel für Mensa und Veranstaltungssaal eingeschoben. Die Zimmer für die Seminarteilnehmer und Seminargruppenräume, die hier kurzzeitig wohnen, wurden in vier zweigeschossige, quer zum Hang unterhalb des Haupthauses liegenden, aufgeständerten Trakten versteckt. Das Hauptgebäude ist mit grauen Faserzementplatten verkleidet und nach Westen mit horizontalen Lärchenholzlatten verschattet.

Die Zimmertrakte sind durch die horizontalen Holzlamellen mit Holzschiebeläden in gleicher Lattelung wie das Haupthaus zusammengefasst. Weniger subtil dagegen ist die Plattform zwischen Haupthaus und kleinerer Villa, die mehr Nebenräume aufnehmen musste, als es den Proportionen des Ensembles gut tat.

Lit.: Hubrich, Hannes; Korrek, Norbert; Beier, Michael: apropos architektouren... thüringen 2000, Erfurt 2000

Sophien- und Hufeland-Klinikum

Weimar
Henry-van-de-Velde-Straße 2
Carlos Ott
1998

Bei Planungsbeginn bezeichnete der damalige Oberbürgermeister das Projekt als einen „Meilenstein auf dem Weg zur Kulturstadt Europas". Bekannt geworden durch den monumentalen postmodernen Neubau der „Opéra de la Bastille" in Paris erhielt das Büro Carlos Ott den Auftrag für den Bau des 585-Betten-Krankenhauses 1992 unter nebulösen Umständen im Direktauftrag und ohne Architektenwettbewerb. Der Bau kämpft wacker mit dem um bis zu 24 m abfallenden Terrain des Geländes. Untergebracht sind die Patienten in drei die Höhenlinien nachzeichnenden Bettenhäusern mit Ausblick auf den Park. Die Bettenhäuser sind über Verbindungsbauwerke mit dem Haupttrakt verbunden, was lange Wege mit sich bringt. Im Zentrum sind um zwei Innenhöfe OP-, Untersuchungs-, Behandlungs- und Funktionsräume angeordnet. Auf dem Dach kann der Hubschrauber landen. Eine geschwungene Erschließungskurve bildet den Zugang für die Besucher. Der Gebäudekomplex will vielgliedrig sein, um jede Monumentalität zu vermeiden. Fertig gebaut wirkt er wie ein Realität gewordenes Architekturmodell.

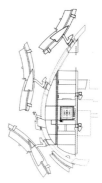

In der Nähe
Neubau des Verwaltungsgebäudes der Kassenärztlichen Vereinigung Thüringen, Zum Hospitalgraben 8. Unter Verwendung zahlreicher Gestaltungselemente der „weißen Moderne" entstand aus der Feder des Planungsbüros Rohling, Jena, und Hartmann und Helm, Weimar, 1995–97 diese um einen ringförmigen Mittelbau angelegte Vierflügelanlage. Die Trakte sind viergeschossig, nur der zur Talseite hin gelegene ist dreigeschossig.

Lit.: Zimmermann, Gerd; Brauns, Jörg (Hrsg.): KulturStadtBauen. Eine architektonische Wanderung durch Weimar – Kulturstadt Europas 1999, Kat. Weimar 1997

Wohnhaus Neufert   WE

Weimar – Gelmeroda
Berkaer Straße 55
Ernst Neufert
1930

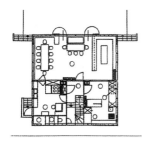

In der Nähe
Sichtbar von der Straße aus ist auf dem Grundstück des Wohnhauses von Ernst Neufert für einige Jahre ein temporärer Ausstellungsbau, die „Neufert-Box", in den Maßen des Wohnhauses errichtet worden, in dem regelmäßig Ausstellungen und Veranstaltungen stattfinden. Anlass war der 100. Geburtstag Ernst Neuferts im Jahr 2000 (Architekt: Peter Mittmann). Den Turm der nahen Dorfkirche von Gelmeroda portraitierte der Bauhaus-Meister Lyonel Feininger mehrfach in Holzschnitten und Gemälden.

Neufert baute 1930 für seine Familie in nur sechs Wochen dieses Holzbau-Versuchshaus nach Vorbild amerikanischer Holzbaufabrikation. Seine Ziele beschreibt er so: „1. größte Holzausbeute praktisch wie statisch, 2. möglichste Ausschaltung von Handarbeit bei der Fabrikation, 3. zwangsläufige Einfügung der einzelnen Teile in die Montage, 4. weiteste Berücksichtigung der Eigenheiten des Materials aus praktischen und ästhetischen Forderungen. (...) Durch die erhöhte Lage erfolgt der Eintritt vom Treppenhaus in das Zentrum des Hauses mit demzufolge denkbar kleinen Vorräumen. Küche nach Osten zum Garten, Wohn- und Speisezimmer nach Osten bis Westen, also den ganzen Tag in der Sonne. (...) Die Fenster im Westen und Osten liegen hoch, der besseren Belichtung wegen und um alle Wände zur Aufstellung von Schränken, insbesondere Büchern frei zu haben. Obergeschoß: Bad, Fremdenzimmer und Eltern-Schlafzimmer nach Osten, letzteres mit Austritt auf den Südbalkon. Dieser ist so breit, daß die Betten leicht darauf abgestellt werden können."(1)

Sorgfältig instand gesetzt, wird das Haus heute als Architekturbüro genutzt.

---

(1) Neufert 1931, S. 168.

Thüringens Mitte

Stadt Jena
J

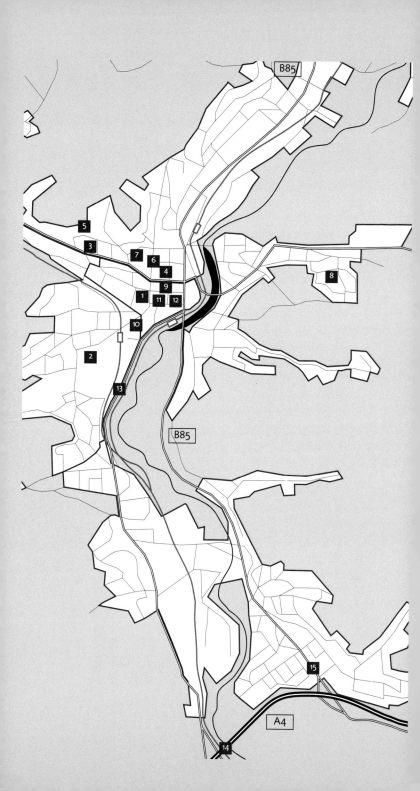

Thüringens Mitte
Stadt Jena

Jena
1 Ehem. Hauptwerk des VEB Carl Zeiss Jena
2 Ehem. Zeiss-Bau 23
3 Haus Auerbach
4 Planetarium
5 Haus Zuckerkandl
6 Studentenwohnheim
7 Abbeanum
8 Zeiss-Siedlung Schlegelsberg
9 Wohnbebauung Weigelstraße/Johannisstraße
10 Poliklinik
11 Intershop-Tower
12 Marktpassage
13 *Max-Planck-Institut*

Jena Göschwitz
14 Autobahnbrücke

Jena Lobeda
15 Wohngebiet Jena Lobeda

Ehem. Hauptwerk des VEB Carl Zeiss Jena J

Jena
Schillerstraße, Goethestraße (ehem. Ernst-Abbe-Straße), Carl-Zeiss-Platz, Carl-Zeiss-Straße, Krautgasse

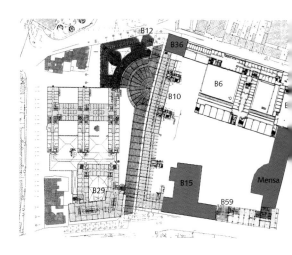

Das ehem. Hauptwerk des VEB Carl-Zeiss-Jena zeugt vom tiefgreifenden Wandel der wirtschaftlichen Verhältnisse nach 1989. Nach dem Niedergang des VEB wurde aus dem einstigen innerstädtischen Großbetrieb 1993–96 ein modernes Dienstleistungszentrum. Universitäts-, Büro- und Wohnbauten, eine Einkaufsgalerie mit Hotel wurden im zu 65 % erhaltenen Gebäudebestand und in Ergänzungsbauten untergebracht (Planung von IFB Braschel GmbH Stuttgart).

Die „Hightech" Branche des ausgehenden 19. Jahrhunderts in Jena war die optische Industrie. 1847 bezog Carl Zeiss eine bescheidene optische Werkstätte in der Neugasse 7. Die Forschung von Ernst Abbe im Bereich der Optik und von Otto Schott auf dem Feld der hochwertigen Glaserzeugung führten zur Entstehung einer schnell expandierenden optisch-feinmechanischen Industrie. Seit 1880 entwickelte sich durch sukzessiven Grunderwerb westlich des historischen Stadtkerns das Werksgelände. Die technischen Besonderheiten der Produktion bestimmten die Konzeption der Fabrikationsgebäude. Kurze horizontale und vertikale Wege

Ehem. Hauptwerk des VEB Carl Zeiss Jena

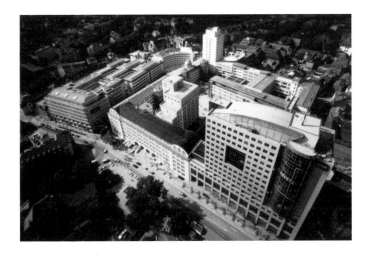

zwischen gut belichteten Werkstätten, gleichbleibende Raumtemperatur und variabel nutzbare, längsorientierte Grundrisse mit hohen Deckenlasten waren erforderlich. Hohe Grundstückspreise und die innerstädtische Lage zwangen zur Blockrandbebauung.
Heutiger Bestand:

B6, B7 Erste Stahlbetonskelettbauten bei Zeiss, Ausführung von der Firma Dyckerhoff & Widmann als fünfgeschossige Bauten, zur Straße hin viergeschossig, gerundete Lisenen, große querrechteckige Fenster und die für Betonbauten der Zeit typischen biegesteifen Ecken. Betonoberflächen werksteinartig bearbeitet. Heute beherbergt Bau 7 die Universitätsbibliothek. Der neue Ergänzungsbau zwischen B 6 und B 36 erstreckt sich zum Innenhof hin paral-lel zu B6 und B7 mit einem Institutsgebäude. In die entstandenen Binnenhöfen sind Hörsäle eingefügt (Architekten: IFB Braschel). Plastiken in den Höfen von Frank Stella.

B10 begrenzt die glasüberdeckte Goethe-Galerie (Foto S. 205) nördlich. Verwaltungsbau aus Stahlbeton, erstes Großraumbüro von Zeiss nach amerikanischem Vorbild. Bekrönt von

Ehem. Hauptwerk des VEB Carl Zeiss Jena

Mensa

einer Versuchssternwarte über dem Tambour. Das Gebäude war lange Zeit Wahrzeichen von Zeiss, im Tambour war eine Musterausstellung für militär-optisches Gerät untergebracht.

B12 polygonaler Eckturm einer abgebrochenen dreigeschossigen Eckbebauung am westlichen Eingang der Galerie, integriert in den höheren Hotelneubau von 1993–96.

B15 Der Darmstädter Architekt Friedrich Pützer plante 1915 das symmetrisch angelegte Gebäude über dem Haupteingang zur Schillerstraße hin. Zum Hof hin staffelt sich das Gebäude zu einem der ersten „Hochhäuser" in Deutschland (42,48 m). Gliederung der Fassade durch Kolossalpilaster auf der südlichen Treppenhausseite, erste Anklänge an die amerikanische Hochhausarchitektur Louis Sullivans.

B29 Nach Entwurf des Düsseldorfer Architekten Emil Fahrenkamp 1929 errichteter 8-geschossiger Fabrikneubau an der Schillerstraße. Das Motiv der abgerundeten Gebäudeecke an der Nord-Ost-Ecke wiederholt der Architekt beim berühmten „SHELL-Hochhaus" in Berlin 1930–31. Konstruktive Besonderheit des Baus ist eine auf Pilzstützen ruhende Stahlbeton-

Ehem. Hauptwerk des VEB Carl Zeiss Jena

Rahmendecke. Zwei Stützen sichtbar belassen im 1. OG. Das Gebäude ist heute integriert in das Kaufhaus an der Goethegalerie.

B 36 vierzehngeschossiges Hochhaus für den Sitz der Verwaltung von Zeiss mit einer Höhe von 66,26 m (Foto S. 204). Fassadengliederung nur durch hochrechteckige, mit Laibungen aus Muschelkalk aus der Fassade hervortretende Fenster (Planung: Siemens-Chefarchitekt Hans Hertlein mit Georg Steinmetz), der das Erscheinungsbild von Siemens in Berlin wesentlich geprägt hat. Plastik „Durch Nacht zum Licht" über dem diagonal eingeschnittenen Eingang von Joseph Wackerle.

B 59 16-geschossiges Forschungshochhaus des VEB in Stahlbetonskelettbau (Planung: Hans Schlag u. Koll.), urspr. mit einer Fassadenverkleidung aus Kunststeinplatten. Umbau 1992–93 zur Firmenzentrale der „Jenoptik" unter Verwendung einer Mixtur postmoderner Hochhauszitate wie dem quadratischen Fassadenausschnitt, der sich an die Nachbarbebauung anbiedernden Sockelzone, einen gläsernen Eckturm und einer geschwungenen Dachbekrönung (IFB Braschel GmbH).

In der Nähe
Ernst-Abbe-Denkmal auf dem Carl-Zeiss-Platz von Herny van de Velde von 1909–11. Das kleine, vierseitig durch Portiken geöffnete tempelartige Denkmal auf achteckigem Grundriss erinnert an den Physiker, Sozialreformer und Gründer der Carl-Zeiss-Stiftung Ernst Abbe. Im Zentrum des Innenraums steht eine Marmorherme mit der Büste Ernst Abbes von Max Klinger.

Lit.: Thüringisches Landesamt für Denkmalpflege (Hrsg.): Das Hauptwerk von Carl Zeiss Jena. Ursprung und Wandel, Bad Homburg; Leipzig, 1997.

Ehem. Zeiss-Bau 23

Jena
Otto-Schott-Staße 15
Johannes Schreiter, Hans Schlag
1924

In der Nähe
Zeiss-Bau 28 für die Gießerei der Fa. Zeiss, zweigeschossige Stahlbetonhalle mit einem Dach nach dem System Zeiss-Dywidag in der südwestlichen Ecke des Firmengeländes an der Tatzendpromenade. Die Pläne für die nördlich vorgelagerten Treppenhäuser stammen aus dem Büro Schreiter & Schlag. Diese sind mit horizontalen Gesimsbändern gegliedert. Ebenfalls in der Nähe liegen die ehem. Zeiss-Bauten 37, Moritz-von-Rohr-Str., nach Plänen von Hans Hertlein. Diese werden heute von der Fachhochschule Jena genutzt.

Mit dem Aufbau der Brillenproduktion in Jena verfolgte das Carl-Zeiss-Werk den Ausbau eines neuen, zunächst nicht-militärischen Produktionszweiges nach dem 1. Weltkrieg außerhalb des Stammgeländes. Nach einem Bebauungsplan von Schreiter & Schlag war eine fünfgeschossige Blockrandbebauung um fünf Innenhöfe geplant, die von einem zentralen, mit einer Kuppel gekrönten Hochhaus überragt werden sollte. Errichtet wurde 1923–24 ein erster Teil des Ostflügels mit einer Länge von 84,70 m. Das durch Risalite mit elliptischem Giebelfeld gegliederte Gebäude ist das erste Gebäude mit einem nach dem System Zeiss-Dywidag konstruierten tonnenförmigen Schalendach. Die Spannweite der nur 6 cm dicken Schale beträgt 17,75 m bei einer Scheitelhöhe von 6,40 m. Eine Besonderheit stellten die in die Schale eingelassenen prismenartigen Glaselemente dar, die eine für Fabrikräume ungewöhnliche Atmosphäre erzeugten. Ergänzt wurde der Bau 1928 durch einen Nord-Ostflügel sowie 1954–55 durch ein nördlich anschließendes Mehrzweckgebäude nach Plänen von Helmut Dziadek.

Haus Auerbach

Jena
Schefferstraße 9
Walter Gropius, Adolf Meyer
1924

Bauherr des privaten Wohnhauses war der Professor für theoretische Physik Felix Auerbach, Mitglied im der Moderne gegenüber aufgeschlossenen Jenaer Kunstverein, mit seiner Frau. Kompositorisch basiert das Haus auf der Verschränkung zweier unterschiedlich hoher Quader. Die großen, untereinander verbundenen Wohnräume und das Arbeitszimmer des Bauherren liegen günstig zur südlichen Gartenseite hin, Eingang und Nebenräume zur Nordseite, im OG sind die Schlaf- und Fremdenzimmer untergebracht, im 2. OG die Waschküche und eine große begehbare Terrasse als flacher Dachabschluss. Konstruktive Verwandtschaft besteht mit dem Haus Am Horn in Weimar in der Verwendung großformatiger Schlackenbetonsteine. Der Gebäudekern wird von Eisenbetonrahmen gebildet, was den Einbau der wandfüllenden Einbauschränke ermöglicht. Die farbliche Konzeption der Innenräume stammt von Alfred Arndt. Mit dem Haus verbunden ist die Tragödie des Freitodes des jüdischen Bauherrn-Ehepaares nach dem Machtantritt Hitlers 1933.

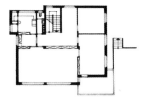

Im Zusammenhang
Das kleine Wohnhaus in der Talstraße 88b wurde 1995 von dem Architekten Falko Barenwald erbaut. Das Gebäude liefert mit seiner Architektur, zwei ineinander verschränkte Kuben in weiß mit einer schlicht gehaltenen Lochfassade, einen kleinen Beitrag zur neuen Wohnkultur.

Lit.: Winkler, Klaus-Jürgen: Die Architektur am Bauhaus in Weimar, Berlin 1993

Planetarium

Jena
Am Planetarium 5
Johannes Schreiter, Hans Schlag
1925–26

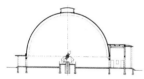

Die bauliche Gestaltung des Jenaer Planetariums ist – im Gegensatz zur revolutionären Bautechnik – 25 m Durchmesser bei einer Schalendicke von nur 6 cm – bieder: Ein siebenachsiger, giebelloser Portikus à la römisches Pantheon, ein früher offener Umgang für den Zugang über vier Eingänge zu den 400 Plätzen des ältesten frei stehenden Planetariums der Welt.

Im Physikunterricht gibt es ein reizvolles mechanisches Modell, das in verkleinerter Form die Bahnen der Planeten um die Sonne zeigt. Dreht man an einer Kurbel, beginnt der Tanz der Planeten. Schwieriger ist es jedoch, die Konstellationen der Sterne vom irdischen Standpunkt aus zu simulieren. Der Chefingenieur von Carl Zeiss, Walter Bauersfeld, sollte 1913 für das deutsche Museum in München dieses Problem lösen. Seine Idee war, mit einer Reihe aufeinander abgestimmter Projektoren die Sternenkonstellationen auf die Innenseite einer Halbkugel zu zeichnen. Er entwickelte ein Polygone bildendes Stabnetzwerk aus Eisenstäben, an den Knotenpunkten von speziellen Verbindern zusammengehalten. Um eine glatte Innen- und Außenfläche zu erzielen, wurde das bereits selbsttragende Gerüst mit einer leichten Bewehrung überspannt und mit Spritzbeton abgedeckt. Mit dem patentierten „System Zeiss-Dywidag" wurde zunächst eine heute nicht mehr bestehende Versuchskuppel mit einer Spannweite von 16 m errichtet.

Lit.: Thüringisches Landesamt für Denkmalpflege (Hrsg.): Architektur und Städtebau. Das Büro Schreiter & Schlag 1919–1952, Jena 1999

Haus Zuckerkandl

Jena
Weinbergstraße 4a
Walter Gropius, Adolf Meyer
1927–29

Unweit des Hauses Auerbach liegt dieses Wohnhaus auf einem Hanggrundstück. Die Planung dafür entstand nach dem Weggang des Bauhauses aus Weimar im Dessauer Baubüro von Gropius. Damit entstand in Jena mit dem heute nicht mehr vorhandenen Umbau des Stadttheaters und dem Haus Auerbach das dritte Bauwerk aus der Bauhaus-Periode von Gropius. Das Raumprogramm, das die Witwe des Professors für Nationalökonomie, Therese Zuckerkandl, forderte, war umfangreicher als beim Haus Auerbach. Der dreigeschossig aus kompakten, ineinander verschränkten Kuben bestehende Baukörper wird von einem unglücklich gelegenen Souterraineingang an der Nordwestseite aus betreten. Im wegen der Hanglage höher liegenden Erdgeschoss befanden sich Vestibül, Wohnräume und Küche sowie der nach außen markant hervortretende Wintergarten, im 1. OG die Schlafräume. Im 2. OG waren Fremden- und Mädchenzimmer untergebracht, die Dachterrasse ist von dort aus zugänglich. Konstruktiv bietet das Haus im Vergleich zum Haus Auerbach als Eisenbeton- und Mauerwerksmischkonstruktion nichts Neues.

Lit.: Winkler, Klaus-Jürgen: Bauhaus-Moderne in Weimar, Weimar 1995

Studentenhaus Jena   J

Jena
Philosophenweg 20
Ernst Neufert, Otto Bartning
1928–30

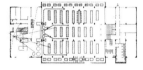

In der Nähe
In zwei Bauabschnitten wurde 1956 und 1961 das Physikalische Institut der Friedrich-Schiller-Universität Jena am Max-Wien-Platz 1 errichtet. Der Entwurf für das viergeschossige Gebäude, das auch einen großen Hörsaal mit 546 Plätzen aufnimmt, stammt von dem Jenaer Architekten Georg Schirrmeister, der auch am Wettbewerb für das Weimarer „Gauforum" 1935 teilgenommen und im gleichen Jahr das ehem. Ärztehaus in Weimar, Bauhausstraße 11, gebaut hatte. Nach Entwürfen von Schirrmeister entstanden in Jena auch die ebenfalls neoklassizistischen Institutsgebäude in der Humboldtstraße 10 und Am Steiger 3.

Im Auftrag des Vereins Jenaer Studentenhilfe erhielt 1928 das „aktive Bauatelier" der Staatlichen Bauhochschule Weimar den Auftrag für den Bau eines Studentenhauses mit Mensa, Saal, Studentenwohnungen und Büroräumen. Leiter des Ateliers war Ernst Neufert, Autor der 1936 erstmals erschienenen „Bauentwurfslehre". Die Studenten sollten praxisnah an einer realen Bauaufgabe mitwirken und lernen. Der Lehrer im Fach Schnellentwerfen forderte: „Der Platzbedarf richtet sich nach der Platzanordnung, diese nach der Bedienungsart. Diese Frage muß vor Entwurfsbeginn entschieden sein, denn danach richten sich alle Raumabmessungen, Fenstergrößen und Lage, Pfeilerabstände usw. (...) Die Küche muß geräumig und so eingerichtet sein, daß die tägliche Arbeit in einem hemmungslosen Arbeitsfluß ohne Rückbewegungen abläuft... Auch die Bewegung der Gäste in der Mensa soll im einheitlichen Fluß ohne Gegenbewegung erfolgen, was durch richtige Stellung der Tische von vornherein erreicht werden muß, schon bei der Anordnung der Raumstützen, die am besten (...) an den Ecken der Tische stehen, weil dadurch kein Sitzplatz verloren geht."(1)

---

(1) Neufert ³1936, S. 165.

Abbeanum

Jena
Helmholtzweg 1
Ernst Neufert, Otto Bartning
1928–30

Die Carl-Zeiss-Stiftung förderte mit dem Neubau eines optischen und eines mathematischen Institutes der Universität Jena die seit 1925 eigenständige Mathematisch-Naturwissenschaftliche Fakultät. Der Name Abbeanum erinnert an den Gründer der Stiftung Ernst Abbe.

Neufert und das „aktive Bauatelier" der Weimarer Bauhochschule planten hier wie beim Bau des Studentenhauses als den Raumbedarf optimierende Betriebsingenieure.

„Beim Abbeanum Jena schiebt sich der Hörsaal des optischen Instituts in den Sammlungsraum des mathematischen Instituts, der niedriger als die Institutsräume sein konnte. Der kleine Hörsaal dieses Instituts hat Normalgeschoßhöhe, während der größere des Instituts für angewandte Mathematik sich über das Dach erhebt ..."(1)

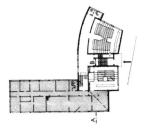

Besonderheit des als Stahlbetonskelettbau ausgeführten Baues war eine nicht mehr vorhandene ausfahrbare Hohlspiegelanlage für Schmelzversuche auf der Südseite im 2. OG. Viele Details von Neufert, wie der „Drehschwingsitz" und die patentierte „Universalsohlbank" für die Fenster zeugen von der gründlichen Detailplanung.

---

(1) Neufert ¹1936, S. 160.

Zeiss-Siedlung Schlegelsberg J

Jena
Schlegelsberg/Jena-Ost
Schreiter & Schlag
1937–39

Die Einwohnerzahlen Jenas stiegen in den zwanziger und besonders in den dreißiger Jahren drastisch an, was zu verstärkten Wohnungsbauaktivitäten führte. Grund für das starke Wachstum der Industrie nach 1933 war vor allem die Ausweitung der Rüstungsproduktion. Zwischen 1933 und 1939 stieg in den Zeiss-Werken die Anzahl der Beschäftigten von 4.433 auf 11.401. Dies veranlasste die Stadt zu einer aktiven Wohnungsbaupolitik, die auch von den Carl-Zeiss-Werken mit dem Bau von zwei Werkssiedlungen 1933 und 1939 unterstützt wurde. Interessant dabei ist die Parallele von moderner Industriearchitektur und traditionellem Siedlungsbau. Die Ernst-Abbe-Siedlung („Ringwiesensiedlung") von 1933–37 als ein Beispiel vorstädtischer Kleinsiedlungen war dabei aus drei Haustypen verschiedener Größe zusammengesetzt (kleines Foto). Eine zweite wichtige Siedlung dieser Zeit ist die Carl-Zeiss-Siedlung Schlegelsberg im Osten von Jena (großes Foto). Hier wurden streng typisierte Grundrisse aus der Ernst-Abbe-Siedlung übernommen.

Lit.: Thüringisches Landesamt für Denkmalpflege (Hrsg.): Architektur und Städtebau. Das Büro Schreiter & Schlag 1919–1952, Jena 1999

J — Wohnbebauung Weigelstraße/Johannisstraße

Jena
Weigelstraße 2, 4, 6, und 3, 5, 7,
Johannisstraße 23, 24, 25
*Ernst Mauke, Günther Ziegler
(Entwurfsbüro für Hochbau Gera,
Brigade Jena)*
1958–1960

Die Planungen für das Stadtzentrum Anfang der fünfziger Jahren waren den Direktiven der „16 Grundsätze des Städtebaus" unterworfen, die das Zentrum der Stadt als wichtigsten politisch-administrativen Kern, durch Plätze für Aufmärsche und Volksfeiern und monumentale öffentliche Gebäude hervorgehoben wissen wollten. Der Wiederaufbau der Stadtmitte vollzog sich allerdings, abgesehen von der Wiederherstellung wichtiger, historischer Gebäude, langsam, da in der Wirtschaftspolitik der frühen DDR die Schwerindustrie bevorzugt wurde und Jena damit keine besondere Aufmerksamkeit genoss. Gebaute Zeugnisse dieser Zeit sind besonders die Wohn- und Geschäftshäuser in der Weigelstraße. Die viergeschossige Gebäudegruppe lehnt sich an die Baumassengliederung der zerstörten Bauten an, die Stadtkirche sollte wieder in die Bebauung eingegliedert werden, ohne jedoch alte Bauformen zu kopieren. Sie waren Bestandteil weitreichender, aber nicht realisierter Vorschläge für einen zentralen Platz und dessen bauliche Fassung durch ein Hotel, ein Kaufhaus und weitere Wohn- und Geschäftshäuser.

In der Nähe
Der Bau des Kinos „Capitol" am Löbdergraben 29 von Johannes Schreiter und Hans Schlag aus dem Jahr 1927. Das Großkino nahm neben einem Zuschauerraum mit 1100 Plätzen, der auch für Theateraufführungen genutzt werden konnte, auch Verwaltungsräume auf. Eine Besonderheit stellt der zur Paradiesstraße hin gerundete Osttrakt des Gebäudes dar, der den Kinosaal um zwei Geschosse überragt. Das Gebäude wurde mehrfach baulich verändert. Städteplanerisch interessant ist außerdem die Neuordnung des Areals am Holzmarkt, die 1995 begonnen wurde und weitgehend abgeschlossen ist.

Lit.: Deutsche Architektur 7/1958

Poliklinik J
Ehem. Poliklinik des VEB Carl-Zeiss-Jena

Jena
Ernst-Haeckel-Straße/Ecke Westbahnhofstraße
Ernst Mauke, Heinz Kottke
1964

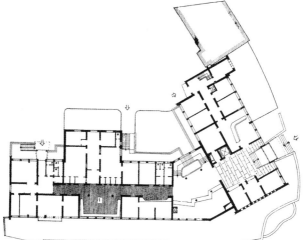

In der Nähe
Poliklinik der Universitätskinderklinik in der Koch-, Ecke Westbahnhofstr. nach Entwurf Hans Schlag (u. Kollektiv), erbaut 1956–60. Die ehem. Kinderklinik der Carl-Zeiss-Stiftung wurde bereits 1917 von dem Kinderarzt Jussuf Ibrahim als erste Jenaer Kinderklinik eingerichtet. Die Verdienste des Professors und DDR-Nationalpreisträgers um die Herabsetzung der Säuglingssterblichkeit und der Bekämpfung der Tuberkulose wurde durch neuere Forschungen relativiert, die nachwiesen, dass er für die Tötung von sieben behinderten Kindern in der Klinik Stadtroda während der NS-Zeit mitverantwortlich gewesen sein soll.

Die ehemalige Poliklinik des VEB Carl-Zeiss Jena sollte in unmittelbarer Nähe des Haupt- und Südgeländes des Werkes liegen.
„Dadurch", so schrieben die Architekten „ist ein Minimum an Zeitverlust für die Tausende Besucher der Poliklinik gegeben, die in der Regel zeitgenau vorbestellt oder von ihrem Arbeitsplatz abberufen werden." Der Bauplatz an der Straßenecke ist etwas beengt und von einem Höhenunterschied von 7 m auf die gesamte Grundstückslänge hin gekennzeichnet. Die Westbahnhofstraße sollte ursprünglich verbreitert werden, daher ergab sich die etwas zurückgesetzte Lage des Gebäudes. Der fünfgeschossige Baukörper an der Westbahnhofstraße und der dreigeschossige an der Ernst-von-Haeckel-Straße sind jeweils durch ein stumpfwinkliges Gelenk verbunden. Der Bau wurde trotz des schwierigen Grundrisses aus vorgefertigten, die Fassade als Riegel und Pfostenstruktur sichtbar gliedernden Stahlbetonelementen zusammengesetzt. Im Gebäude waren neben den Praxen, Labors und einer Apotheke auch Speiseräume im Dachgeschoss untergebracht.

Lit.: Deutsche Architektur 8/1960

J   **Intershop-Tower**
                                                      Ehem. Universitätshochhaus

Jena
Leutragraben 1
Kollektiv Hermann Henselmann,
Heinz Rauch, Ulrich Balke,
Friedrich Riehl
1970–72

Das Wahrzeichen der Stadt Jena ist seit 1970 das zunächst als Forschungsbau für den benachbarten VEB Carl-Zeiss-Jena geplante, 26-geschossige zylindrische Bauwerk mit seinen 120 m Höhe und einem Durchmesser von 34 m.

Das Gebäude ist neben dem Universitätshochhaus in Leipzig eines der wichtigsten, teilweise realisierten Beispiele der radikalen Umgestaltung von sozialistischen Stadtzentren. Nicht nur Gesellschafts- und Geschäftsbauten, sondern auch Bauten der örtlichen Produktion sollten das Stadtbild prägen. Das kleine Foto zeigt die nicht realisierte Gesamtplanung aus dem Jahr 1969. Dafür musste 1968 die alte Bebauung um den Eichplatz weichen. Während der Planungsphase wurden die bizarren Erstentwürfe Henselmanns, der zunächst einen Bau mit runden Bullaugenfenstern (Hinweis auf die optische Industrie) und einer diademartigen kupfernen Bekrönung mit Rubinglasfenstern über einem zweigeschossigen Sockelbau vorsah, aus Kostengründen immer mehr reduziert. In einer Gleitschalung betoniert und mit der die Vertikale betonenden Vorhangfassade ist der Bau konstruktiv ein Novum in der DDR.

In der Nähe
Während der Turm mit neuer Fassade nach langer öffentlicher Diskussion bestehen bleiben wird, ist die weitere Entwicklung der Sockelbauten des Turms, die ohne Notwendigkeit teilweise zerstört wurden, weiter unklar. Das Ergebnis eines städtebaulichen Wettbewerbs zur Bebauung des Eichplatzes im Jahr 1993, gewonnen von den Architekten Trojan, Trojan und Neu, war ein sinnvoller Kompromiss zwischen der Großform des Turmes und einem Anknüpfen an die frühere kleinteilige Bebauung. Ob diese Planung weiterverfolgt wird, ist (im Jahr 2000) offen.

Lit.: Diers, Michael; Grohé, Stefan; Meurer, Cornelia (Hrsg.): Der Turm von Jena. Architektur und Zeichen, (Minerva. Jenaer Schriften zur Kunstgeschichte Bd.) Jena 1999

Marktpassage J

Jena
Markt 2, Rathausgasse 2 und 4
Vladimir L. Nicolic, Michael Breda
1997

In der Nähe
Das Hauptgebäude der Universität am Fürstengraben 1 wurde von Th. Fischer unter Mitarbeit von B. Taut (Farbgestaltung Innenräume) im Jahr 1908 vollendet. Das Gebäude ersetzt das abgebrochene Residenzschloss mit einer städtebaulich geschickt angeordneten asymmetrischen Anlage um zwei Innenhöfe, die ein großes Raumprogramm aus Aula, Seminarräumen und Sammlungen aufzunehmen hatte. Das Gebäude kann als einer der wichtigen Vorboten des modernen Bauens in Deutschland bezeichnet werden, da Fischer die Detailformen überwiegend aus den Raumfunktionen heraus bestimmte.

Zwischen dem Rathaus von 1413, dem ältesten erhaltenen Profanbau Jenas, dem Markt und dem heute unbebauten Eichplatz stellt dieses Lückenschlussprojekt den historischen Stadtgrundriss aus der Zeit vor der Zerstörung durch das Bombardement im Jahr 1945 annähernd wieder her. Grundlage dieser Planung waren die Ergebnisse eines städtebaulichen Wettbewerbes im Jahr 1991 und heftige Diskussionen von Bürgerinitiativen, Denkmalpflegern und anderen Behörden.

Die Gebäude mit den Ladenzeilen zur Markt- und Eichplatzseite hin sind in farbig deutlich voneinander abgesetzte Einzelfassaden unterteilt, die an die ehemals schmalen Parzellen der traufständigen Einzelhäuser aus dem 16.–19. Jahrhundert erinnern sollen. Zwischen die Platzrandbebauungen ist eine Passage eingefügt, die zum Kirchplatz hin als gläsernes Zwischenglied nach außen hervortritt. Die Trauflinie der durch ruhige hochrechteckige Fenster, Wintergarten- und Schaufensterelemente gegliederten Bauten springt am Markt zwischen drei und fünf Geschossen. Am Eichplatz bestimmt eine einheitliche Trauflinie das Bild.

J

Max-Planck-Institut
zur Erforschung von Wirtschaftssystemen

Jena
Kahlaische Straße 10
Ulf Decker, Claudia Decker
1997

Die schlichte südwestdeutsche Weißmoderne hatte auch im Nachwende-Jena verstärkt Konjunktur, besonders bei Bauten für Wissenschaft und Forschung. Ein Beispiel dafür ist das Gebäude, das die Max-Planck-Gesellschaft für eine Bibliothek, Arbeitsräume für 90 Wissenschaftler, Seminarräume und 14 Wohnungen um eine bestehende großbürgerliche Villa gruppieren ließ. Der U-förmige dreigeschossige Baukörper ist von langen Bandfensterreihen und weiten Verglasungsflächen im zentralen Eingangsbereich bzw. von Glasbausteinwänden durchzogen, das Erdgeschoss wiederum ist durch eine sich herauswinkelnde Bibliotheksbox durchbrochen. Dass Flure und Treppenanlagen transparent sind, soll auch erwähnt sein. Die Raumfunktionen sind ablesbar verteilt, in der Villa Seminarbereiche, im Ergänzungsbau die wissenschaftliche Abteilung, über der Bibliothek die Wohnräume der Wissenschaftler.

Im Zusammenhang
Weitere Beispiele aus dem Bereich Wissenschaft/Forschung/Produktion:
Bioinstrumentenzentrum, Winzlaer Straße 2a, Hein Architekten, 1999–2000

Institut für physikalische Hochtechnologie e. V., Winzerlaer Straße 10, IFB, Dr. Braschel GmbH.

Büro-, Labor- und Werkstattgebäude des Technologiezentrums, Wildenbruchstraße 15, Trzbowski/Wagner/Günther. Forschungs- und Produktionsgebäude der Göpel electronic, Robert Wurm.

Lit.: Gruber, Rolf; Hubrich, Hannes; Beier, Michael: apropos architektouren... thüringen 1997, Erfurt 1997

Autobahnbrücke bei Göschwitz J

Jena-Göschwitz
BAB 4 bei Jena-Göschwitz
Friedrich Tamms (Architekt)
Karl Schächterle, Oskar Jüngling
(Ingenieure)
1938–41

Im Zusammenhang
Besondere Beachtung verdient auch die auf der A4 und A9 heute nur noch in den nicht verbreiterten Abschnitten wahrnehmbare landschaftlich harmonische Trassierung der Strecken, die so angelegt wurden, dass sie sich einerseits in die Landschaft einfügten, andererseits aber dem Fahrer ein abwechslungsreiches „Bild" der deutschen Landschaft bieten sollten. Die den Bau begleitende Propaganda ging so weit, den Bau der Autobahnen mehr als ein künstlerisches denn ein technisches und ökonomisches Problem darzustellen.

Die Autobahnen zählen zu den durch die NS-Propaganda wohl am wirkungsvollsten inszenierten, massenwirksam medial moderierten Großprojekten des „Dritten Reiches". Brücken nehmen dabei als technisch aufwändige und weithin sichtbare Bauwerke die Position von säkularisierten, auf Jahrtausende hin angelegten Tempeln ein. Sie sollten die Versöhnung von Natur und Technik, zweier in der Modernisierungsdiskussion des frühen 20. Jahrhunderts unvereinbar scheinender Pole, symbolisieren.

Die Bogenbrücke ist 750 m lang und überspannt mit 18 gemauerten und muschelkalkverkleideten Rundbögen unterschiedlicher Spannweite das Saaletal. Da Stahl als kriegswichtiges Material seit 1936 nur noch beschränkt verwendet werden durfte, kam es zum vermehrten Einsatz von Mauerwerk, das durch Natursteinvorblendung die ideologisch geforderte Monumentalität erhielt.

Die ebenfalls im Rahmen der Autobahnbauten Dresden-Eisenach aus Stahlbeton errichtete Teufelstalbrücke (1936–38) bei Mörsdorf wurde inzwischen im Zuge der Verbreiterung der Fahrbahnen abgebrochen.

Lit.: Stommer, Rainer (Hrsg.): Reichsautobahn – Pyramiden des Dritten Reiches. Analysen eines unbewältigten Mythos, Marburg, 1982

Wohngebiet Jena-Lobeda

Jena-Lobeda
Städtebau: Lothar Bortenreuter und Kollektiv
Hochbau: Ernst Mauke u. Kollektiv
1966–85

Das Wohngebiet Jena-Lobeda ist begrenzt durch die Autobahn A4 im Süden, durch die Saale im Westen und durch das im Norden gelegene, für Jena typische Kalksteinbergmassiv. Erste Planungen für das Wohngebiet begannen 1960. Bedingt durch die geringen Flächenreserven in der engen Tallage Jenas entstand es 6 km südlich des Stadtzentrums, gegliedert in Jena-West und Jena-Ost mit fast 14.000 Wohnungen in industrieller Bauweise. Der Wohnraumzuwachs für 42.000 (heute 30.000) Bewohner war notwendig geworden, weil Jena Ende der sechziger Jahre zu einem Zentrum der Automatisierungstechnik und technischer Forschung werden sollte, womit ein stetiger Bevölkerungszuwachs verbunden war. Die ersten Planungen aus den frühen sechziger Jahren wurden mehrfach geändert.

Problematisch ist heute die ausschließliche Wohnfunktion des Gebietes, die zudem durch die unmittelbare Nähe zur Autobahn belastet wird. Ein vorbildliches Freiraumkonzept, dass die Orientierung in den Quartieren erleichtern und die Freiräume besser nutzbar macht, soll die zunehmende Abwanderung der Bewohner stoppen.

Im Zusammenhang
Um den Wohnwert des Stadtteils Jena-Lobeda zu erhöhen, der durch den Lärm der nahen Autobahn beeinträchtigt ist, wird darüber nachgedacht, einen Abschnitt im Bereich Jena-West mit einem 600m langen, erdüberdeckten Tunnelbauwerk zu überdecken.

Lit.: Architektur der DDR 8/1974

Thüringens Mitte

Kreis Weimarer Land
AP

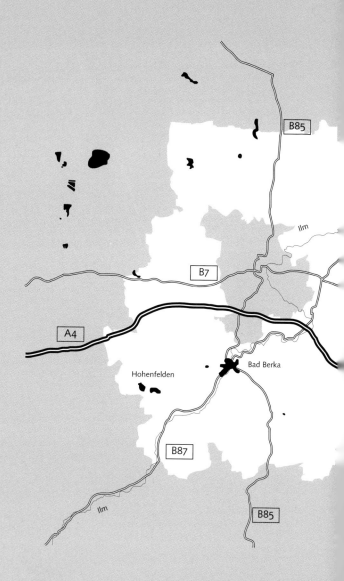

Thüringens Mitte
Kreis Weimarer Land

Apolda
Bergschule
Feuerlöschgerätewerk

Bad Berka
Zentralklinik Bad Berka

Hohenfelden
Gaststätte Stausee Hohenfelden

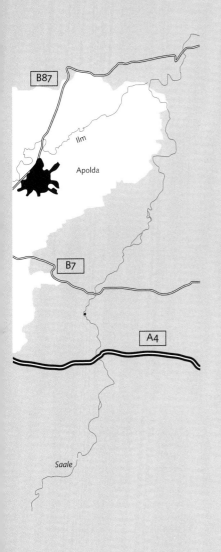

Bergschule

APD

Apolda
Dr.-Theodor-Neubauer-Straße 10a
Paul Mebes, Paul Emmerich
1929

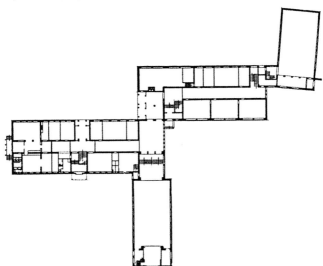

In der Nähe
In der Bahnhofsstraße 28 wurde in einem sanierten und umgebauten neoklassizistischen Fabrikationsgebäude aus dem Jahr 1880–82 das Landratsamt Weimarer Land untergebracht. Nach Planungen der Architektengemeinschaft Körner und Steiner wurde 1996 der abbruchreife Mittelbau durch einen postmodernen, giebelgekrönten Mittelrisalit ersetzt. Obwohl im Detail nicht gerade aufregend, ist die ehem. Strickwarenfabrik des Strumpf- und Wirkwarenherstellers Christian Zimmermann doch ein gelungenes Beispiel für die Revitalisierung von alten Industriebauten.

Paul Mebes und Paul Emmerich zählten bis zum Tod von Mebes 1938 zu den tätigsten Büros in Berlin. Neben 12.000 Wohnungen in der Hauptstadt, die lange vor den Architekten des „Neuen Bauens" bereits in neuen Bautypen wie Zeilenbau, Wohnhochhaus und Laubenganghaus untergebracht wurden, entstand auch die Bergschule in Apolda in diesem Büro. Die Schule mit 32 Klassen, Werkräumen und einer heute nicht mehr vorhandenen Aula bildet keine geschlossenen Schulhöfe, sondern gruppiert sich fast zwanglos auf dem stark hängigen Gelände als vierteilige unregelmäßige Flügelanlage um eine zentrale, von zwei Seiten aus erschlossene Halle. Die Baukörper staffeln sich zwischen einem Geschoss und 5 Geschossen so geschickt nach oben, dass der gesamte Bau von keiner Seite aus in Gänze sichtbar wird. Der Bau mit einer streng der inneren Funktionsgliederung folgenden Massen- und Fassadengliederung zählt zu den heute fast unbekannten Thüringer Sensationen dieser vernachlässigten „anderen Modernen".

Lit.: Bauwelt 22/1938

APD Feuerlöschgerätewerk

Apolda
Auenstraße 11
Egon Eiermann, Günther Andretzke, Robert Hilgers
1938

Das Gebäude ist eines der wenigen noch erhaltenen Industriebauten Eiermanns aus der Vorkriegszeit. Der Architekt schrieb mit vielen Bauten wie der Kaiser-Wilhelm-Gedächtniskirche in Berlin, dem Olivetti-Verwaltungszentrum in Frankfurt/M. und dem Pavillon auf der Weltausstellung in Brüssel 1958 deutsche Architekturgeschichte. Besondere Beachtung verdient das Bauwerk in Apolda, das einen bestehenden Mauerwerksbau ergänzte, weil es bereits alle Elemente der Nachkriegsmoderne aufbietet.

Das 5. OG mit einem Dachgarten nach Plänen der Gartenarchitektin H. Hammerbacher für die Werksangehörigen (die Entlüftung der darunter liegenden Kantine verbergend) wird mit einem eleganten Flugdach überspannt. Das Treppenhaus des Anbaues ist als selbständiger Baukörper eingefügt. Filigrane Geländerbrüstungen, auf der Terrasse zu einem Rankgerüst ausgebildet, und großflächige Stahlrahmenfenster schaffen eine Stätte „froher Werksarbeit" in einem kriegswichtigen Betrieb, der zeitgleich mit den NS-Bauten am Gauforum Weimar entstand. Das Gebäude ist fast unverändert erhalten, steht seit Jahren leer und ist vom Verfall bedroht.

In der Nähe
Am Heidenberg 50–52 liegt das Wohn- und Verwaltungsgebäude der Thüringer Elektrizitäts- und Gaswerke AG nach Plänen von Hermann Schneider, 1930.

Lit.: Schirmer, Wulf (Hrsg.): Egon Eiermann 1904–1970. Bauten und Projekte, Stuttgart, 1988

Zentralklinik Bad Berka
Ehem. Tbc-Heilstätte

AP

Bad Berka
Robert-Koch-Allee 9
Hanns Hopp, Joachim Sahl
1951–58

Entwurfsstudien in chronologischer Folge von unten nach oben

Die Planungen der ehem. Tbc-Heilstätte Bad Berka fielen mitten in die Diskussion um den Formalismus in der Kunst im Jahr 1951. Der Vorentwurf zu dem Bau sah eine fast 350 lange, nur geringfügig gestaffelte, nach Südosten orientierte Zeile mit einhüftiger Erschließung der Krankenzimmer vor. Dieser Entwurf fand jedoch keine Gnade im Ministerium für Aufbau und wurde wegen seiner Gesamtgestaltung abgelehnt, die nicht regierungsamtlich festgestelltem sozialistischem Volksempfinden entsprach. In der Meisterwerkstatt der neu gegründeten Bauakademie wurde der Entwurf so überarbeitet, dass eine symmetrische, vierflügelige Gesamtanlage mit einem Ehrenhof entstand (Planungsphasen s. linke Abb.). Die bergseitigen Flügelbauten behielten ihre Funktion als Krankenzimmer, wurden aber durch Risalite und Versprünge gegliedert. Die zentrale Haupteingangsfront war durch Risalite und einen Turm auf dem Walmdach hervorgehoben. Ab 1990 kam es durch dilettantische Um- und Neubauten zur fast vollständigen Zerstörung des einmaligen, denkmalgeschützen Ensembles. Heute stehen nur noch die Bauten des Haupteinganges und des Kulturhauses.

Lit.: Deutsche Architektur 3/1955

Gaststätte Stausee Hohenfelden

Hohenfelden
*Ulrich Müther,
Gartenarchitektur: Sieglinde Künzel*
1965–1971

Der künstlich angelegte, 38 ha große Stausee Hohenfelden wurde zwischen 1965 und 1967 ausschließlich als Badegewässer für das an Seen arme Thüringer Becken angelegt. Bereiche für kurzfristige Erholung mit einem Strandbad, Liege- und Sportwiesen und großem Parkplatz befinden sich im Nordosten. Für Urlauber wurde ein Campingplatz im Südwesten eingerichtet. In den siebziger Jahren wurden hier an Spitzentagen bis zu 7.500 Besucher gezählt.

Architektonisches Kleinod ist die für 250 Sitzplätze angelegte Gaststätte des Strandbades. Die Dachkonstruktion des Restaurants ist eine Stahlbeton-Hyparschale nach Planungen des wichtigsten Spezialisten für Schalenbau in der DDR. Die Technologie des Betonschalenbaues wurde bei Carl Zeiss in Jena 1922 erstmals entwickelt.

Ulrich Müther hat neben dem Bau in Hohenfelden weitere 70 Schalenbauten realisiert, darunter auch die Gaststätte „Teepott" in Warnemünde und das inzwischen abgerissene „Ahornblatt" in Berlin. Baugleich mit Hohenfelden sind das Restaurant „Ostseeperle" in Glowe und ein Bau in Eberswalde.

Lit.: Deutsche Architektur 1/1973
Deutsche Bauzeitung 10/1999

Thüringens Mitte

Kreis Sömmerda
SÖM

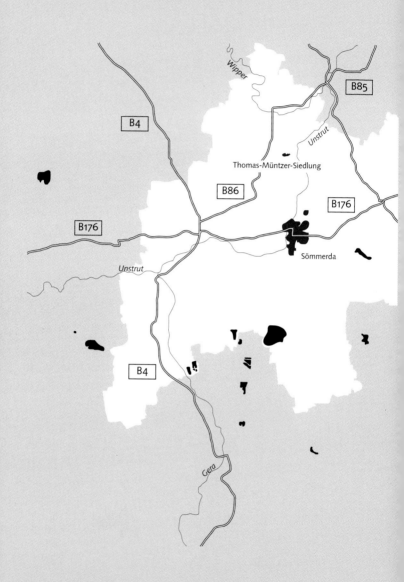

Thüringens Mitte
Kreis Sömmerda

Sömmerda
Industriepark
Bebauung im Marktbereich

Thomas-Müntzer-Siedlung
Neubauernsiedlung

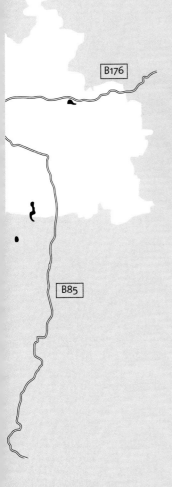

Industriepark
Ehem. Rheinmetall-Werk

SÖM

Sömmerda
Weißenseer Straße 52
*Rheinmetall-Borsig AG
Zentralbauverwaltung (D)–(G)*
1916–1941

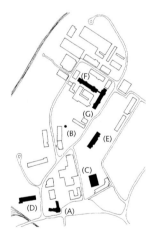

Im Gegensatz zum Deutschen Reich beherrschte Niedergang das Bild Sömmerdas nach 1871. Die Stadt hatte ihren industriellen Aufschwung der Gewehrproduktion für das preußische Militär und dem deutsch-französischen Krieg verdankt.

Die Gewehrfabrik war um 1840 vom Erfinder des Zündnadelgewehrs, Nikolaus (von) Dreyse, gegründet worden. Aus der „Munitionsfabrik Dreyse & Collenbusch" entstand 1899 eine AG, die 1901 von der Rheinmetall AG Düsseldorf übernommen wurde. Die mit der Übernahme durch die Rheinmetall verbundene Neustrukturierung prägt das Werk auch in architektonischer Hinsicht. Das monumentale Verwaltungsgebäude an der Weißenseer Straße von 1916–17 bildet den Auftakt zum Gelände (A). Aus derselben Zeit stammen die heute etwas allein gelassen wirkende Wasserturm (B) und die basilikal gestaffelte „Maschinenhalle" (C) in monolithischer Stahlbetonrahmen- und Plattenbauweise.(1) Während 1919 in Folge des Kriegsausgangs die Büromaschinenproduktion verstärkt werden musste, waren die 30er Jahre wieder von der Rüstungsproduktion

SÖM

Industriepark
Ehem. Rheinmetall-Werk

geprägt. Das Werk wurde zur führenden Zünderfabrik, womit eine Reihe von Neubauten verbunden waren.

Das Gerätebau-Gebäude von 1936–37 (D) ist wohl das früheste weiterer mehrgeschossiger Produktionsgebäude mit Flachdächern und ausgeprägten, abwechselnd vertikal-horizontalen Fassadengliederungen. Die Büro- und Verwaltungsräume aufnehmenden Kopfbereiche weisen hochrechteckige Fenster auf, während die Fabrikationsflächen über große, liegende Fenster belichtet werden.

Nach dem gleichen Muster wurden Stahlbetonskelettbauten wie die „Schreibmaschine" (E) die „Rechenmaschine I" (F) und die „Rechenmaschine II" (G) – nach dort hergestellten Erzeugnissen benannt – in den Jahren 1938–41 gestaltet. Risalitartig treten aus den lang gestreckten Baukörpern nicht nur Treppenhäuser hervor, auch Umkleide- und Waschraumbereiche zeichnen sich als kompakte Vorsprünge ab. Ursprünglich wiesen die Bauten einen braun-grünlichen Tarnanstrich auf.

In der Nähe
Alexander-Puschkin-Platz, Hegelplatz, Mozartstraße u. a. „Gartenbergsiedlung", Jordan und Wolff 1915–17.

Der großzügige Siedlungsplan zielte auf Selbstversorgung der Bewohner und vielgestaltige Straßen- und Platzsituationen. Obwohl das Rheinmetall-Werk Teile der Finanzierung übernahm, handelt es sich bei der Gartenbergsiedlung nicht um eine werkseigene Siedlung, Bauherr war die Siedlungsgenossenschaft Sachsenland.

---

(1) Siehe Wirth 1998, S. 301.

Bebauung im Marktbereich SÖM

Sömmerda
Marktplatz 18–23
H. Wagner, E. Götze
1963–75

Die rasante Entwicklung Sömmerdas setzte sich auch nach 1945 fort. Wie 1919 konzentrierten sich die ehem. Rheinmetall-Werke, nun Kombinat Zentronik, auf die Büromaschinenherstellung. Mit 11.500 Beschäftigen wurde das Werk zum größten Industriebetrieb des Bezirks, die Stadt avancierte zur Kreisstadt (1952). Der Bevölkerungsexplosion entsprach man mit dem Bau von Wohngebieten (ab 1957). Gleichzeitig wuchsen die Anforderungen an den Stadtkern als Einkaufszentrum. Im Bestreben, der Industriestadt ein adäquates, „modernes" Bild zu geben, wurde Ende der 60er Jahre die kleinteilige Markt-Südseite abgerissen und durch eine viergeschossige Geschäfts- und Wohnzeile ersetzt. Während die Wohngrundrisse zu wünschen übrig ließen, scheint das Fassadengestaltungskonzept aufgegangen zu sein. W. Wagner und H. Reiher gelang es, mit Sgraffito und bildkünstlerischer Betonung der Eingangsachsen eine Korrespondenz zur historischen Umgebung herzustellen. In einem zweiten Abschnitt folgten nach 1975 Abriss und Neubebauung der Markt-Ostseite und der Südseite der sich anschließenden Marktstraße.(1)

---

(1) Siehe [Dehio] 1998, S. 1150f.

SÖM

Neubauernsiedlung
Ehem. Staatsgut

Thomas-Müntzer-Siedlung
Thomas-Müntzer-Siedlung
Architekten unbekannt
1948–49

Der Ortsname weckt Interesse und lässt Assoziationen aufkommen. Thomas-Müntzer-Siedlung, eine Neugründung aus Zeiten der DDR?

Fünf Kilometer östlich des Städtchens Weißensee finden sich an der Landstraße einige schematisch angeordnete „Neubauernstellen" mit den lang gestreckten, sattelbedachten und giebelständigen „Wohnstallhäusern", wie man sie in Thüringen häufig antrifft. Den größten Teil der Thomas-Müntzer-Siedlung bilden nicht Neubauernhäuser, sondern Wirtschaftsgebäude der ehem. „Kommende" Griefstedt des Deutschritterordens, die vom 13. bis zum Beginn des 19. Jahrhunderts dort ihren Sitz hatte. Das spätere preußische Staatsgut wurde 1945 enteignet und 1948 kam es im Zusammenhang mit dem Bau der „Neubauernstellen" an der Straße zum vollständigen Abriss des schlossähnlichen Komturhauses einschließlich der aufwändig ausgestatteten Hauskirche. „Kommende", die an den Deutschorden erinnernde Ortsbezeichnung, wurde damals durch Thomas-Müntzer-Siedlung ersetzt.

Grundlage für das „Neubauern-Bauprogramm" war die Bodenreform von 1945, die die Enteignung jeglichen Landbesitzes über 100 ha, einschließlich der Gebäude, ermöglichte. Neubauernstellen entstanden dementsprechend im Zusammenhang mit bestehenden Herrensitzen, Gütern und Domänen.

Lit.: [Dehio, Georg]: Handbuch der deutschen Kunstdenkmäler. Thüringen, München 1998

Nördliches Thüringen

Kyffhäuserkreis
KYF

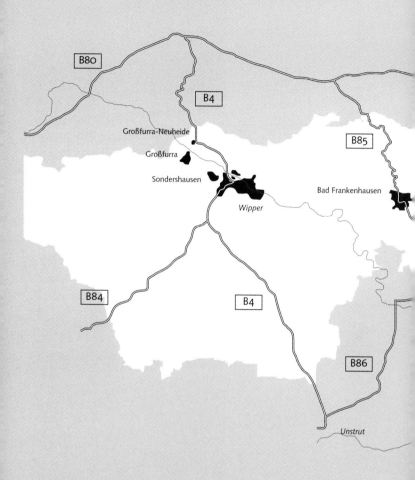

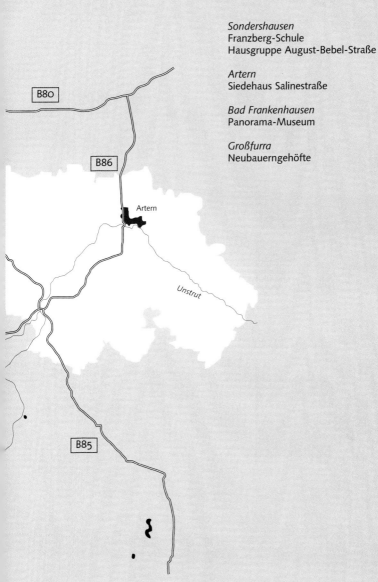

Nördliches Thüringen
Kyffhäuserkreis

Sondershausen
Franzberg-Schule
Hausgruppe August-Bebel-Straße

Artern
Siedehaus Salinestraße

Bad Frankenhausen
Panorama-Museum

Großfurra
Neubauerngehöfte

Franzberg-Schule

KYF

Ehem. Johannes-R.-Becher-Oberschule

Sondershausen
Max-Reger-Straße 8
*Otto Englberger,
Joachim Stahr*
1958–62

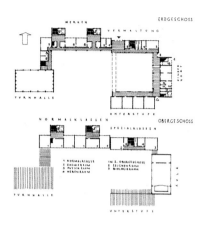

In der Nähe
Zeitgleich zur Universität in Jena (1905–08) baute Theodor Fischer in Sondershausen die Höhere Mädchenschule, heute K.-Kollwitz-Grundschule (A.-Puschkin-Promenade 22 B, 1906–09). Die zweiflügelige Anlage organisiert sich ohne Zwang zur Symmetrie. Zur Straße ist die Fensterabwicklung im Obergeschoss anders rhythmisiert als in den zwei Hauptgeschossen. Im Inneren großzügige, nach Süden ausgerichtete Flurbereiche vor den Klassenräumen.

Die Johannes-R.-Becher-Oberschule war ein Musterbau seiner Zeit. An der Hochschule für Architektur und Bauwesen Weimar wurde er bewusst als Schul-Anlage, und nicht als Schul-Gebäude entwickelt. Einzelne Baukörper sind in das abfallende Gelände „komponiert" und tragen spezifische Funktionen wie z. B. Aula, Turnhalle und die Unterrichtsstrakte. Sie umschließen den Schulhof, der in einem Arkadengang ringsum erschlossen wird. Im Grundriss knüpft man an Ideen der 20er Jahre an. Die Klassen sind quadratisch und damit frei möblierbar. Sie liegen nicht an Fluren, sondern sind in Gruppen um Treppenhäuser zusammengefasst und zumeist zweiseitig belichtet. Der schulischen Laufbahn entsprach das aufgelockerte Konzept, in dem die Unterstufe in einem eingeschossigen Pavillon südlich der Aula Platz findet, die Oberstufe in einem dreigeschossigen, straßenseitigen Riegel im Norden. Die Luftigkeit der Anlage mit ihren Fensterbändern, Fassadengliederungen und einem feinen Dach in Welleternit ist nach der jüngsten Sanierung nur noch zu ahnen.(1)

---

(1) Vgl. Stahr 1963, S. 19ff.

Hausgruppe

Sondershausen
August-Bebel-Straße 4–6
H. Rießland
1967–71

Das Punkthaus in Reihe, senkrecht zur Straße gestellt, ist ein bestimmendes städtebauliches Motiv der Nachkriegszeit. Es signalisiert, so auch hier, auf einem Trümmergrundstück die neue Form der aufgelockerten Stadt. Wenn in Leipzig die Brühl-Nordseite (Konzept W. Müller 1966–69) zehnstöckig und in Plattenbau dem gleichen Prinzip folgt, so bleibt die Hausreihe in Sondershausen mit 5 1/2 Geschossen dem Maßstab der Stadt angemessen. Charakteristisch ist die Verbindung der Einzelbaukörper durch eingeschossige Flachbauten. Auch heute noch sind im Komplex der drei ost-west-orientierten Baukörper hauptsächlich Verwaltungs- und Büroräume untergebracht. Das symmetrische Fassadenbild mit abgesetzten Fenstereinrahmungen in Werkstein wird unterstrichen von einem Spiel senkrechter Gliederungen und waagerechter Fenstergefache. Weitere Einzelheiten wie das auskragende Dach mit Terrasse heben den Komplex über das Gestaltungsniveau üblicher Typenbauten.

In der Nähe
Von weitem ist der Kaliförderturm der ehem. Schachtanlage „Glückauf" zu sehen (Am Schacht II). Das 44 m hohe genietete Stahlskelett spreizt sich auf vier Füßen über das Schachtgebäude (1907–08). Im Gegensatz zur Ingenieurarchitektur des Förderturms verwenden die Begleitgebäude trotz ihrer Größe Elemente aus der Hausarchitektur wie Werksteinsockel, Erker und Dachaufsätze (Kaliförderung bis 1927).

Lit.: Institut für Denkmalpflege in der DDR (Hrsg.): Denkmale der Produktions- und Verkehrsgeschichte, Teil 1, Berlin 1989

Panorama-Museum
Ehem. Bauernkriegs-Panorama

Bad Frankenhausen
Am Schlachtberg 9
Gleb Samodelkin
1974–80, 89 (Gebäude), 1976–87 (Gemälde)

In der Nähe
In Artern, 10 km östl., wurde bis 1964 Salz in einer Saline gewonnen (Salinestraße). Die Ziegelfassade des verlassenen Siedehauses mit Schachtturm (Bauherr: PREUSSAG AG 1927–28) weist eine dezent expressionistische Ornamentik auf. Pilastergliederungen, dreieckige Sturzfelder über Fenstern und betonte Traufgesimse dekorieren die Gebäudequader. Dazwischen stehen einfache, holzverschalte Bauten mit erkennbar proportionierter Fassade.

Der flache Zylinder ist schon von weitem auf einem Hügelrücken zu erkennen. Dort hat 1525 eine entscheidende Niederlage der thüringischen Bauern stattgefunden. In der Fernwirkung als Denkmal gedacht, ist seine gebogene Außenwand die Rückseite des 120 m langen Panoramagemäldes zum Bauernkrieg von Werner Tübke. Die Eröffnung nach über 10 Jahren Arbeit fiel mit dem Ende der DDR zusammen. Die Darstellung der gesellschaftlichen Umwälzungen mit dem Titel „Frühbürgerliche Revolution in Deutschland" wirkt heute im doppelten Sinn historisch. Der Gebäudetyp bezieht sich auf Panoramen des 19. Jahrhunderts, will jedoch mehr didaktisch als illusionistisch wirken. Der Panoramaraum addiert sich aus gebogenen Betonschalen. Die Leinwand aus einem Stück betont die Qualität des Monuments. Im Sockel des Gebäudes werden Wechselausstellungen gezeigt. Bemerkenswert sind die unterhalb gelegenen Nebengebäude, die in sich eine eigene plastische Komposition ergeben. Das Haus beherbergt zusätzlich ein Café und ein Studiokino.

Lit.: Rödel, Volker (Hrsg.): Reclams Führer zu den Denkmalen der Industrie und Technik in Dtld., Bd. 2., Berlin 1998

Großfurra
Großfurra-Neuheide
*Arbeitsgr. der Hochschule Weimar,
H. Henselmann, T. Miller (u. a.)*
1946–51

Nach der Bodenreform 1945 sollte die neue Agrarpolitik auch baulich sichtbar werden. Großfurra-Neuheide war das erste Modellprojekt dieser Art von Neubauerndörfern in der sowjetischen Besatzungszone. Die Siedlung wurde mit geringem Aufwand und örtlich verfügbaren Materialien errichtet. Dabei ist ein Typenbauernhof entstanden, der in die Zeit der Bodenreform in der Landwirtschaft fällt. In Fachwerk-Lehmbau säumen 28 Hofstellen giebelständig einen Grünanger. Die Einzelgebäude sind in ihrer Form traditionell und beherbergen unter einem Satteldach sowohl Wohn- als auch Stallgebäude. Wichtig war das gebaute Bild einer Dorfgemeinschaft mit gleichen Mitgliedern. Die Planung und Errichtung wurde von der Hochschule für Baukunst und Bildende Künste in Weimar angeleitet. Das Engagement sollte als Brückenschlag zwischen akademischem Lehrbetrieb und dem Bauschaffen der Region verstanden werden. Hermann Henselmann erklärt in der Presse: „Die Intelligenz will euch Bauern zeigen, daß sie Praktisches leisten kann und gewillt ist, Praktisches zu leisten."(1)

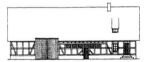

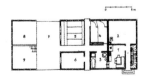

---

(1) Zit. n. Durth; Düwel; Gutschow 1998, S. 80.

Nördliches Thüringen

Kreis Nordhausen
NDH

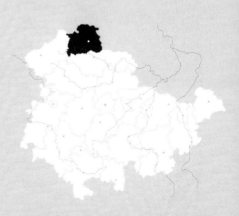

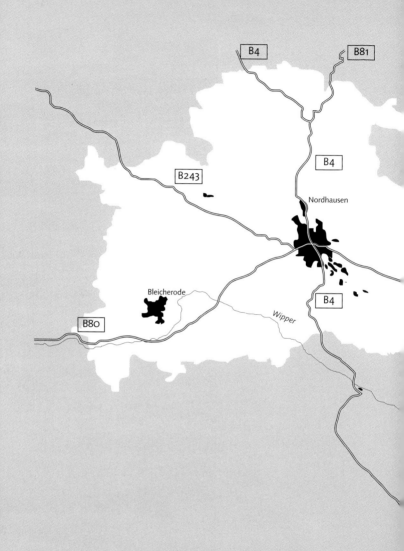

Nördliches Thüringen
Kreis Nordhausen

Nordhausen
Wohn- und Geschäftshaus
 Ehem. Tankbahnhof
Evangelische Kirche „Justus Jonas"
Filmtheater „Neue Zeit"
Wohn- und Geschäftshäuser Engelsburg
Gaststätte „Stadtterrasse"

Nordhausen-Krimderode
Gedenkstätte Ehem. Konzentrationslager Mittelbau-Dora

Bleicherode
Ehem. Kaliwerk mit Werkssiedlungen
Ortszentrum

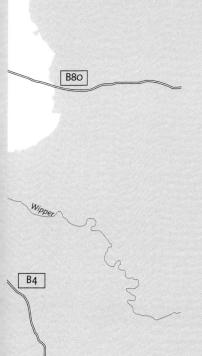

Wohn- und Geschäftshaus   **NDH**
Ehem. Tankbahnhof der Rhenania-Ossag A. G.

Nordhausen
Freiherr-vom-Stein-Straße 15a
Johann Sohrmann
1930–31

In der Nähe
Südlich des Bahnhofs (Darrweg 24) sind noch Kasernenbauten des ehem. Fliegerhorsts zu finden. Seit 1911 wurde südl. des Darrweges ein Flugfeld betrieben, das 1934–37 als Stützpunkt einer Fliegerstaffel mit Truppenunterkünften ausgebaut wurde. Vom Fliegerhorst ist im ehem. Westteil der Anlage noch das Offiziersquartier erhalten – zweigeschossige Bauten mit Walmdach, ehem. Offiziersheim mit Pfeilerhalle.

Es passiert nicht oft, dass Tankstellen innerorts in einen Hausentwurf integriert werden. An einer verkehrsreichen Straßenecke in der Bahnhofsvorstadt Nordhausens gibt es dafür ein Beispiel aus den historischen Anfängen dieses Bautyps. Zwei halbrund geformte, viergeschossige Baukörper stehen sich gegenüber und lassen die Straßenecke frei für den „Tankbahnhof der Rhenania-Ossag A. G.", der sich aus zwei Richtungen präsentiert. Dynamisch schwingen das Tankstellendach und die gebogenen, rundum verglasten Erker der beiden Eckgebäude aufeinander zu. Unter dem Tankstellendach wurde in gegenläufiger Kurve mittels eingelassener Deckenlampen die Durchfahrt markiert. Besonders in der Nachtansicht muss das Ensemble in seiner Zeit einen Hauch großstädtischer Weltläufigkeit ausgestrahlt haben. Die Eckbebauung wurde absichtsvoll als Visitenkarte an zwei Einfallstraßen der Stadt projektiert und verbindet die Wohnnutzung in den beiden Kopfhäusern mit einer geschäftlichen Verwertung im Erdgeschoss.

Evangelische Kirche „Justus Jonas"

Nordhausen-Niedersalza
Hüpedenweg 54
Otto Bartning
1949–50

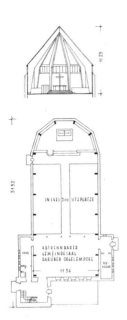

Nach der flächenhaften Zerstörung Nordhausens 1945 engagierte sich das Notkirchenprogramm des Hilfswerks der Evangelischen Kirchen (1948–51) für den schnellen Bau einer kleinen Kirche ohne Turm. Die international unterstützte Aktion erstreckte sich über alle deutschen Besatzungszonen und basiert auf drei Typen. Von den insgesamt 48 Kirchen steht in Nordhausen der „Typ B" mit polygonalem Altarraum für ca. 500 Sitzplätze. Die Materialengpässe der Nachkriegszeit zwangen zu einer optimierten Bauweise. Die Konstruktion besteht aus vorgefertigten Holzbindern aus dem Hallenbau, Dachtafeln sowie normierten Fenstern und Türen. Die Hallenbinder rhythmisieren den Innenraum und lassen Wand und Dachuntersicht zusammenfließen. Ausgemauert wurde mit gesäuberten Ziegeln aus Kriegsruinen. Die Bauzeit am Ort dauerte ca. 1–3 Wochen. Die Kosten lagen bei 10.000 Dollar. Das Gebäude in Nordhausen hat mehr als 50 Jahre überdauert. So gebrauchsfähig kann ein Provisorium sein (bronzenes Taufbecken von 1429 aus der zerstörten Petrikirche).

In der Nähe
Das frühe 20. Jahrhundert bescherte der Stadt einen weiteren Sakralraum. Die Trauerhalle mit Krematorium (Otto Rost 1927–28) auf dem Hauptfriedhof (Nordhausen-Ost, Stresemannring) überragt mittig als achteckiger Zentralraum einen quadratischen Rahmenbau. Dem expressionistischen Zeitgeschmack entsprechen das Dreiecks- und Spitzbogenmotiv in Fenstern und Türen sowie die figürlichen Fliesenreliefs von H. Giesecke.

Lit.: Bredow, J.; Lerch, H.; Otto Bartning – Materialien zum Werk des Architekten, Darmstadt 1983

Filmtheater „Neue Zeit"   NDH

Nordhausen
Töpferstraße 1
Friedrich Stabe
1953–55

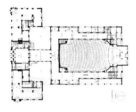

In der Nähe
In unmittelbarer Nähe befindet sich auch das neoklassizistische Stadttheater von 1913–17 (Käthe-Kollwitz-Straße 14/15, wiederhergest. 1948–52). Seine Wiederherstellung war eine der vorrangigen Maßnahmen nach dem Krieg.

Die erste Wiederaufbautätigkeit bescherte 1955 der „bisher recht kurz gehaltenen Bevölkerung" (1) Nordhausens das Filmtheater „Neue Zeit". Der Name klingt wie ein Programm für das Nordhausen nach dem Krieg. Das Raumprogramm eines Kinos ist in ein viergeschossiges Wohn- und Geschäftshaus integriert. Ein Mittelrisalit betont den Eingang zum Foyer. Der Zuschauerraum mit 800 Plätzen dehnte sich einst ins Blockinnere aus. Der Saal war mit allen Attributen eines kleinen Theaters wie Spielbühne und Orchestergraben ausgestattet. Leider können die Räumlichkeiten des Lichtspieltheaters den Geist seiner glanzvollen Kinoepoche nicht mehr direkt vermitteln. Im Inneren wurde der große Raum in kleinere Vorführräume unterteilt. Der traditionelle Baustil hat sich in der Töpferstraße nicht mehr fortgesetzt. Straßenbegleitend schließen sich nach Westen drei achtgeschossige Wohnscheiben an (W. König 1966–77).

(1) Stabe 1956, S. 479.

Wohn- und Geschäftshäuser

Nordhausen
Engelsburg, Lutherplatz
Friedrich Stabe und Kollektiv
1953–56

Nachdem die Innenstadt von Nordhausen 1945 zu ca. 80% zerstört war, wurden ganze Straßenzüge neu geschaffen. In geschlossener Bauweise sind schon in den 50er Jahren die Engelsburg und der Lutherplatz fertiggestellt worden. In der Absicht, einen städtischen Raum zu formen, werden traditionelle Vorstellungen von Straßenverlauf und Plätzen „stadtbaukünstlerisch" umgesetzt. Die dreigeschossige Straßenansicht der Engelsburg gliedert sich durch natursteingefasste Hauseingänge. Am Lutherplatz werden die Fassaden durch Brüstungen, Konsolen und Fensterlaibungen in Naturstein plastisch dekoriert. Später wird die Dreigeschossigkeit als zu niedrig bereut.(1) Die alte Stadtstruktur wird mit den späteren Wohnbauten in industrieller Bauweise bewusst verlassen. Das Postamt am Lutherplatz (Koll. H.-J. Roth 1960–61) verlässt die traditionalistische Erscheinungsart und zeigt als Verwaltungsbau eine klare, aufgelöste Fassade in sichtbarem Stahlbetonskelett mit durchgehenden Fensterbändern und einem abgesetzten Flachdach.

In der Nähe
In abfallendem Gelände hat der Architekt Paul Schultze-Naumburg 1908-09 eine Villa mit Arztpraxis entworfen, die sich durch einen kleinen eingeschlossenen Vorbereich von der Straße (Vor dem Hagentor 2) abschirmt. Der Weg von außen in den Hof führt über eine eingezogene Treppe auf das Eingangsniveau. Einen winkelförmigen Grundriss bekrönt ein Mansarddach, das zwei Etagen aufnimmt und sich nach Süden in einem hohen Giebel aufweitet.

---

(1) Vgl. Weißbarth 1965, S. 53ff.

Gaststätte „Stadtterrasse" NDH

Nordhausen
Rautenstraße
Friedrich Stabe
1960–62

In der Nähe
Der dreigeschossige Renaissancebau des Rathauses (1608–10) wurde 1883 umgebaut und 1945 zerstört. Der Wiederaufbau von 1949–52 vollzog sich in den alten Außenmauern (F. Stabe und L. Goutier). Beachtenswert aus dieser Bauphase ist der überdachte Übergang zum Stadthaus: Das sichtbare Natursteinmauerwerk des Sockels versucht, den gläsernen Aufsatz des Übergangs unbemerkt in die massive Gesamterscheinung zu integrieren.

Friedrich Stabe, der das Nordhäuser Kino „Neue Zeit" entworfen hat, vollzieht in seinem Werk innerhalb weniger Jahre den Übergang von der „Nationalen Tradition" zu einer leichten und schnörkellosen Architektur. Mit Imbiss und Freiterasse im Erdgeschoss, einem Restaurant im 1. OG und dem Tanzcafé im 2. OG hat man an das südliche Ende der neuen Rautenstraße eine pavillonartige Markierung gesetzt. Der massive, zweigeschossige Sockel zitiert die angrenzende Stadtmauer und wirkt wuchtig im Verhältnis zum verglasten Obergeschoss. Dennoch drücken die fragilen Terrassendetails und das auf Abstand schwebende Dach über dem Café die Stimmung einer beschwingten Freizeitarchitektur aus. Die Rautenstraße wurde nach einem Wettbewerb an ihrer Westseite (Koll. F. Stabe 1957–1958) viergeschossig mit Wohnbauten geschlossen und folgt abgestuft dem Straßengefälle. Ihr Verlauf wurde nach dem Krieg verbreitert und erst dann mit der Wichtigkeit einer Hauptgeschäftsstraße belegt.

Lit.: Deutsche Architektur 7/1963
Deutsche Architektur 8/1958

NDH Gedenkstätte

Ehem. Konzentrationslager Mittelbau-Dora

Nordhausen-Krimderode
Kohnsteinweg 20
Kollektiv M. Henze (Gedenkstätte)
1943–45 (Lager)/ab 1964

Im Norden der Stadt wurde seit 1917 Anhydrit im Tage- und Untertagebau gewonnen. Die Lage Nordhausens machte ab 1935 die Stollen für die Naziregierung als Rohstofflager interessant. Ein unterirdisches Tunnelsystem entstand bis zu einer Tiefe von 1800 m. Nach 1943 wurde die Einrichtung einer Fabrik im Berg betrieben, in der ab 1944 die Großrakete V2 unter unmenschlichsten Umständen gefertigt wurde. Zeitgleich wurde nebenan das Häftlingslager Dora als Außenkommando Buchenwalds eingerichtet, eine der letzten KZ-Gründungen. Das Lager zur Fabrik hatte 1944 ca. 12.000 Insassen interniert. Produktion auf höchstem technischem Niveau wurde durch vernichtende Arbeitsumstände erzwungen. Es starben bis zur Befreiung 1945 20.000 Menschen. Von den Unterkünften steht noch eine Holzbaracke, die seit 1995 eine neu gestaltete dokumentarische Ausstellung beherbergt (s. Abb. Innenraum). Erhalten ist unter anderem das Krematorium in unverputztem Ziegelmauerwerk, davor die Bronzeplastik einer stehenden Menschengruppe (J. v. Wojski 1964) aus der Zeit der DDR-Gedenkstätte.

Lit.: Fiedermann, A.; Hess, T.: Das Konzentrationslager Mittelbau Dora. Ein historischer Abriß, Berlin 1993

Ehem. Kaliwerk mit Werkssiedlungen   NDH

Bleicherode
Bleicherode Ost
Oberbergrat Freund, Schupp und Kremmer (Umbau ab 1934)
1966–69, 1990, 1992–2003

Im Jahr 1903 wurde in Bleicherode das Königliche Salzbergwerk eingeweiht, nachdem seit 1888 Kalisalze gefunden worden waren. Die Zechen- und Maschinenhäuser sowie Schachtgebäude sind in sichtbarem Ziegelmauerwerk gehalten und repräsentieren ein komplettes Ensemble historischer Industriearchitektur (Oberbergrat Freund um 1900). Das Werk wurde mehrfach ergänzt, nach 1934 von den Industriearchitekten Schupp und Kremmer. Im Umfeld des Werks entstanden mehrere Arbeitersiedlungen wie z. B. die Vienenburger Str. (1907–8, 1912–13), im Kehmstedter Weg (1938) und in der Titaniastraße (Ohl u. Vattrodt 1931). Dort wurden je fünf zweigeschossige Wohneinheiten mit eigenen Eingängen in eine größere Hausform integriert. Die interne Teilung erkennt man erst auf den zweiten Blick. Heute ist in Bleicherode der Kaliabbau eingestellt. Die Schächte werden von einer Entsorgungsbetreibergesellschaft mit Abfällen gefüllt. Die Werksgebäude wirken heute museal.

In der Nähe
Als ein Gebäude der jüngsten Zeit fällt das Werksgebäude der Firma „DEUSA" auf (ca. 1980). Das Produktionsgebäude geht über sieben Geschosse. Seine Holzlattenfassade ist mit korrosionssicheren Kupfernägeln befestigt. Die Außenhaut soll der aggressiven Luftzusammensetzung widerstehen. Das Resultat ist ein Oberflächenbild, das dem Gebäudequader trotz seiner Größe eine gewisse äußere Eleganz verleiht.

Lit.: Institut für Denkmalpflege in der DDR (Hrsg.): Denkmale der Produktions- und Verkehrsgeschichte, Teil 1, Berlin 1989

Bleicherode
Kirchstraße
*Stadtbaumeister Dockhorn;
K. Kehl; F. Ehler*
1926–37

Mit dem Wachstum Bleicherodes entstanden nach 1920 einige Gebäude in der Ortsmitte. Das Feuerwehrhaus in der Kirchstraße (Stadtbaum. Dockhorn 1933) bildet ein Ensemble aus mehreren Bauteilen. Auf einem verklinkerten Erdgeschoss liegt das verputzte Obergeschoss mit flach geneigtem, überstehendem Walmdach. Die Mannschafts- und Wagengebäude ergänzt ein voll verklinkerter Schlauchturm. Die Kirchstraße mit der Sparkasse (Nr. 3, Karl Kehl 1937) an ihrem Ende ist nach 1925 mit zeittypischen Wohn- und Geschäftshäusern bebaut worden (teilweise Klinkerverblendung sowie waagerechte Fensterformate). Die Villa Lindenstraße 13, Ecke Kirchstraße (Ferdinand Ehler 1926) ist ein mutig proportioniertes Gebäude aus einem verputzten Grundkörper mit kühn auskragender Dachtraufe sowie in Naturstein verkleideten Bauteilen für Eingang und Terrasse.

In der Nähe
Im Jahr 1930 entstand das Freibad Bleicherode (Barbarastraße 72). Es umschließt in abgetreppten Pavillons einen abfallenden Landschaftsraum mit einer leichten Holzarchitektur.

Nördliches Thüringen

Eichsfeldkreis
EIC

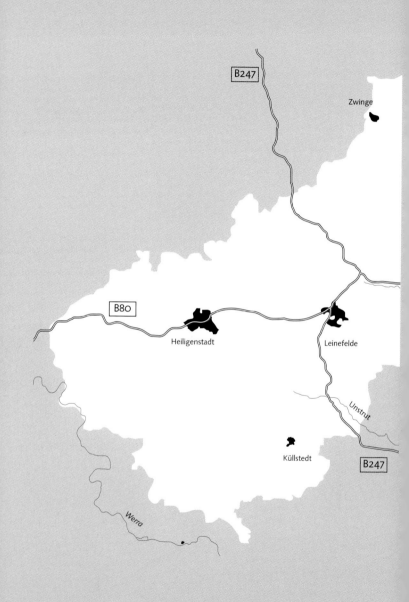

Nördliches Thüringen
Eichsfeldkreis

Heiligenstadt
Kulturhaus
Kleinmetallwarenwerk
    Solidor-Heuser GmbH

Bischofferode
Kirche „St. Mariä Geburt"

Küllstedt
Kirche „St. Georg und Juliana"

Leinefelde
Wohnquartier Südstadt
„Obereichsfeldhalle" und
    Versorgungszentrum

Zwinge
Ziegelei Zwinge

Kulturhaus
Ehem. Kreiskulturhaus „Dr. Theodor Neubauer"

EIC

Heiligenstadt
Aegidienstraße 13
F. Ollertz, G. Widder, H. Fienold
1960–63, 1964

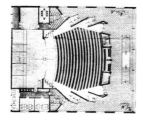

In der Nähe:
Im katholischen Heiligenstadt wurde noch 1919 ein Redemptoristenkloster gegründet, dessen Konvent und Kirche St. Gerhard (Auf der Rinne 17, Arch. A. Weinhag 1925–26) neobarocke Formen mit einer flächenhaften Bruchsteinästhetik mischt. Ein ursprünglich geplanter Turm wurde nie ausgeführt. Auffallend sind die „Hörner" des kühn geschwungenen Sprenggiebels an der Portalfassade.

Die Stadt Heiligenstadt wurde 1950 als Heilbad anerkannt, nachdem sie schon seit 1929 den Status eines Kneipp-Kurorts besaß. Die Stadt erhielt ab 1958 Förderungen, die seine Grenzlage im äußersten Westen der DDR kompensieren sollten. Im sog. Eichsfeldplan wurde der Landstrich industriell und kulturell entwickelt, um einer Abwanderung zu begegnen. Dazu gehörte auch der Bau eines Ensembles öffentlicher Bauten südlich der Altstadt von Heiligenstadt, zu dem mit der Schwimmhalle und einem Gaststättentrakt das Kulturhaus gehört. Man hat großzügig gebaut. Das Kulturhaus fasst 500 Personen in einem Zuschauerraum mit gleichmäßig ansteigenden Sitzreihen. Die Bühne verfügt über eine theatertaugliche Obermaschinerie (1), ein eigenes Ensemble gab es jedoch nicht. Das travertinverkleidete Klubhaus schließt das Kulturhaus an die Aegidienstraße an und lenkt von der voll verglasten Baumasse des Theaterfoyers ab.

(1) Vereinigung der Landesdenkmalpfleger in der BRD 1994, S. 190 f.

EIC   **Kleinmetallwarenwerk Solidor-Heuer GmbH**
Ehem. VEB Solidor

Heiligenstadt
Bahnhofstraße 5
C. Brandenburg, Werner Cordier,
W. Fieting
1921/1968–73

Ein Zeugnis der jüngeren, industriellen Geschichte Heiligenstadts ist die Anlage des Metallwarenwerks „Solidor". An die ehemalige Engelmannsche Nadelfabrik (C. Brandenburg um 1906) schließt sich das Verwaltungsgebäude in historisierender Fassadengliederung mit Sockel, zwei Hauptgeschossen und einem Attikageschoss an (W. Cordier 1921). Von 1968–73 wurde die Anlage erweitert (Entw. W. Fieting). Der Neubau umfasst vier Etagen für die Produktion und einen sechsgeschossigen Verwaltungsbau zur Bahnhofsstraße. Zwischen Stammhaus und Neubau vermittelt ein viergeschossiger Flachbau. Die glatte Erscheinung der Neubauten, die waagerechten Fensterreihen und feinen Fensterprofile lassen eine gestalterische Absicht erkennen, die insgesamt einen gut proportionierten Baukörper geschaffen hat. Gegenüber liegt die Heiligenstädter Reißverschluss GmbH (Bahnhofstraße 26), ein viergeschossiger Werksbau mit ausgefachtem, sichtbarem Betonskelett.

Lit.: Cordier, Werner: Meine Arbeiten, Berlin 1922

Kirche „St. Georg und Juliana" EIC

Küllstedt
Zöllnersgasse 3
Hochbauabt. des Preuß. Finanzministeriums, Ministerialrat Dammeier
1930–31 (Umbau)

Weil sie zu klein war, wurde 1930 die alte katholische Kirche „St. Georg und Juliana" von 1720 unter Beibehaltung des Westturms mit einem neuen Langhaus versehen. Mit 850 Sitzplätzen ist die größte Dorfkirche des Obereichsfeldes entstanden. Bemerkenswert ist das Einfließen der „Neuen Sachlichkeit" in einen ländlichen Kirchenbau. Eine Optik in grob behauenem Werkstein zieht sich über die gesamte Fassade, die ansonsten keinerlei Dekoration oder Gliederung kennt. Das Prinzip von Haupt- und Nebenschiff sowie Chor ist noch erkennbar. Im Inneren jedoch entwickelt die Konstruktion in Stahlbeton eine eigene Formensprache. Bauteile werden flächig und ohne ornamentale Überleitung aufeinander gesetzt. Es gibt weder Sockel noch Friese. Der weiße Innenraum mit einem Tonnengewölbe aus Holzbohlenbindern wirkt hell, trotz weniger Fenster. In Details kann man den Geschmack der Zeit ablesen. Buchstaben werden direkt auf die Wand geschrieben und die geometrisch klaren Türgriffe sind direkt einem Türdrückerentwurf von 1924 entlehnt, wie ihn Walter Gropius entworfen hat.

EIC   **Wohnquartier Südstadt**

Leinefelde
Lessingstraße 10–32
Forster und Schnorr
1961, 1997–99

Das Erweiterungsgebiet südlich des Dorfkerns von Leinefelde steht für die rasante Vergrößerung des Ortes nach 1961. Der Ort wuchs von 2.500 (1959) auf 16.000 (1989) Einwohner und hat 1969 Stadtrecht erhalten. Die neu gebaute Südstadt nimmt auch heute noch die Mehrzahl der Einwohner Leinefeldes auf. Seit 1995 besteht ein neuer Rahmenplan für das Plattenbaugebiet. In der Lessingstraße wurden bis 1999 120 Wohnungen saniert. Bei zwei über Eck stehenden fünfgeschossigen Wohnhauszeilen wurde der fehlende Außenraumbezug zum Thema gezielter Baumaßnahmen. Den zum Hof orientierten Eingängen wurde eine Übergangszone aus roten Ziegelmauerscheiben vorgelagert. Dem Hof abgewandt, verfügt jede Wohnung über einen Balkon in einer Stahlkonstruktion. Ebenerdige Gartenzugänge wurden den Wohnungen im Erdgeschoss zugewiesen. Es wurden zweigeschossige Wohnungstypen entwickelt, die durch das Herausnehmen von Deckenplatten verbunden wurden. Typenbauten stellen so die modularen Eigenschaften ihrer Bauteile unter Beweis.

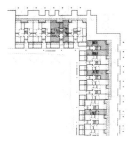

In der Nähe
Den neu gestalteten Bonifatiusplatz dominiert die katholische Kirche „St. Bonifatius" (Entw. W. Lukassek 1986–93), die als größter Kirchenneubau in der ehem. DDR gilt, jedoch erst nach 10-jähriger Bauzeit eingeweiht wurde. Daneben wurde der Gebäuderiegel Büchnerstr. 26–40 ebenfalls von Forster und Schnorr umgebaut (1999–2000). Dabei wurden zwei Etagen abgetragen, die Wohnungen und die Fassaden komplett saniert.

Lit.: Bauwelt 17/2000

Wohnquartier Südstadt, Erneuerung im Bestand EIC

Leinefelde
Hertzstraße, Einsteinstraße
Meier-Scupin und Petzet (Umbau)
1997–99

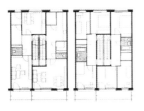

Nach einem Wettbewerb wurde dem Münchener Architekturbüro der Umbau eines Quartierteils im Süden Leinefeldes übertragen. U-förmig ordnen sich die Riegel um einen Hof, in welchem eine Zeile abgerissen und eine zweite bis auf ihr Erdgeschoss abgetragen wurde. Dort entsteht jetzt ein Bewohnerzentrum. Die Sanierung der Anlage greift in die Struktur des Bestands ein und erlaubt vier differenzierte Umbautypen. Unterschiedliche Öffnungsmuster und Materialien in der Fassade (grauer Putz, Klinker, Holzschalung) machen die Häuser unterscheidbar. Auch die Wohnungen haben etwas Eindeutiges, Charakteristisches bekommen. Zusätzliche Balkone wurden angefügt. Erwähnenswert ist ein neuer Laubengang-Grundrisstyp mit Maisonettewohnungen (s. Plan) im nördlichen Riegel. Anstelle der alten Treppenhäuser liegen hier individuelle Treppen, welche die zweigeschossigen Wohnungen intern verbinden (s. Plan). Ein auskragendes Flachdach legt sich als Endlosband über die gesamte Länge der Zeilen und fasst die Vielgestaltigkeit zusammen.

Lit.: Bauwelt 17/2000
Maak, Niklas: Unsere kleine Stadt, in: Süddeutsche Zeitung München, 29./30. Juli 2000, S. 18.

EIC „Obereichsfeldhalle" und Versorgungszentrum

Leinefelde
Zentraler Platz
H. Stöcker (1974)
Forster und Schnorr (Umbau)
1974, 1999–2000

Zwischen dem Ortskern und Leinefelde-Süd hat man 1974 mit dem Bau eines sog. Versorgungszentrums einen neuen Schwerpunkt gesetzt. Bibliothek, Stadthalle sowie neue Einkaufsmöglichkeiten sollten der vervielfachten Bewohnerschaft Rechnung tragen. Wie in Meiningen-Jerusalem wird jetzt eine gezielte Entwicklung des Neubaugebiets betrieben. Das Ensemble um die Stadthalle hat im Rahmen des jüngsten Umbaus neue Außenanlagen und ein neues Foyer erhalten. Die frühere Eingangszone zur Stadthalle wurde geöffnet. Durch große Glasflächen fließt nun der Platzraum nach innen unter ein hoch aufgeständertes Dach. Die Hallendecke besteht aus zweifach gekrümmten Beton-Schalenelementen, einer Konstruktionsweise des stützenfreien Raumabschlusses, die nach außen einen gewellten Rand zeigt. Im Foyer wurde die Raumwirkung dieser sog. HP-Schalen (hyperbolischparaboloid) sichtbar gemacht. Das Umfeld ist mit Wasserspielen und einer Baumallee neu gestaltet.

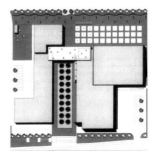

In der Nähe
Baumwollspinnerei, Zwirnerei (Koll. W. Frömder 1961–64) und Texturseidenzwirnerei (H.-J. Katzig, M. Brömer 1969–74) im Gewerbegebiet Ost waren zentrale Projekte bei der Industrialisierung Leinefeldes. In „Kompaktbauweise" wurden alle Funktionen in zwei eingeschossige, künstlich belichtete und belüftete Hallen (Baumwollspinnerei: 480 × 200 m) integriert. Die ca. 120.000 qm bebaute Fläche mit ehemals 4.600 Arbeitsplätzen ist heute das Zentrum der gewerblichen Umstrukturierung in neue, kleinere Betriebe.

Lit.: Deutsche Architektur 8/1962

Ziegelei Zwinge
Ehem. Zwinger Ziegelwerk „Jakobi"

EIC

Zwinge
Am Bahnhof 123
Konrad Riemann
(1928–29), 1951–52

In der Nähe
In Bischofferode hat ab 1900 der Kalibergbau den Ort verändert und 1993 sein viel beachtetes Ende genommen. Eine Innovation war der Teilneubau der Kirche „St. Mariä Geburt" (Kurt Matern 1930–36, Turm 1605; Hauptstraße 12). Gotisierende Spitzbögen und ein Spitztonnengewölbe in Zollinger-Holzbauweise verweisen formal auf expressionistische Kirchenbauten, z. B. von Dominikus Böhm (s. Christkönigskirche Mainz 1926).

Ursprünglich in der Nähe örtlicher Lehmgruben gegründet lag die 1990 stillgelegte Ziegelei in Zwinge Jahrzehnte in Sichtweite der deutschdeutschen Grenze. Der erste Bau (1928–29) nimmt die längs gerichtete Ofenanlage auf. An seiner Giebelseite trägt die ansonsten unscheinbare Halle senkrechte Gliederungen in Backstein. Überraschend sind die Bauteile an der Eingangsseite des Werks. Hier wurden 1948–52 am Kopf des existierenden Langhauses durch Umbau Raum für Büroräume und die Kantine geschaffen. Plastisch gerundet in Ziegelmauerwerk bilden die Zubauten sowie ein separates Pförtnerhaus den repräsentierenden Auftakt des Ensembles. Großflächige Bandfenster und Glasflächen sind bündig in die Fassade gesetzt, wie um den glatten körperhaft-skulpturalen Eindruck der Gesamtfigur zu betonen. Die gestalterischen Möglichkeiten des selbst produzierten Backsteins illustriert die Reliefdarstellung eines Ziegelwerkers.

Nördliches Thüringen

Unstrut-Hainich-Kreis
UH

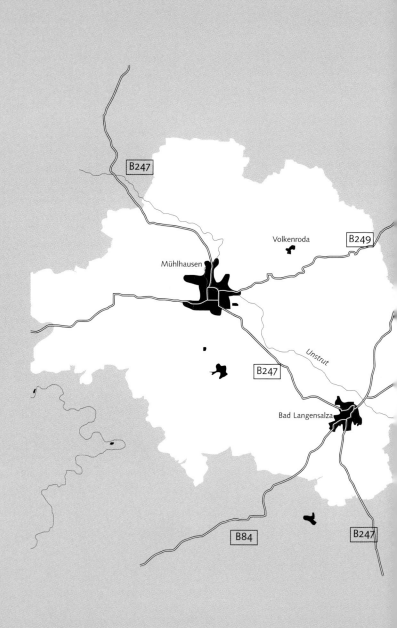

Nördliches Thüringen
Unstrut-Hainich-Kreis

Mühlhausen
Geschäftshaus „Thuringia-Haus"
„Neuer Friedhof" und Krematorium
Geschäftshaus
 Ehem. Elektr. Überlandzentrale
Wohnbebauung
 „Thomas-Müntzer-Haus"
Wohnhaus Schillerweg 11
Kreissparkasse

Bad Langensalza
Bade- und Kurmittelhaus

Bruchstedt
Dorfanlage

Volkenroda
Tagungsstätte und Kloster

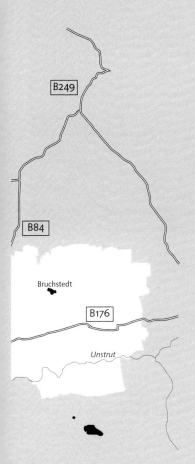

Geschäftshaus „Thuringia-Haus" UH
Ehem. Thuringia-Lichtspiele

Mühlhausen
Steinweg 5
Friedrich Fischer
1928

In der Nähe
Schräg gegenüber in der Pfarrei der Marienkirche (Bei der Marienkirche 9) wurde der Architekt Friedrich August Stüler (1800–1865) geboren. Seine Karriere begann er in Mühlhausen. Später förderte ihn Karl Friedrich Schinkel in Berlin, von wo aus er in den Groß- und Hauptstädten Europas Großaufträge ausführte.

Das Thuringia-Haus fällt auf durch seine ornamentfreie, in Naturstein gefügte Straßenansicht. Die einzigen Gliederungselemente der flächigen Fassade sind waagerecht auskragende Steinlagen im ersten Obergeschoss. Im Vergleich mit den Nachbarn wird die Radikalität sichtbar, die das Haus mit seiner durchgängigen, glatt gefügten Travertinhaut vertritt und dessen Fenster keine Sturzprofile oder Rahmenelemente aufweisen. Als Kombination von Kino, Bierrestaurant und Café entsprach es einmal dem Vertriebskonzept der Bauherrin, der Brauerei Thuringia. Heute ist im Inneren davon nichts mehr zu ahnen. Das Thuringia-Haus spiegelt ähnlich wie das Geschäftshaus „Endepols", Steinweg 73–74 (A. Marocke 1927–28), einen neuen Maßstab bezüglich Traufhöhe und Hausbreite in der Innenstadt Mühlhausens wider. Das ältere Kino der Stadt ist der Central-Filmpalast (Stätte 1b, Carl Fugmann 1927). Den Vorgängerbau von 1911 ersetzte dort ebenfalls ein gastronomisch-cineastischer Geschäftsmix mit dem Café „Central", das von Anfang an Bestandteil des Kinos war (Abb. li.).

Lit.: Mühlhäuser Beiträge, Bd. 6, 1983

„Neuer Friedhof" und Krematorium

Mühlhausen
Eisenacher Landstraße
Stadtbaurat Huß
1928–29

Clemens Holzmeister beendet 1923 in Wien sein Krematorium auf dem Zentralfriedhof, ein Schlüsselwerk des Expressionismus. Es kann mit seinen Zinnen, Spitzbögen und der Inszenierung von Raumabfolgen Vorbild gewesen sein für den neuen Friedhof in Mühlhausen. Hier entstand eine Anlage mit einem Krematorium im Kreuzungspunkt der Hauptwegachsen. Der Bau wird dominiert von einem erhöhten Kapellensaal auf einem natursteinverblendeten Sockel, der an den Ecken von vier flacheren Bauten eingerahmt wird. Im Inneren finden sich Reliefs von Walter Krause, einem Schüler Adolf von Hildebrands, der auch den Eva-Brunnen am Ende der westlichen Querachse des Friedhofs gestaltet hat. Spitzbögen prägen die Gesamterscheinung sowohl der Kapelle als auch der Nebengebäude am Eingang. Im folgenden Jahrzehnt baute Stadtbaurat Huß noch weitere Beispiele mit den charakteristischen Spitzbögen wie z. B. die Kreissparkasse in der Brückenstraße (1935) und das Doppelpfarrhaus am Petriteich (1936–37).

Lit.: Bauwelt 6/1930
Mühlhäuser Beiträge, Bd. 8, 1985

Geschäftshaus
Ehem. Elektrische Überlandzentrale GmbH Mühlhausen

UH

Mühlhausen
Wanfriederstraße 1
Baufirma Louis Müller A. G.
(Umbau)
1930

Der Umbau eines bestehenden Hauses zum Ladenlokal mit Werkstatt an einer Ausfallstraße vermittelt wichtige Stilmittel der frühen Moderne. Die auffällige Erscheinung des verglasten und verlängerten Erdgeschosses wird von einem doppelten, beleuchteten Schriftband über der Schaufensterzone unterstützt. Der Schauraum rechnet mit den Blicken der Vorbeifahrenden. Seine Horizontalität mündet in eine Halbrundform, was damals ein typisches und modisches Motiv für „gebaute Dynamik" war. Über dem verglasten Erdgeschoss liegt eine Terrasse, deren Geländer mit dünnen, waagerechten Linien den Schwung des Halbrunds wiederholt. An der Gebäudeecke setzt eine senkrechte Lichtreklame einen zusätzlichen Akzent. Mit den einfachen Mitteln einer „Lichtarchitektur", die bewusst auf die Nachtansicht setzt, hat sich hier modernes Bauen mit dem modernen Inhalt der Elektrischen Überlandzentrale GmbH gepaart. Die Lichtreklame trug einst Wörter wie „Licht, Kraft, Lampen, Motoren", allesamt Fortschrittsmetaphern der damaligen Zeit.

UH — Wohnbebauung „Thomas-Müntzer-Haus"

Mühlhausen
Bahnhofstraße 25–27
C. Hasert
1930–31

Die Baugenossenschaft „Arbeiterwohlfahrt" hat mit dem Th.-Müntzer-Haus einen Komplex erstellt, dessen beide Teilbauten die Ecke Bahnhofstraße/Th.-Müntzer-Straße markieren. Die schlichten viergeschossigen Bauten gliedern sich allein durch ihre Treppenhäuser, die in Gaupen über die Dachtraufe ragen. Die Eingänge werden mit allegorischen Reliefs geziert, die, eigenartig vermischt, eine Kombination aus Tugenden und guten Wünschen darstellen (z. B. „Brüderlichkeit", „Kinderglück", „Genie"). Dem Programm des genossenschaftlichen Bauherrn entspricht es auch, das an der südöstlichen Ecke eine Ladenfiliale der Konsumgenossenschaft integriert war. Hier bezeichnen waagerechte Dekorstreifen zwischen den Fenstern die Hausecken und heben ein Kopfgebäude hervor, das außerdem eine Reliefdarstellung Th. Müntzers ziert. Die Rückansicht verzichtet vollkommen auf eine Gliederung oder Balkons. Die schlichten Wohnungen hatten jedoch ihr eigenes Bad mit Toilette.

In der Nähe
Das Wohnhaus Thomas-Müntzer-Str. 23 (August Schreiber 1924–25) adaptiert konsequent die expressionistischen Strömungen seiner Zeit. Vom quadratischen, doppelt symmetrischen Grundriss mit polygonen Erkern bis zur Zaunlatte unterwirft sich der ganze Bau in vielen noch erhaltenen Details einer formalen Linie.

Lit.: Mühlhäuser Beiträge, Bd. 6, 1983
Mühlhäuser Beiträge, Bd. 8, 1985

Wohnhaus Schillerweg   UH

Mühlhausen
Schillerweg 11
Alfred Marocke
1934–35

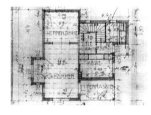

In der Nähe
Zu beachten sind auch die Doppelhäuser der Gemeinnützigen Flüchtlings-Baugenossenschaft „Neue Heimat" von Alfred Marocke im Schillerweg 54–55, 63–64, 65–66 und 69–70 (1923–25). Am Ende des Schillerwegs wurde bergseits 1928 ein Gefallenendenkmal für die Toten des I. Weltkriegs errichtet, dessen bastionartiges Plateau einen Blick über die ganze Stadt freigibt (Arch. Carl Ch. Lörcher).

In der Folge der Bebauung am Stadtberg steht das Haus Schillerweg 11 stellvertretend für eine nicht mehr historisierende Bauweise einiger Villen und Einfamilienhäuser im Schiller- und Goetheweg. Der Architekt Alfred Marocke, der in Mühlhausen viele Villen gebaut hat, wird auch hier als Architekt genannt. Bemerkenswert ist die Stilentwicklung des Marocke'schen Werks. Während er in den 20er Jahren (z. B. Schillerweg 52 und 53) noch alle Spielformen des Villentyps als Schlosszitat beherrscht, verwendet er hier eindeutig die Kompositionsideen der Moderne. Aus kubischen Körpern setzt er eine Hausfigur zusammen, die keine eindeutige Vorder- oder Rückseite erkennen lässt. Vielmehr lebt der Entwurf von über Eck gestellten Elementen wie Fenstern und der Terrasse, was dem Haus seine Massivität nimmt. Das Spiel der Kubatur findet freilich unter einem gewalmten Dach statt. Der Überlieferung zufolge wurde ein Flachdach projektiert, das von den Behörden jedoch als „jüdischer Baustil" abgelehnt wurde.

Lit.: Mühlhäuser Beiträge, Bd. 8, 1985

UH · Kreissparkasse

Mühlhausen
Brückenstraße 5/5a
Stadtbaurat Huß
1935

Der Architekt der Friedhofsanlage an der Eisenacher Chaussee setzt auch hier den Spitzbogen für die Arkaden des eingezogenen Eingangsbereichs ein. Er verwendet ein Versatzstück, das eigentlich zehn Jahre früher „en vogue" war. Ob er damit bewusst einen Repräsentationsstil des 3. Reichs umgeht oder ob im Hinterland des Zeitgeschmacks die Uhren einfach langsamer gingen, ist nicht auszumachen. Das Haus strahlt eine würdige, handwerkliche Solidität aus, besonders in den Steinmetzarbeiten des Erdgeschosses (Reliefs von Walter Krause). Der dreieinhalbgeschossige Aufsatz über dem Eingang ist der Versuch, aus der Traufhöhe der Bebauung auszubrechen und ein gemildertes Turmhausmotiv zu platzieren.

Eine frühere Niederlassung der Sparkasse befindet sich am Lindenbühl 24 (Baurat Habicht/Berlin 1908–09). Wenig behauene Quader fassen dort die hochformatigen, großen Fenster des Hauptgeschosses. Die grob wirkende Verwendung von Werkstein unterstreicht hier den martialischen Charakter eines Bankgebäudes.

In der Nähe
Beim Doppelpfarrhaus der St.-Petri-Gemeinde am Petriteich 20/20a (Stadtbaurat Huß 1936–37) lag es nahe, den Spitzbogen als charakteristisches Kirchenbaumotiv einzusetzen. Zwischen Pfarrhaus und Gemeindesaal vermittelt ein turmähnlicher Bau über dem Eingang - ein Element, das der gleiche Architekt schon beim Entwurf der Kreissparkasse verwendet hat.

Lit.: Mühlhäuser Beiträge, Bd. 8, 1985

Wiederaufbau Dorfanlage UH

Bruchstedt
Dorfanlage
E. Gißke (Leitung)
1950

In der Nähe
Im nahen Langensalza baute man 1927–28 ein Bade- und Kurmittelhaus (Karl-Liebknecht-Platz 1, Hugo Gernandt). Man kleidete das Schwefelbad in ein historisierendes Gebäude mit hohen geschieferten Walmdächern. Drei Ecktürme erinnern an die Stadtbefestigung, deren Wallanlagen den angrenzenden Park bilden. Der Bau öffnet sich nicht ausdrücklich nach Luft und Sonne, sondern präsentiert sich geschlossen mit vielen Einzelfenstern.

In der Nacht zum 24. Mai 1950 wurde das Dorf Bruchstedt durch Unwetter fast völlig zerstört. Acht Tote waren zu beklagen. Der schnelle Wiederaufbau war ein Lehrstück an Solidarität in der jungen DDR. Der Schriftsteller Willi Bredel hat die Bewältigung der Katastrophe in seiner Reportage „Fünfzig Tage" (Berlin 1950) beschrieben. Die Berichte über die Hilfe aus dem damals noch existierenden Land Thüringen bestätigen den Einsatz hunderter Freiwilliger. Gebaut wurden noch im selben Jahr die Schule (heute Förderschule, am Bahnhof 40), der Kindergarten, ein Kulturhaus (Abb. li.) des Kollektivs H. Schaub, G. Haubenreißer, A. Bartholomäus sowie 10 Hofstellen. Der Zeitdruck und die Umstände des Wiederaufbaus werfen ein Licht auf die architektonische Sprache von Notbauten der damaligen Zeit. Charakteristisch sind die traditionellen und einheitlichen Gebäudeformen, die man mit Laien und örtlichen Handwerkern errichten konnte. Dabei sind auch zehn neue Bauernhöfe eines einheitlichen Typs entstanden, der mit den Neubauernhöfen der Zeit vergleichbar ist (Straße nach Blankenburg).

Lit.: Demokratischer Aufbau 9/1950
Heimatschutz 6/1928

Tagungsstätte und Kloster

Körner-Volkenroda
Volkenroda
*Günter Hornschuh,
Planungsgruppe Stieldorf*
1996–97

Die Gründung des Zisterzienserklosters Volkenroda geht auf das Jahr 1130 zurück. Der Komplex erlebte seither einige Zerstörungen, wie im Bauernkrieg 1525 oder im 30-jährigen Krieg 1641 und verfiel seit der Säkularisation. Was geblieben war, wurde bis 1989 vernachlässigt. Durch das Engagement der Anwohner und der neuen Besitzer, der Jesus-Bruderschaft Gnadenthal, wurden die Reste ab 1990 gesichert, besonders der übrig gebliebene Hauptchor und das Querhaus der alten Abteikirche. Hier entstand ein heller Kirchenraum, dessen Anschluss an das nicht mehr vorhandene Langhaus komplett verglast ist. An der Südseite des Querhauses schließt das neue Konventsgebäude an. Sein gläsern ausgefachtes Stahlskelett steht auf Abstand zu den Mauerresten und kontrastiert die Massivität des Bestands. Der Ökumenische Pavillon der EXPO 2000 in Hannover (von Gerkan, Marg + Partner) wird in Volkenroda 2001 wieder aufgebaut. Er wird die alte Ausdehnung des Klosters räumlich simulieren.

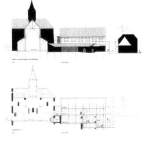

Lit.: Baukultur 4/1997

Südliches Thüringen

Stadt Suhl
SHL

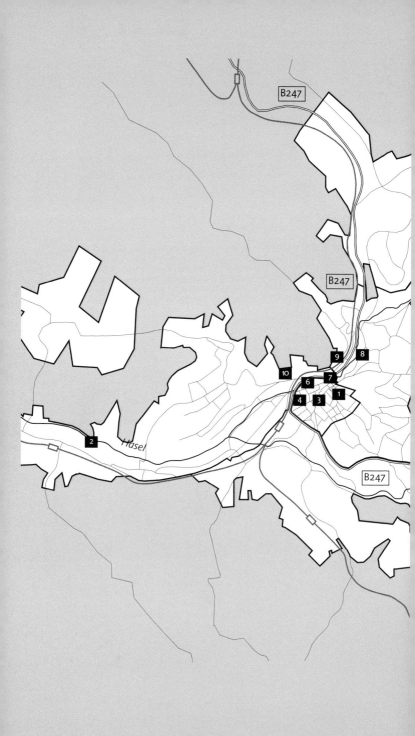

Südliches Thüringen
Stadt Suhl

Suhl
1. Bekleidungshaus K & L Ruppert
3. Thüringer Philharmonie
4. Bürohaus Ehem. Haus der Gewerkschaften
5. Wohngebiete I und II Ilmenauer Straße
6. Congress Centrum Suhl
7. Kaufhaus „Kaufhof"
8. Ensemble Neues Rathaus
9. Wohnbebauung Th.-Neubauer-Straße
10. Arbeitsamt

Suhl Heinrichs
2. Torhaus zum Simson-Gewerbepark

Bekleidungshaus K & L Ruppert
Ehem. Kaufhaus des Konsumverbands

SHL

Suhl
Markt 12/Ecke Pfarrstraße
Carl Otto
1928–29

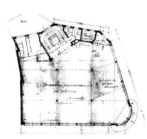

Das ehem. Konsumkaufhaus kann im Zusammenhang mit weiteren Thüringer Kaufhausbauten der Zeit gesehen werden (s. Gotha, Erfurt, Ilmenau). Die abgerundete Gebäudeform der Straßenecke verkörpert äußerst abgemildert den gläsernen Schwung, der den Typus Kaufhaus damals fernwirksam erkennbar machte. Leider sind bei der jüngsten Renovierung die runden Eckfenster durch gerade Scheiben ersetzt worden. Kaufhausbauten reagierten in den 20er Jahren in ihrer Erscheinung schnell auf neue Architekturtendenzen. Dennoch schwankt das Suhler Beispiel zwischen einer senkrechten Stützengliederung der Fassade und der Transparenz durchlaufender Fensterbänder. Der Entwurf stellt die Gebäudeecke mit dem Haupteingang frei und bekrönt den Bau mit einem Walmdach über einem zurückgesetzten Dachgeschoss. Der Bau bleibt traditionell im Vergleich zur glatten, konsequenten Horizontalität der zeitgleichen Vorbilder, etwa dem Kaufhaus Schocken in Chemnitz (E. Mendelsohn 1928).

Lit.: Schleiff, Heinrich: Denkmale in Suhl. Gedenkstätten und historische Bauwerke in der Bezirksstadt, Suhl 1985

SHL   **Torhaus Simson-Gewerbepark**
Ehem. Kulturhaus und Ausbildungsstätte

Suhl-Heinrichs
Meininger Straße 222
F. Flakowski
1938–39

Ursprünglich gebaut als Betriebsberufsschule übernimmt die symmetrische Anlage gleichzeitig die Funktion des Torhauses für das dahinter liegende Werksgelände. Im Zentrum steht der große Veranstaltungssaal. Mit dem Baujahr lassen sich sowohl die Sachlichkeit als auch die Strenge der Erscheinung erklären: Die großen Fensterflächen, welche die Fassade auflösen, machen von den konstruktiven Möglichkeiten des Stahlbetons Gebrauch. Das flach wirkende Dach scheint keiner architektonischen Glaubensrichtung entsprungen zu sein, sondern eher dem praktischen Kalkül, in einer industriellen Umgebung nicht aufzufallen. Hingegen weist der vorspringende Mitteltrakt mit seinen Mauerpfeilern und den Seitenflügeln auf eine bewusst gewählte repräsentative Solidität hin. Heute befinden sich im Torhaus zum Simson Gewerbepark ein Café und die Ausstellungsräume eines Fahrzeugmuseums. Die Schulräume werden auch heute noch für Weiterbildung genutzt.

In der Nähe
Die Ausstellungshallen (G. Schulz, Konstr. S. Speer, O. Büttner 1969) am Beginn der Meininger Straße gegenüber dem Wohngebiet Aue waren einmal der Präsentationsrahmen für die Produkte der Suhler Industrie. Ein räumliches Stabtragewerk überspannt vier Einzelhallen. In Sgraffiti über den Eingängen werden die örtlichen Erzeugnisse, besonders Motorräder und Feuerwaffen, gewürdigt.

Thüringer Philharmonie
Ehem. Kulturhaus „7. Oktober"

SHL

Suhl
Bahnhofstraße 8/
Platz der Deutschen Einheit
Hermann Räder und Kollektiv.
1955–57

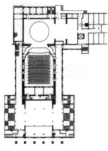

In der Nähe
Schon 1953–55 baute sich das Suhler Fahrzeug- und Jagdwaffenwerk das Klubhaus „Ernst Thälmann" mit Veranstaltungs- und Speisesaal (Bahnhofstraße 14, A. Brunnenberg u. Koll.). Mit einer Attika über dem Dreifach-Portal des Eingangs und einem umlaufenden Konsolengesims verbreitet es eine behäbige Feierlichkeit. Eigenwillig ist der Anbau des Hauses der DSF (heute: Interclub Suhl) in der Bahnhofstraße 10 (U. Pflänzel 1981–82). Zusammengesetzt aus Quadern sucht der Zubau den Kontrast zum Bestand.

Es ist erstaunlich, wie sachlich der Architekt Hermann Räder vier Jahre früher im Fall des Kulturhauses Ruhla noch gebaut hat. In Suhl pflegten er und sein Kollektiv einen festlichen Klassizismus. Im Jahr 1955, dem Baubeginn des Kulturhauses Suhl, wurde offiziell für die DDR verfügt, dem Dekorstil abzuschwören und fortan schneller und billiger zu bauen. Dennoch entstand das Kulturhaus Suhl mit Säulenvorbau und Dreiecksgiebel. Als Industriestadt verfügte Suhl auch nicht über das kleinste Hoftheater. Der Bau schließt den neu geschaffenen Ernst-Thälmann-Platz mit einer breiten Freitreppe ab. Die neue Bezirksstadt hat im Kulturhaus „7. Oktober" ihr erstes Theater mit Drehbühne und Bühnenturm, welcher vom Platz aus kaum zu sehen ist. Die Baumasse ist so geschickt getrennt, dass der Bühnenturm mit Verwaltung und Volkshochschule in die Bebauung der bergseitig gelegenen Bahnhofstraße integriert wird. Heute beherbergt das Haus die Thüringer Philharmonie Gotha-Suhl und ein Kino.

Lit.: Vereinigung der Landesdenkmalpfleger in der BRD (Hrsg.): Historische Theater in Deutschland. Östliche Bundesländer, Bd. 2, Erfurt 1994

SHL **Bürohaus**
Ehem. Haus d. Gewerkschaften

Suhl
Platz der Deutschen Einheit 4
*Roland Schenk und
Ehrenfried Schacke*
1959–63

Den ehem. Thälmannplatz besetzte zuerst das Kulturhaus mit seinem säulengestützten Giebel und eröffnete die Ausdehnung eines „sozialistischen Forums".(1) An seiner nordwestlichen Platzseite entstand sieben Jahre später ein Ensemble, das die Schnörkellosigkeit einer internationalen Nachkriegsmoderne verkörpert. Leicht zurückspringend und mit einem Arkadengang versehen, vermittelt das Haupthaus zwischen dem Platz und der Friedr.-König-Straße. Zur Bauzeit hatte sich der neoklassizistische Formenkanon wieder verabschiedet. Die Anlage aus einem drei- und einem siebengeschossigen Bürohaus trägt eine klare Gliederung der Baukörper. Im Süden schlossen sich Konferenzräume und Gastronomie an. Man entdeckt feine Details: die senkrecht betonte Platzfassade, deren Betonrahmen in fünfgeschossigen Lisenen nach außen tritt, die Mosaike in den Brüstungsfeldern, das geschmiedete Balkongitter an der Stirnseite und schließlich das Flugdach, das als Erkennungszeichen einer beschwingten Betonbauweise das Gebäude krönt.

In der Nähe
Die Südostseite des Platzes flankiert das Hotel „Thüringen-Tourist" (Haus Nr. 2, H. Luther 1963–65). Zusammen mit dem Kaufhaus und einem 12-geschossigen Hochhaus (H. Grimm, K. Angermüller 1966–67) als „Vertikalakzent" entstand um den Herrenteich eine Städtebaukomposition, die den neuen Maßstab Suhls wesentlich prägt.

---

(1) Angermüller; Triebe; Lenz 1969, S. 74.

Ilmenauer Straße, Wohngebiete I und II

Suhl
Ilmenauer Straße
H. Räder, H. Grimm, G. Sittig (I);
G. Benecke und Kollektiv (II)
1954–62 (I) und 1975–79 (II)

In der Nähe
Das Wachstum Suhls schlug sich nach 1950 außerdem nieder in Stadterweiterungen am Schwarzwasserweg (K. Angermüller u. Koll. 1967–70) oder Suhl-Nord (G. Benecke, P. Seifert u. Koll., ab 1978). Im Tal der Lauter haben sich innenstadtnah die Siedlungsteile Aue I und II (Meininger u. Würzburger Straße, K. Angermüller u. Koll. 1963–71 u. 1970–76) mit über 2.500 Wohnungen und bis zu 14-gesch. Wohnhäusern entwickelt.

Augenscheinlich sind hier unterschiedliche städtebauliche Auffassungen ablesbar. In den 50er Jahren wurde mit straßenbegleitender Bebauung, Hofbildungen sowie der Gliederung von Fassaden durch Risalite, Erker, Sockel und Gesimse (Abb. o. li.) ein traditioneller Stadtbegriff umgesetzt. Die Bauweise hieß monolithisch, also Stein-auf-Stein, und stand in der späteren DDR schon bald für „altmodisch". In der ansteigenden Verlängerung der Straße verwirklichte das Quartier Ilmenauer Straße II Maßgaben der Moderne – Zeilenbebauung senkrecht zur Straße, also Entkoppelung der Siedlung vom Verkehr, gleichmäßige Ausrichtung zur Sonne. Die Hangbebauung im Suhler Norden profitierte zudem von einer gleichmäßigen Ausrichtung zur Aussicht ins Tal. Dass sich der gleiche sechsgeschossige Wohnbautyp P2 an anderen Orten wiederfindet, z. B. in Ilmenau im Wohngebiet Auf dem Stollen, ist ein Kennzeichen der damals republikweiten typisierten und rationalisierten Fertigung von Wohnhäusern.

SHL

Congress Centrum Suhl
Ehem. „Stadthalle der Freundschaft"

Suhl
Friedrich-König-Straße 7
*H. Luther und Kollektiv;
Zeidler, Roberts Partn. (Umbau)*
1977–82/1992–1995

Wie sich nach der Verwaltungsreform von 1952 die „traditionsreiche Arbeiterstadt" (1) zur Hauptstadt des südlichsten Bezirks der DDR entwickelte, lässt sich an der Versorgung mit großstädtischen Bauaufgaben ablesen. Das Tal der Lauter wurde westlich des Ortskerns mit Wohnhochhäusern besetzt. Das Herzstück der Veränderungen war das Ensemble um die „Stadthalle der Freundschaft" (1969–72), heute „Congress Centrum Suhl". Den ursprünglichen Namen trug sie, weil die Seildachkonstruktion des 50 m durchmessenden Rundbaus von einem Leningrader Institut entwickelt worden war.(2) Mit dem jüngsten Umbau haben sich Name und Nutzung der Halle den neuen Erwartungen angepasst. Die Umbauung mit einer Laden-Galleria zum „Platz der deutschen Einheit" sowie einem Parkhaus an der Rückseite lassen die Kreisform der Halle zurücktreten. Abgetragen und eingelagert sind die Wandbilder des ehem. Gaststättenkomplexes, darunter die Darstellung „Der internationale Charakter der Offensive des Marxismus-Leninismus" von Willi Sitte (1976–77).

In der Nähe
Die ehem. Schwimmhalle (Arch. U. Möckel 1977–79) trägt nach dem Umbau den Namen „Ottilienbad". Das 26-geschossige Wohnhochhaus am Viadukt (Arch. H. Luther u. Koll. 1977–82), welches das Ensemble mit einem senkrechten Merkpunkt versah, wurde mittlerweile um 10 Geschosse verkürzt und zum „Congresshotel" umgebaut (Umbau: Zeidler, Roberts u. Partner 1996–98).

---

(1) Angermüller; Triebe; Lenz 1969, S. 74.
(2) Luther 1972, S. 488.

Kaufhaus „Kaufhof"
Ehem. Kaufhaus „Centrum"

SHL

Suhl
Friedrich-König-Straße 11
*H. Luther und Kollektiv;
Bauabteilung Kaufhof*
1966–69, 1990, 1992–93

Der Typ des frei stehenden Kaufhauses mit einer Schleierfassade aus Leichtmetall taucht nach 1965 in der ganzen DDR auf. Egon Eiermann wendet in Westdeutschland die stockwerksunabhängige, aufgelöste Außenhaut schon beim Neubau des Kaufhaus Merkur in Stuttgart an (1951–60). In Suhl folgen auf zwei transparente Sockelgeschosse zwei Verkaufsebenen. Das Dach des Gebäudes wurde früher als Restaurant, Terrasse und Kindergarten genutzt (s. Dachgeschossgrundriss). In seiner vermittelnden Lage am Höhenversprung zwischen Altstadt und der Friedrich-König-Straße funktioniert auch das heutige Kaufhaus noch. Der jüngste Umbau zeigt sich nach außen zurückhaltend, hat jedoch ein großes Fenster zur Stadt geöffnet. Das Eingangsniveau setzt sich in einer gebäudeumschließenden Plattform fort. An der südöstlichen Ecke dieser auskragenden Fußgängerebene findet sich die „schwebende Fächertreppe" von W. Dörsch, eine handwerkliche Anfügung an ein Gebäude, das ansonsten seine serielle Bauweise nicht leugnet.

Lit:: Deutsche Architektur 10/1970

SHL   **Ensemble Neues Rathaus**
Ehem. „Haus der Partei"

Suhl
Friedrich-König-Straße 42
E. Simon/E. Langguth u. Kollektiv
1969–71

Die Komposition aus einer siebengeschossigen Hausscheibe, einem davor gestellten Veranstaltungspavillon und dem vierzehngeschossigen Wohnhaus dahinter wirkt wie aus dem Baukasten genommen. Im Zusammenspiel verschiedener Baukörper zeigt sich, wie Ende der 60er Jahre Städtebau als plastische Anordnung von Objekten verstanden wurde. Das verglaste vorgelagerte Eingangsgebäude trägt dazu bei, dem dahinter liegenden Rathaus (vorm. Haus d. Partei) eine Ausrichtung zu geben. Man wünscht dem Behördenhaus ein ruhigeres Vorfeld, auch wenn die Straßenansicht vom vorbeifahrenden Auto sicherlich einmal beabsichtigt war. Als Visitenkarte des neuen Suhl wurden entlang der Theodor-Neubauer-Straße und der ehem. Wilh.-Pieck-Straße alle wichtigen, neu gebauten Errungenschaften aufgereiht sichtbar. Die Abfolge der Hochhäuser findet am Rathaus ihren Endpunkt. Übrigens spielte auch der Blick von den unmittelbar umliegenden Bergen bei der Planung des neuen Suhls eine entscheidende Rolle.

Wohnbebauung SHL

Suhl
Th.-Neubauer-Str., Fr.-König-Straße
B. Keßler, H. J. Nessel; H. Luther
1969–70 u. 1971–76

In der Nähe
Eine neue städtebauliche Tendenz ist
Ende der 80er Jahre zu beobachten.
Jetzt wurde auch in Suhl die Altstadt
zum Maßstab für Wohnungsneubauten.
In der Rimbach-, Bosch- und Backstraße
(V. Ortleb 1988–90) wurden östlich der
Innenstadt Straßenfolgen, Gassen und
Plätze gebildet. Nach der Wende setzte
man die mittelalterliche Stadtstruktur
mit Neubauten fort, jetzt jedoch ohne
(sichtbare) Fertigteile.

Mit der Erweiterung des Stadtzentrums westlich des alten Ortskerns war nach 1969 auch eine „autogerechte" Verkehrsplanung verbunden. Die Fernverkehrsstraße 247 löst erst in jüngster Zeit ihre geplante Auslastung lautstark ein. Die Wohnbauten, welche die Stadtumfahrung säumen, vermitteln in mehreren Typen unterschiedliche Absichten. Die viergeschossigen, straßenbegleitenden Zeilen der nördlichen Fr.-König-Str. (1969–70, B. Keßler, H. J. Nessel u. Koll.) bilden mit Geschäften im Erdgeschoss eine Wand gegen die Bahnlinie und den Domberg (gr. Foto). 1971–76 folgt in der Th.-Neubauer-Straße (Nr. 9–17) eine Reihe von vierzehngeschossigen Punkthäusern nach dem Entwurf von H. Luther. Zusammen mit dem Hochhaus am Viadukt und anderen Hochbauten wurde angestrebt, das „Stadtzentrum zum Höhepunkt der gesamten Stadtkomposition werden zu lassen."(1) Mit ihren nach Südwesten ausgerichteteten Balkonfassaden war die Reihe der Suhler Hochhäuser einstmals Bedeutungsträger eines neuen, städtischen und zukunftsfrohen Lebensstils (s. Abb. S. 289 u. 291).

(1) Angermüller; Triebel; Lenz 1969, S. 77.

SHL

Arbeitsamt

Suhl
Werner-Seelenbinder-Straße 8
K. u. P. Ackermann und Partner
1996–98

In der Stadt Suhl steuerte die Zeit nach 1950 eine in Thüringen beispiellose Häufung städtischer Bauaufgaben bei. Die Veränderungen nach 1989 fügten einen neuen Typ von Verwaltungsgebäuden hinzu, dessen Notwendigkeit überholt geglaubt schien. Das Arbeitsamt Suhl zeugt mit seiner Dimension von einem Verwaltungsbedarf nach den Strukturumwandlungen der 90er Jahre. Die ungefähr 15.000 qm Hauptnutzfläche gliedern sich in einen über 75 m langen Hauptriegel sowie drei hangseitige Quergebäude. Die Erscheinung zur Werner-Seelenbinder-Straße erfährt durch einen leichten konkaven Knick und einen versetzten Dachabschluss das entscheidende Raffinement. Durchlaufende Fensterbänder und gewelltes Aluminium sprechen die Sprache einer sachlichen, fast unterkühlten Architektur. Die rundum verlaufenden Fluchtbalkone der viergeschossigen Fassade lösen jedoch die Oberfläche des Gebäudes auf. Augenfällig wird eine Offenheit vermittelt, die man von einem Arbeitsamt nicht unbedingt erwartet.

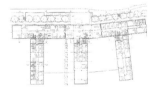

In der Nähe
Einen weiteren großen Verwaltungsbau der jüngeren Zeit haben die Architekten von Gerkan, Marg und Partner im Süden Suhls für die Deutsche Telekom entworfen (1995–97, Neuer Friedberg 5). Von Norden empfängt ein konkav halbkreisförmiger Gebäudebogen den Ankommenden. Nach Süden gliedert sich die Baumasse in eine kammartige Struktur. Die markant autonome Form will trotz der Umgebung eines Gewerbegebiets „Identität" schaffen.

Südliches Thüringen

Ilmkreis
IK

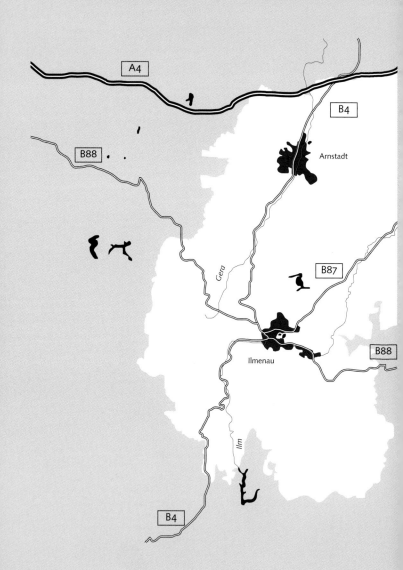

Südliches Thüringen
Ilmkreis

Arnstadt
Wohnanlage „Fasanengarten"
Wasserturm
Milchhof

Arnstadt-Rudisleben
„Chema"-Bürogebäude

Ilmenau
Kaufhaus „NKD"
Wohnhaus Ehem. Haus Schmidt
Festhalle mit Park
Technische Universität, Campus Ehrenberg
Technische Universität Ilmenau, Curiebau

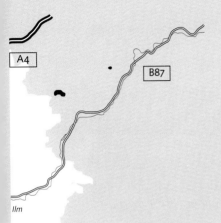

Wohnanlage „Fasanengarten" IK

Arnstadt
Fasanengarten 1–9
Anton Acker
1921–1923

In der Nähe
Arnstadt, Lohmühlenweg 2, Haus Minner, Arch. Paul Schultze-Naumburg 1909–10.
 P. Schultze-Naumburg, der bekannte Publizist und Kulturtheoretiker, zählt zu den Vertretern der Heimatschutzbewegung. Jugend- und Lebensreformbewegung der Jahrhundertwende prägten ihn. Das Haus im Lohmühlenweg ist ein typisches Beispiel für kleinere Wohnhäuser P. Schultze-Naumburgs und dessen Orientierung an der biedermeierlichen Bürgerwohnkultur um 1800.

In Randlage zum mittelalterlichen Siedlungskern und in unmittelbarer Nachbarschaft zum ehem. Schlossbezirk Arnstadts entstanden 56 Wohnungen für Beamte, Angestellte und Arbeiter. Die Initiative zum Bau auf dem Terrain der ehem. Fasanerie kam, wie für die ersten Jahre nach dem Weltkrieg typisch, von der Stadtverwaltung. Eine maßgebende Rolle spielte der damalige Stadtbaumeister Anton Acker, der darüber hinaus als Architekt verantwortlich zeichnete. Der Ortsbezug seines städtebaulichen Entwurfs äußert sich in der Wahl einer axialsymmetrischen U-Form, die durch Einziehung der Seitenflügel zur Straße hin eine Aufweitung erfuhr. Noch eindringlicher als die vereinfachte Ausführungsfassung zwingt ein Schaubild von 1921 (siehe oben) Assoziationen zu barocken Schlossanlagen auf. Die Architektur der Gebäude ist von solider Handwerksarbeit geprägt und verzichtete auf die plakativen Anspielungen (Eckrustika und Treppenhausgiebel) des Schaubildentwurfs.(1)

---

(1) Siehe Museen der Stadt Arnstadt 1988, S. 40.

Wasserturm

Arnstadt
Auf dem Arnsberg
Lotz & Gebhard
1925–26

Auf einer markanten Bergkuppe in Bahnhofsnähe erhebt sich der Wasserturm als dominanter Blickfang von eigentümlicher Gestalt. Ringförmig angeordnete, vorspringende Dreikantpfeiler, Deckenebenen und der Turmkopf, allesamt aus Stahlbeton, bilden die Tragkonstruktion, die von einer Putzhaut umhüllt ist. Im Turmkopf befindet sich ein schmiedeeiserner, 1000 cbm Wasser fassender Behälter, der als Vorrats- und gleichzeitig als Ausgleichsbehälter der Arnstädter Wasserversorgung diente. Eine zusätzliche Nutzung als Aussichtsturm ermöglichte die innere Wendeltreppe, die durch den ringförmigen Behälter zur Aussichtsebene über der Kuppel führte. Sein gefaltet anmutender Schaft macht den Wasserturm zu einem Zeugnis für die Übertragung expressionistischer Formgedanken auf technische Bauwerke.

In der Nähe
Arnstadt, Wohnanlage mit Feuerwache und Arbeitsamt, Bärwinkelstraße 4–10/Oberbaurat-Acker-Straße 5, 7–16, 18, Arch. Anton Acker, 1927–28.
  Unterhalb des Arnsberges befindet sich ein gründerzeitliches Erweiterungsgebiet mit regelmäßigem Straßenraster. Die dort eingefügte Wohnanlage der Zeit der Weimarer Republik variiert die vorgegebene Blockrandbebauung durch die Aufweitung der Oberbaurat-Acker-Straße. Zwei zu einem Baukörper zusammengefassten kommunalen Gebäuden ist der zentrale Platz zugedacht.

Lit.: Rödel, Volker (Hrsg.) Reclams Führer zu den Denkmalen der Industrie und Technik in Deutschland. Bd. 2. Neue Länder, Stuttgart 1998

Milchhof

IK

Arnstadt
Quenselstraße 16
Martin Schwarz
1928–29

Im Zusammenhang
M. Schwarz kann als renommiertester ortsansässiger Privatarchitekt im ersten Drittel des 20. Jahrhunderts gelten. Entsprechend der örtlichen Bedingungen und seiner Herkunft aus der wilhelminischen Ära unterliegen seine architektonischen Äußerungen allgemeinen Moden und Stilvorlieben. Nach seinen Plänen erfolgte in Arnstadt 1913 der Umbau eines mittelalterlichen Schalenturms (Riedmauer 14, Abb.) und es entstanden u. a. 1912 die Synagoge (1938 zerstört) und 1915 das Neideck-Gymnasium (Schlossplatz 2).

Von weitem künden große Lettern von der Funktion des backsteinsichtigen Gebäudes. Erst bei näherer Betrachtung erschließt sich einem die heutige Vernachlässigung des „Milchhofs", der von der „Molkereigenossenschaft Arnstadt" zum Zweck der Verarbeitung und des Vertriebs ihre Milchprodukte errichtet wurde. Der zweigeschossige Bau ohne Steildach hat an der Westpartie seinen eigentlichen baugestalterischen Schwerpunkt bekommen. Hier befinden sich Hauptzugang, Treppenhaus, Büro- sowie Aufenthaltsräumen, die durch einen turmartigen Bauteil und risalitartigen Versprung der Straßenfront baukörperlich markiert sind. Der sich anschließende lang gestreckte Hauptbau nahm die Arbeitsräume auf, umlaufende Rampen dienten dem Abtransport. Trotz der nachahmenden Herangehensweise des Architekten beeindruckt die ausgewogene „neusachliche" Baukörperkomposition, die von kunststeinernen Gesimsen und zu Reliefs gefügten Klinkerschichten zusammengehalten wird.

„Chema"-Bürogebäude

Arnstadt-Rudisleben
Arnstädter Straße
*Willi Fieting, Hans-Jürgen Katzig,
Ute Welsch*
1965–67

Obwohl die Idee eines Bürohochhauses in frühem Planungsstadium fallengelassen wurde, hat der kompakte Bau eine gehörige Fernwirkung. Da für einen zweihüftigen Bau die erforderliche Fläche im Gelände des Chemieanlagen-Werks fehlte, stapelten die Entwerfer des VEB Industriebauprojektierung Erfurt über einem Untergeschoss (Eingangshalle, Archiv, Gebäudetechnik) vier Großraumbüros, denen man wegen ihrer Wandlungsfähigkeit und des besseren Arbeitsfluss nun den Vorrang gab.(1) Die konstruktive Umsetzung erfolgte mittels Stahlbeton-Skelettmontagebauweise. Eine aussteifende Kernzone nimmt Treppen, Aufzüge, Schächte, Umkleide- und Sozialräume auf. Nach beiden Seiten öffnet sich je ein Großraum, dessen Ausstattung von der Hochschule für industrielle Formgestaltung Burg Giebichenstein konzipiert wurde. Aber auch mit der Fassade versuchte man der Bedeutung des Werks und dem prototypischen Charakter des Baus gerecht zu werden, indem man eine durchgehende Vorhangfassade in Glas verwendete.(2)

(1) Siehe Kaufmann 1968, S. 650.
(2) Siehe Fieting 1968, S. 646–649.

Kaufhaus „NKD"
Ehem. Geschäftshaus Wilh. Sandler

IK

Ilmenau
Friedrich-Hoffmann-Straße 7
Willy Illgen
1927–28

In der Nähe
Eine dezentere Variante der runden Geschäftshausecke ist am sog. „Hochhaus" in der August-Bebel-Straße 12 zu finden (Baufirma R. Glaser 1933–34). Es ragt mit seinen fünf Vollgeschossen über alle Nachbarn hinaus und fasst zeittypisch die Fenster in der Waagerechten mit Klinkerfeldern optisch zusammen.

Hier wird immer noch Kleidung verkauft. So kann sich die abgerundete Fensterecke im Erd- und Obergeschoss nach wie vor als Schaufenster zur Haupteinkaufsstraße präsentieren. Gleichwohl hat die Ecke keine zwei gleichberechtigte Schauseiten. Die Kunden des Bekleidungshauses „Sandler" wurden ursprünglich von der Moltkestraße, der heutigen Friedrich-Hoffmann-Straße, durch eine Schaufensterpassage ins Erdgeschoss geführt. Die waagerecht unterteilten Scheiben und die plastisch hervortretenden Fensterprofile geben dem Haus eine Transparenz, wie man sie damals als „kaufhausgerecht" empfand. Selbst in kleinen Landgemeinden Thüringens folgt der Typ des Kaufhauses zumindest in der Fensterform und der Eckbetonung den damals aktuellen Vorbildern der Großstädte. Über den Ladenetagen liegt ein Wohngeschoss. An der Seite zur Fr.-Hoffmann-Straße ist eine Gedenktafel angebracht, die an das Schicksal der Kaufhausbesitzer Samuel und Helene Gronner erinnert. Sie wurden 1942 aus ihrer Heimat Ilmenau deportiert.

IK

Wohnhaus
Ehem. Haus Schmidt

Ilmenau
Naumannstraße 09
Arthur Schröder
1929–32

In der Villenbebauung, die sich nördlich des Zentrums ilmaufwärts entwickelt hat, fällt in der Folge der Einfamilienhäuser aus den 20er und 30er Jahren die Naumannstraße 9 ins Auge. Weiß verputzt und mit Flachdach versehen, bezeugt das Gebäude den Mut des damaligen Bauherren, sich auf aktuelle Architektureinflüsse einzulassen. Der Entwurf des Hannoveraners Schröder folgt einem klaren Aufbau: Eine längs und mittig platzierte Flur-Treppenzone unterstreicht im Inneren die Längsteilung des Außenbaukörpers (s. Grundriss Erdgeschoss). Anders als bei den Nachbarhäusern vermittelt an jeder Gebäudeecke ein Fenster oder ein Balkon zwischen den Fassaden. Die Gartenseite (Abb. o. aus der Bauzeit) ist gläsern geöffnet zu einer Terrasse und einem breiten Balkon. Die Öffnung zu Licht und Sonne war optimal, und es wundert nicht, dass hier die Besitzer kurz nach dem Bau Feriengäste in „Bad Ilmenau" beherbergen konnten.

Festhalle mit Park

IK

Ilmenau
Naumannstraße 22
Ernst Flemming und F. Weber
1937–38

In einem Stadterweiterungsgebiet der Jahre nach 1920 markiert die Festhalle den Auftakt zu einem Park zwischen Ilm und Eisenbahn, der in die Anlage des Freibads übergeht. Wenn man stilistische Vorläufer für das Kulturhaus der frühen DDR sucht, so ist die Festhalle in Ilmenau ein lohnendes Objekt. Ein Pfeilervorbau bezeichnet den Eingang und die symmetrisch organisierte Kassenhalle. Seitlich öffnen sich hohe Fenster zum Saal. Wie auch später, in den 50er Jahren, wird das feierliche Äußere mit klassischen Architekturzitaten erreicht. Die Realitäten der Zeit um 1938 spiegeln sich in dem Aufmarschplatz vor der Halle wider. Das Hauptgebäude wird ergänzt von einem seitlichen Flügel nach Süden. Zum Park orientiert sich hier das eingeschossige Café, welches mit seinem halbkreisförmigen Abschluss noch deutlich an die Gebäuderundungen der 20er Jahre erinnert. Die Festhalle ist nach wie vor die Stadthalle Ilmenaus. Der Aufmarschplatz ist längst zum Parkplatz geworden.

Technische Universität Ilmenau, Campus Ehrenberg

Ilmenau
Helmholtzring, G.-Kirchhoff-Straße
Ziegler u. Fricke, Architekten-Contor, Behnisch + Partenr
1956–58, 1999–2000

Die Gründung der Hochschule für Elektrotechnik 1953 (ab 1963 Techn. Hochschule) machte ein Auslagern der Neubauten auf einen Campus östlichen des Zentrums notwendig. Prägnant ist der Helmholtzbau (Helmholtzring 2, Ziegler u. Fricke) mit großem Hörsaal, der sich in ein Ensemble von dreigeschossigen Institutsgebäuden fügt (Abb. o.). Pfeilervorbauten, Risalite und Natursteindetails kennzeichnen die Neubauten, die mit traditionellen Bauformen einen feierlichen Rahmen für die neue Bildungspolitik der DDR schaffen. Eine Regierungsverordnung vom 22.02.1951 wies dem Hochschulwesen bei der „Entwicklung des Sozialismus" eine tragende Rolle zu. Die Hochschule wurde nach 1990 (ab 1992 Techn. Universität) ausgebaut. Ein Ideenwettbewerb legte 1997 die Erweiterungspläne auf dem Ehrenberg fest. Als erstes werden davon die Versuchshalle Maschinenbau und das zentrale Hörsaalgebäude realisiert (Architekten-Contor Schäfer-Agather 1999–2002). An der G.-Kirchhoff-Straße 7 entsteht ein Technologiegebäude (Behnisch, Behnisch + Partner 1998–2001).

In der Nähe
Ein Teil des Campus ist die Mensa, Max-Planck-Ring 1 (R. Göpfert und U. Zimmermann 1969–72) in Stahlskelettbauweise. Sie ist das erste Exemplar eines Grundtyps, der noch an mindestens fünf weiteren Orten der DDR gebaut wurde, u. a. in Halle, Merseburg und Dresden.(1)

---

(1) Vgl. Pasternack 1999, S. 96ff.

Technische Universität Ilmenau, Curiebau

IK

Ilmenau
Weimarer Straße 25
Vladimir L. Nikolic und Partner
1894–95, Umbau 1995–98

Das Technikum von 1895 (Stadtbaumeister Dusi) ist die Urzelle der TU Ilmenau und präsentiert sich zur Straße als Neorenaissancebau mit zurückhaltend dekorierter Ziegelfassade. Neben der Sanierung des Bestands lag der Schwerpunkt des jüngsten Umbaus auf dem umschlossenen Raum der drei Gebäudeflügel. Was von außen nicht sichtbar ist, überrascht beim Eintritt in den Innenhof. Ein Glasdach schwingt sich in 30 Segmenten vom Satteldach zum Kehldach und vermittelt damit in seiner Höhe zwischen dem dreigeschossigen Kopfteil des Gebäudes und dem eingeschossigen Hörsaal- und Bibliotheks-Querbau im Norden. Der Hof ist zum lichten Zwischenraum geworden. An den Längsflügeln zum Hof folgt die neue Fenster- und Fassadeneinteilung (Schichtsperrholz) dem Rhythmus der Glasdachsegmente. Ein Hörsaalgebäude östlich des ehem. Technikums soll noch gebaut werden und zusammen mit dem gegenüberliegenden Faraday-Bau, Weimarer Straße 23 (Arthur Peeger 1923–26) den Innenstadtstandort der Universität stärken.

Südliches Thüringen

Kreis Hildburghausen
HBN

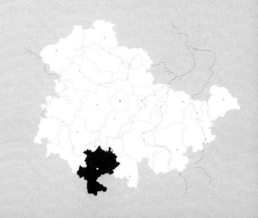

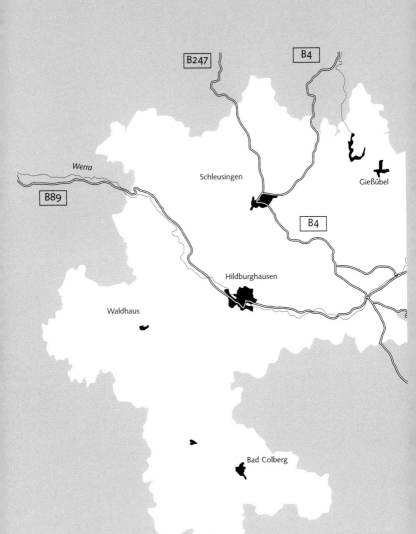

Südliches Thüringen
Kreis Hildburghausen

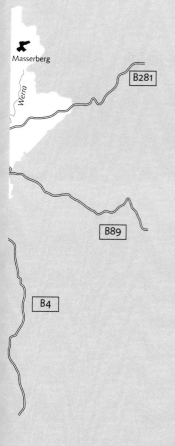

Hildburghausen
Wohn- und Geschäftsbebauung
  Apothekergasse

Bad Colberg
Kurbad und Kurklinik

Gießübel
Kulturhaus

Masserberg
Wohnhaus Ehem. Villa
  Gutheil-Schoder
Hotel „Rennsteig"
Badehaus und Klinik Prof. Volhard
Wohn- und Geschäftshaus
  Hauptstraße
Aussichtsturm, Rennsteigwarte

Schleusingen
Stiftung Reha-Zentrum
  Thüringer Wald

Waldhaus
Steinsburgmuseum

Wohn- und Geschäftsbebauung Apothekergasse HBN

Hildburghausen
Apothekergasse, Häfenmarkt
*J. Streitparth, G. Wessel
und Kollektiv (u. a.)*
1976–83 und ab 1984

In der Nähe
Das 20. Jahrhundert hat in Hildburghausen kleinere Stadterweiterungen hervorgebracht, wie z. B. im Norden der Stadt, wo ab 1959 ein Wohngebiet in Montagebauweise errichtet wurde. Unweit davon, entlang der Schleusinger Straße, hat schon das frühe 18. Jahrhundert die Stadt um eine Siedlung für hugenottische Flüchtlinge vergrößert (1710).

Mit Hildburghausen präsentiert sich ein gemütliches Landstädtchen, dessen Vergangenheit als Residenz des Herzogtums Sachsen-Hildburghausen (1680–1826) noch in Spuren lesbar ist. Der letzte Hofgärtner Weimars, Otto Ludwig Sckell, hatte schon 1926 den Schlossgarten zum Volksgarten umkonzipiert, nachdem 1918 auch die Regentschaft des Herzogs von Sachsen-Meiningen für Hildburghausen zu Ende gegangen war. Das barocke Schloss wurde 1945 zerstört. Kurz vor dem Ende der DDR entstanden in der nördlichen Innenstadt neue Straßenzüge. Nach Abriss im Bestand begann man ab 1976 in der Apothekergasse und nach 1984 um den Häfenmarkt mit dem Wohnhausneubau in elementierter Bauweise. Der Versuch ist ablesbar, der mittelalterlichen Stadtraumbildung nahe zu kommen und gleichzeitig das Repertoire der vorgefertigten Bauelemente zu verwenden. Unterschiedlich gefärbte Stockwerksteile, wechselnde Fensterformate sowie Vor- und Rücksprünge in der straßenbegleitenden Bebauung sollten sich in das Bild der Stadt einfügen.

Kurbad und Kurklinik Bad Colberg

Bad Colberg
Parkallee 1
*E. F. Vetterlein; Baurat Müller;
Kauffmann Theilig & Partner*
1909–10, 1927–28, 1997

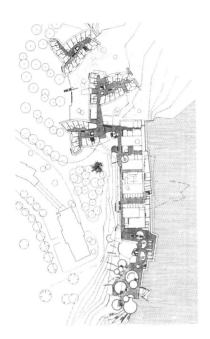

Die ersten, neobarocken Kurgebäude von 1909/10 mit Badekabinen, Wandel- und Sprudelhalle stellten sich mit dem Rücken zum Dorf. Die Erweiterung nach 1927 unter Baurat Müller führte den Altbau formal weiter und komplettiert die Anlage halbkreisförmig zum Kurpark. Schon 1949–50 wurde weitergebaut. Bad Colberg lag später im Sperrgebiet der Staatsgrenze und war bis 1990 Mitgliedern des Innenministeriums vorbehalten. Man addierte 1975 im Süden einen Flügel mit Turn- und Schwimmhalle sowie Sozialtrakt und trennte den Kurpark endgültig vom Dorf (s. Luftfoto). Mit der Öffnung der Grenze gab es wieder ein Umland. Der neue Besitzer, die Landesversicherungsanstalt, erweiterte nun nördlich des Bestands. Die Becken des Thermalbads treppen sich unter einem Glasdach im steigenden Gelände ab. Stahlbau und Glastechnik der Überdachung wurden zum formalen Element gesteigert. In Schichten überlagern sich Glashülle, Tragestruktur und Sonnenschutz. Die vier neuen Bettenhäuser liegen hangseitig westlich und nördlich der Therme. Sie öffnen sich über geschwungene Balkone und stockwerkshohe Glasflächen in die Landschaft.

Lit.: Wissenschaftliche Zeitschrift der HAB Weimar, 1–2/1995
Baumeister 10/1997

Kulturhaus

HBN

Gießübel
Masserberger Straße 17
Werner Doerinkel
1956–57

Die Staatsführung der jungen DDR beabsichtigte, die ländlichen Gebiete mit einem Netz von Kulturhäusern zu überziehen. Das Kulturhaus wollte neben einer Versammlungsstätte vor allem auch ein Ort der Volksbildung sein. In Club- und Zirkelräumen galt es, die Landbevölkerung an jenen Wissensfluss anzuschließen, der ihr aufgrund ihrer stadtfernen Lage verwehrt schien. Entstanden sind Beispiele wie in Gießübel. Auf einem erhöhten Punkt des Dorfes markiert es selbstbewusst seinen Charakter als bescheidenes Monument einer neuen Zeit. Wenngleich sparsam dekoriert, stehen die tiefgezogene Traufe und die Halbsäulen an der Fassade für einen Traditionsstil, der den damaligen Vorgaben der Deutschen Bauakademie entsprach. Es wurde damals angemahnt, „Architektur würdig und eindrucksvoll"[1] zu gestalten und dem neuen Typ des ländlichen Kulturhauses eine neue, entsprechende Form zu geben.

(1) Reichert; Thuner 1953, S. 167.

HBN

Wohnhaus
Ehem. Villa Gutheil-Schoder

Masserberg
Rennsteig 7
Thilo Schoder
1912–13

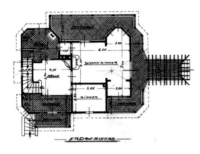

Das erste gebaute Projekt des Van-de-Velde-Schülers Thilo Schoder war ein Hausentwurf für seine Schwester, eine Sopranistin an der Wiener Hofoper, die in Masserberg einen stillen Rückzug suchte. Das Haus duckt sich unter einem zweigeschossigen Vollwalm-Mansarddach am Ortsausgang zur Rennsteigwarte. Mit Balkons, Loggia und einer Gartenpergola strahlte das Haus einstmals die Leichtigkeit einer Sommerfrische aus. Der damals 24-jährige Architekt schrieb in sein Tagebuch: „Die Gedanken an den Hausbau ließen mich vergangene Nacht kaum schlafen. Ich stürze mich in die Arbeit.- Hurra."(1) Heute steht das Häuschen immer noch am Ortsrand Masserbergs. Mittlerweile ist es von hohen Bäumen umstellt. Die luftigen Holzanbauten sind verschwunden. Auch hat das handwerklich anspruchsvolle Schieferdach durch Reparaturen und Umbauten einiges von seiner geschwungenen Eleganz verloren.

In der Nähe
Der Kurbezirk um das Hotel „Kurhaus" (1906 u. 1928) strahlt noch heute die Atmosphäre eines Luftkurortes aus. Ein kleiner Kurpark sowie Sanatorien, Pensionen und Klinikbauten der Zeit um 1900 bis 1920 bezeugen den damaligen Aufschwung des kleinen Walddorfs (Kurhausstr./Prof. Georg-Lenz-Str.). Im Jahr 1913 beherbergte man ca. 3000 Gäste.

(1) Rüdiger 1997 (I), S. 9.

Hotel „Rennsteig" HBN

Masserberg
Am Badehaus 1
Günter Lang (Umbau)
1984, 1994 (Umbau)

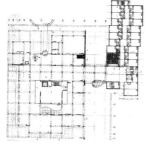

In der Nähe
Vom gleichen Architekten (G. Lang 1999) ist das Wohnhaus Hauptstraße 5 zum Bürgerhaus des Ortes mit Klubräumen und einem Saal umgebaut worden. Erd- und Sockelgeschoss des verschieferten Gebäudes wurden nach Südosten erweitert. Rundum verglast, mit Blick in die Landschaft, schließt sich talseitig ein Veranstaltungsraum an den Bestand.

So neu dieses Hotel am Ortsrand erscheint – es ist der Umbau eines Ferienhotels in Plattenbauweise, das einmal mit Satteldächern versehen war. Zusätzlich war der „Altbau" von 1984 teilweise mit Kunstschiefer verkleidet. Für den Architekten war es nicht schwer, die Geometrie, die in der Struktur der gesamten Anlage schlummerte, freizulegen. Damit ist das Ensemble überraschend klar geworden und dazu noch zurückhaltender, weil die aufragenden Dächer fehlen. Der schmucklose, weiße Hauptbaukörper des Bettenhauses hat zur Gliederung ein abgesetztes Sockelgeschoss und ein Dachgeschoss mit großen Fenstern erhalten. Die flachen, östlich gelegenen Bauteile des Restaurant- und Tagungsbereichs treppen sich mit dem Gelände ab und sind mit einer senkrechten Holzlattung verkleidet. Das Hotel „Rennsteig" ist ein intelligenter Beitrag in der Diskussion zum Umgang mit dem gebauten Erbe der DDR. Das Prospekt des Hotels hätte sich ruhig trauen können, eine Außenaufnahme des Hauses zu zeigen.

Badehaus und Klinik Prof. Volhard

Masserberg
Kurhausstraße 8 (Bad), Hauptstraße 18 (Klinik)
Laurenz Schneider
1992–96

Eine Kurklinik mit 230 Zimmern und ein Erlebnisbad in einem Komplex zusammenzufassen ergibt mehr als ein Haus. Das Resultat am Ortsrand des Dorfes ist eine Baumassen-Eruption, teilweise über sieben Ebenen gestapelt. Die Klinik erhebt sich als Glasgebilde mit drei Flügeln nach Westen. Entlang der Kurhausstraße reihen sich die sechs Zeltdächer des Badehauses. Sie spannen sich über ein massives Sockelgeschoss und die Beckenlandschaft des Hallenbades. Das Zusammenspiel der Baukörper wirkt teilweise unbedarft. Großzügigkeit wird leicht zu umbauter Unentschlossenheit. Das Badehaus jedoch eröffnet im Inneren Raumerlebnisse auf mehreren Niveaus. Das gesamte Gebilde ist ein Exempel thüringischer Freizeitarchitektur, für die, scheinbar ohne Kostenzwang, unterschiedliche Baustoffe und deren Verarbeitungsvariationen eingesetzt werden durften. So zelebrieren beispielsweise die aufwändig detaillierten Balkonfassaden der Klinik den Baustoff Stahl in geradezu ornamentaler Weise (s. Abb. u. re.).

Wohn- und Geschäftshaus   HBN

Masserberg
Hauptstraße/Neustädter Straße
*Infra Plan GmbH,
Uli Lingemann*
1996

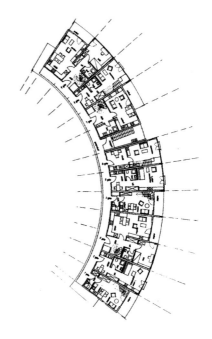

In der Nähe
Unweit von hier hat das gleiche Architekturbüro ein Doppelwohnhaus am Ortseingang (Neustädter Straße) gebaut. Der Außenputz auf Hartschaumdämmung an den jüngeren Bauten widersteht dem rauhen Klima Masserbergs nicht sehr gut. Das schwarzgeschieferte Erscheinungsbild des alten Dorfes hat offensichtlich seinen ganz praktischen Grund.

Den Ortsmittelpunkt kennzeichnet das kleine, schwarze, schieferverkleidete Rathaus von Masserberg. Es wird seit 1996 von einem Haus eingerahmt, das annähernd viertelkreisförmig gebogen ist. Das Erdgeschoss beherbergt Ladengeschäfte, die sich zum konkaven Arkadengang öffnen. Im 1. Obergeschoss sind Büroflächen vorgesehen. Im Ober- sowie Dachgeschoss liegen neun Wohnungen, die größtenteils über zwei Geschosse gehen. Damit hat Masserberg ein Gebäude erhalten, das den Maßstab der umgebenden Bebauung verlässt und ein Treffpunkt für die Ortsmitte sein will. Ein Durchgang in der Mitte des Gebäudes unterstreicht den Wunsch nach öffentlichem Leben an diesem Punkt des Dorfes. Die dreigeteilte Nutzung ist in den Stockwerken ablesbar, mit der Konsequenz, dass auch die bewusst „hausförmigen" Giebelabschlüsse einen unruhig-zergliederten Gesamteindruck nicht ganz vermeiden können. Bemerkenswert ist die Stapelung von unterschiedlichen Funktionen in einem Haus und die äußere Raumbildung zwischen Rathaus und Ladenzone.

HBN Aussichtsturm „Rennsteigwarte"

Masserberg
Rennsteigwanderweg
*Infra Plan GmbH, Uli Lingemann
(Umbau)*
1970, 1993–97 (Umbau)

Auf dem 840 m hohen Eselsberg wurde 1970 nach einem Brand der hölzerne Aussichtsturm durch ein verkleidetes Stahlskelett ersetzt. Nachdem die Verkleidung sanierungsbedürftig geworden war, galt es, den Turm neu zu konzipieren. Nach einem gewonnenen Wettbewerb 1993 ließ das Architekturbüro Infraplan die Stahlkonstruktion stehen und verkleidete die gesamte Höhe des Turmschaftes mit senkrecht gefalzten Metallpaneelen und über Eck geöffneten Glasflächen. Der Turm mit phänomenalem Rundumblick auf den Thüringer Wald wurde zusätzlich um ein verglastes Freigeschoss aufgestockt. Er ist um 7,50 m höher geworden und misst jetzt 33,50 m bis zur Spitze. Die grazile Detailausbildung des Stahlskeletts und die sichtbaren Konstruktionselemente machen den Turmkopf zum schwebenden Pavillon. Außer dem innen liegenden Tragegerüst erinnert nichts mehr an den alten Turm, der im Vergleich zur heutigen sachlich-technischen Fassung eher gemütlich-robust wirkte.

Stiftung Reha-Zentrum Thüringer Wald
Ehem. Ingenieursschule für Straßenbau

HBN

Schleusingen
Themarer Straße 1
Hermann Räder und Kollektiv
1951–57

Es war zuerst die Zieh- und Stanzwerk GmbH, die hier von 1937–45 ihre Rüstungsproduktion betrieb. Ab 1948 wurde die Anlage teilabgerissen und umgebaut zur Ingenieursschule für Straßenbau. Die Ziergitter an der Haupteingangstür tragen heute noch entsprechende Embleme. Der Umbau zog sich, unter Mithilfe der Studenten, bis 1957 hin. Der Komplex legt sich zwei- bis dreigeschossig in einer S-Form um zwei Höfe, wobei ein integrierter Saalbau mit Lisenengliederung und einem mittigen Dachtürmchen den größeren Hof dominiert. Ein verspringendes Walmdach zieht sich über alle Bauteile. Die Parteischule der SED des ehem. Bezirks Suhl, die hier ab 1963 betrieben wird, repräsentiert demnach keinen spezifischen Parteischulen-Bautyp. Vielmehr erweist sich die Anordnung mit Eingangs- und Wirtschaftshof über Jahrzehnte flexibel genug, um heute mit einer Rehabilitationseinrichtung und Werkstatt eine völlig neue Nutzung zu beherbergen. Das Kollektiv Hermann Räder trat zur gleichen Zeit mit dem Bau des Kulturhauses Suhl (1955–57) und mit städtebaulichen Entwürfen an die Öffentlichkeit.

HBN Steinsburgmuseum

Römhild-Waldhaus
Waldhaussiedlung 19
Carl Behlert
1927–28

Die Reste einer keltische Befestigungsanlage auf dem kleinen Gleichberg östlich von Römhild gehen bis auf das 6. Jahrhundert v. Chr. zurück. Die archäologischen Aktivitäten nach 1900 benötigten ein Haus, um die Vor-Ort-Funde der sog. Steinsburg auszustellen und die Ausgrabung aufzubereiten. Der ehemalige Hofbaurat Meiningens, Karl Behlert, prägte mit seinem Werk die Endphase des Herzogtums von Sachsen-Meiningen und baute unter anderem das Meininger Hoftheater (1908–09) in neoklassizistischem Stil. Beim Bau des Steinsburgmuseums war er sichtbar inspiriert vom vorgefundenen Basaltstein. Sockel und Fassadengliederung bestehen aus groben Bruchstücken dieses dunklen Lavagesteins. Zusätzlich erinnert die spitz-konische Form der fassadenhohen Lisenen an die Kantigkeit des Basalts. Das fünfachsige Haus wirkt wehrhaft und ein wenig überzeichnet. Aus Basalt zusammengesetzte Details wie Konsolen, Gesimse, Türstürze verlassen sichtbar die Fügungsregeln des Materials. Der Stein wird zur mosaikartigen Verkleidung.

Südliches Thüringen

Kreis Sonneberg
SON

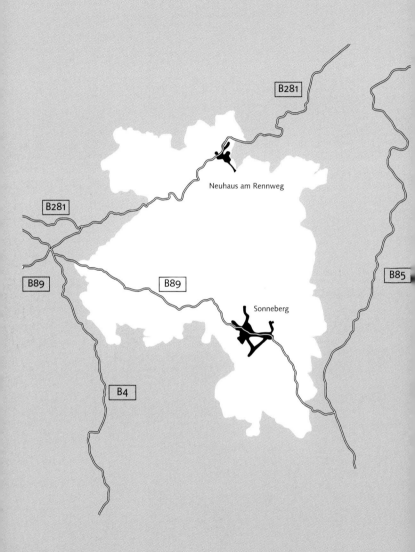

Südliches Thüringen
Kreis Sonneberg

Sonneberg
Bahnhofsplatz, Lagerhaus
 „Woolworth Co."
Saalgebäude
Geschäftshaus Ehem. Kontor- und
 Lagerhaus „Kresge"
Postgebäude
Büro- und Gewerbebau Bahnhof-
 straße

Neuhaus am Rennweg
Kulturhaus und Marktplatz

Bahnhofsplatz, Lagerhaus „Woolworth Co." (Proj.)   SON

Sonneberg
Bahnhofsplatz 1, 5
C. Brandt (Rath.)
W. Buchholz (Woolworth)
1927–28 (Rath.), 1926 (Woolworth)

In der Nähe
An der westl. Seite des Bahnhofsplatzes (Nr. 5) führt das fünfgeschossige AOK-Gebäude (Umbau eines Lagerhauses von 1922, W. Buchholz 1924) den großstädtischen Maßstab fort. Den Sockel gliedern zweigeschossige Wandpfeiler. Waagerechte Gesimse und Eckrundungen bewirken trotz Baumasse eine fließende Bauplastik. Figürliche Reliefs und gezackte Ornamente dekorieren die Fassade (s. a. Reliefs zum Thema „Heilen" im Treppenhaus).

Der Bahnhofsplatz Sonneberg hat großstädtische Ausmaße. Das viergeschossige Rathaus steht dem Bahnhofsgebäude (1904–07) gegenüber und empfängt den Besucher mit einem vorgelagerten Mittelrisaltit, hinter dem der 45 m hohe Rathausturm aufragt. Am südöstlichen Rand des Platzes hätte einmal beinahe ein enormes Hochhaus gestanden.(1) Hier plante der Architekt W. Buchholz 1924 ein Einkaufs- und Lagerhaus für die Woolworth Co. New York (s. Fotomontage des Architekten). Auf 5.000 qm Grundfläche wurde ein Gebäude für den Großeinkauf von Spielwaren konzipiert, dessen Fassade stark vertikal gegliedert wurde und Vorbilder wie das Chilehaus in Hamburg (F. Höger 1923) nicht verleugnete. Das Projekt mit einem zehngeschossigen Turmhaus auf der Ecke war bis zur Baureife geplant, wurde jedoch aus wirtschaftlichen Gründen verworfen. Zur Ausführung kam 1926 eine fünfgeschossige Variante, die um den Hochhausturm gestutzt war und 1945 zerstört wurde. Eine Bebauung der Wiese ist wieder geplant.

Lit.: Neue Baukunst 9/1925

SON Saalgebäude

Sonneberg-Köppelsdorf
Steinacher Straße 29
Architekt unbekannt
1925

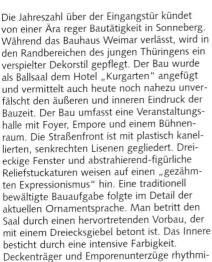

Die Jahreszahl über der Eingangstür kündet von einer Ära reger Bautätigkeit in Sonneberg. Während das Bauhaus Weimar verlässt, wird in den Randbereichen des jungen Thüringens ein verspielter Dekorstil gepflegt. Der Bau wurde als Ballsaal dem Hotel „Kurgarten" angefügt und vermittelt auch heute noch nahezu unverfälscht den äußeren und inneren Eindruck der Bauzeit. Der Bau umfasst eine Veranstaltungshalle mit Foyer, Empore und einem Bühnenraum. Die Straßenfront ist mit plastisch kanellierten, senkrechten Lisenen gegliedert. Dreieckige Fenster und abstrahierend-figürliche Reliefstuckaturen weisen auf einen „gezähmten Expressionismus" hin. Eine traditionell bewältigte Bauaufgabe folgte im Detail der aktuellen Ornamentsprache. Man betritt den Saal durch einen hervortretenden Vorbau, der mit einem Dreiecksgiebel betont ist. Das Innere besticht durch eine intensive Farbigkeit. Deckenträger und Emporenunterzüge rhythmisieren den Raum in seiner Länge.

In der Nähe
Am Fuß des Schönbergs entstanden nach 1920 die Villen jener Sonneberger, die den Aufschwung der Stadt mittrugen. Aus dem dekorreichen Expressionismus der Nachbarhäuser bricht die sachliche Erscheinung der Schönbergstr. 58 (Arch. Forkel 1928) aus. Auf die ausladende Terrasse mit waagerecht unterteiltem, feinem Eisengeländer öffnet sich der Innenraum mit großen Fenstern und gibt den Blick in die Ferne frei.

Geschäftshaus
Ehem. Kontor- und Lagerhaus „Kresge"

SON

Sonneberg
Gustav-König-Straße 10–16
*Boxberger u. Herbart, Walter
Buchholz*
1921–1927

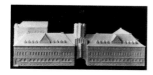

In der Nähe
In der Charlottenstraße 5 wurde ebenfalls von den Architekten Boxberger und Herbart ein Gesellschaftshaus (1927–28) geplant. Ursprünglich auf die doppelte Größe angelegt, verkörperte es dennoch zu seiner Zeit den größten Theater- und Konzertraum der Stadt. Die bautypologische Verwandschaft zum Kulturhaus der Nachkriegszeit ist offensichtlich.

Eine spezifische Bauaufgabe in Sonneberg ist zu Beginn des 20. Jahrhunderts das Einkaufs- und Lagerhaus für Spielwaren. Die Lagerhäuser der Sonneberger Exportgüter belegen einen regen Wirtschaftsaustausch über Europa hinaus. So tauchen im Stadtgefüge Gebäude mit auffälligem Bauvolumen auf. Ein Beispiel ist das Handelshaus der Firma Kresge & Co/Michigan, USA. Die Anlage ist gekennzeichnet durch expressionistische Dreiecks- und Zackenformen, eine Ornamentik, die das Bild der damaligen Dynamik Sonnebergs unterstützt. Dass ausgerechnet über der breiten Hofeinfahrt ein Turm platziert werden konnte, emöglichte neue Bautechniken. Mit Hilfe von Stahlbeton konnte nicht nur die Spannweite des Eingangstors bewältigt werden, auch die spitz auskragenden Sechsstern-Figur des Turms wurde in Stahlbetonskelett ausgeführt. Zwei Bauetappen und zwei Architekturbüros lassen das Gebäude nicht zerfallen, auch wenn im Hof ein Bauteil angefügt wurde, das sich der symmetrischen Gesamtfigur nicht unterordnet.(1)

(1) Schwämmlein 1991, o. S.

Sonneberg
Gustav-König-Straße 42
Oberpostdirektion Erfurt
1931–32

Im Ensemble öffentlicher Bauten in Bahnhofsnähe fällt das Postgebäude aus dem Rahmen. Es sticht ins Auge, dass die wenigen Jahre, die es später als das benachbarte Gebäude der AOK gebaut wurde, eine neue, sachlichere Architektursprache mit sich gebracht haben. Der viergeschossige Quader schließt an seinen beiden straßenseitigen Ecken mit gebäudehohen halbrunden Erkern ab. Das Haus setzt auf schwungvolle Eckansichten, deren Kontur von einem auskragenden, flachen Dachvorsprung unterstützt wird. Das Halbkreismotiv wird in einem außermittig platzierten, eingeschossigen Anbau wiederholt. Zur Bauzeit als Laden ausgewiesen (s. Grundriss Erdgeschoss aus der Bauzeit), beherbergt er heute ein Café. In den Ecken des Baukörpers sind halbgewendelte Treppenhäuser erhalten. Im Schalterraum erinnert wenig an die Entstehungszeit des Baus. Zum Entwurf gab es einen Gegenvorschlag des örtlichen Stadtbauamts mit gewalmtem Dach, der jedoch nicht beherzigt wurde.

Büro- und Gewerbebau
Ehem. Reichsluftwaffenbekleidungsamt

SON

Sonneberg
Köppelsdorferstraße 25
Otto Schneider (Erweiterung)
1890, 1940

Wenn ein Gebäude über 23.000 qm Nutzfläche hat, so kann darin viel passieren. Als Geschäftshaus Borgfeldt 1890 erbaut, übernahm der erste Bauabschnitt Lagerfunktionen für den Export Sonneberger Spielwaren (Arch. Carl Mittag). Die wechselhafte Geschichte setzte sich fort, als das Anwesen 1940 dreigeschossig und mit einer einfachen Fassadenteilung auf das heutige Ausmaß vergrößert wurde. Ab dann nutzte das Reichsluftwaffenbekleidungsamt die Flächen als Lager und Büro. Um zwei Lichthöfe herum füllte der Neubau einen Straßenblock. Einzige Besonderheit des Gebäudes in seiner Stadtlage sind drei Arkadenbögen mit rustizierten Stützen an der Ecke zur Bahnhofstraße. Nach dem Krieg beherbergte der Bau ein Quarantänelager und später ein Behördenhaus. Ab den 50er Jahren bis 1990 wurden hier Spielzeugeisenbahnen der Marke PIKO gefertigt, die nach wie vor in Sonneberg produziert werden. Seitdem ist eine Neubelebung des großen, schmucklosen und behäbigen Baus fraglich.

SON — Kulturhaus und Marktplatz

Neuhaus am Rennweg
Am Markt, Sonneberger Straße 8
G. Schmidt (Kulturhaus),
H. Fleischhauer (Kreishaus)
1950–53 und 1958–60

Das Städtchen Neuhaus wurde 1945 in seinem Zentrum von Luftangriffen zerstört. Der Wiederaufbau fiel mit der Erhebung des Ortes zur Kreisstadt (1952) zusammen. So strahlt das Kulturhaus (1950–53) noch den Pathos der „Nationalen Tradition" aus, welche den Formenkanon der Baugeschichte in die sozialistische Gegenwart tragen wollte.(1) Die vor die Fassade gestellten Säulenpaare stützen ein schweres Dach mit weit auskragender Traufe, worunter sich ein Saal sowie Klubräume befinden. Zusammen mit dem nur wenige Jahre später gebauten Verwaltungsgebäude für den „Rat des Kreises" sollte ein stadtgemäßer Platz flankiert werden. Das Gebäude, heute Außenstelle des Landratsamtes, hält sich mit Ornamenten zurück, versucht aber mit einem Dachreiter und einem aufgelöstem Sockelgeschoss nach Norden hin einen städtischen Mittelpunkt zu besetzen. Die Umgebung wird mit bis zu fünfgeschossigen Wohnungs- und Verwaltungsbauten in den 70er und 80er Jahren komplettiert.

---

(1) Siehe Hartung 1997, S. 180.

Südliches Thüringen

Kreis Saalfeld-Rudolstadt
SLF

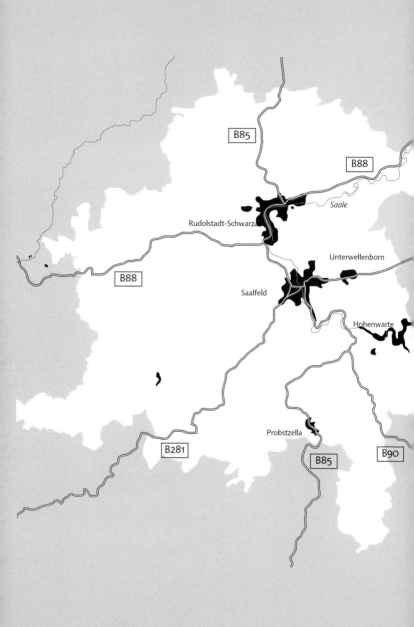

Südliches Thüringen
Kreis Saalfeld-Rudolstadt

Saalfeld
Ehem. Haus Bergfried
Schokoladenfabrik
 Stollwerck-Sprengel
Agricola-Krankenhaus

Hohenwarte
Hohenwartetalsperre

Probstzella
Haus des Volkes

Rudolstadt-Schwarza
Ehem. Chemiefaserkombinat
 Schwarza

Unterwellenborn
Gaszentrale der Maxhütte
Kulturhaus der Maxhütte

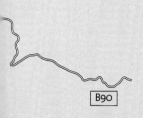

Ehem. Haus Bergfried SLF

Saalfeld
Tiefer Weg/Bergfried
Max Hans Kühne
1924

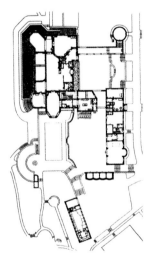

Der Architekt des Hauses Bergfried war ein Schüler des Reichstags-Architekten Paul Wallot und seit 1907 Partner in dem Dresdener Büro Lossow & Kühne, das unter anderem für den Hauptbahnhof Leipzig (1915) verantwortlich zeichnete. Die großbürgerliche Villa des Eigentümers der nahen Schokoladenfabrik liegt auf einer Anhöhe im Süden der Stadt Saalfeld, eingebettet in einen ostasiatischen und englischen Landschaftspark, der auch einen Tennis- und Golfplatz sowie ein „Weiherhäuschen" (mit Schwimmbad) als Schlusspunkt einer großen, vom Haus axial ausgehenden Allee mit einschließt. In den Park sind weitere Nebengebäude wie der asiatische Teepavillon und Skulpturen eingestreut. Das zweigeschossige, walmgedeckte Hauptgebäude wird erschlossen von einem südlich vorgelagerten „Schmuckhof". Dieser Hof wird aus dem zentralen, von einem Uhrturm bekrönten Wohnhaus, dem „Gesindetrakt" und Loggien gebildet. Die Wohnräume der Villa sind trotz der Nutzung als Diabetikersanatorium teilweise mit der ursprünglichen Innenausstattung erhalten. Zurzeit steht das Gebäude leer.

Lit.: Die Kunst 58/1928

Schokoladenfabrik Stollwerck-Sprengel

Saalfeld
Neumühle
Lossow & Kühne
1926

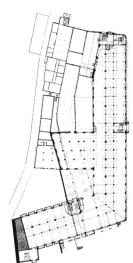

Die Eigenheiten der Schokoladenfabrikation, nämlich geregelte Innenraumtemperaturen, führten bei diesem Industriebetrieb zu kleinen Fensteröffnungen, um im Sommer die Erhitzung des kostbaren Produktes zu vermeiden.

Die gemäßigt neobarocke Erweiterung bereits bestehender Fabrikationsgebäude der ehem. Firma Mauxion liegt in einer engen Talsenke direkt an der Saale zum Teil so in den Hang eingebettet, dass auch Keller im natürlichen Fels gebaut werden konnten. Der Unternehmer Ernst Hüther hatte kurz zuvor sein eigenes Wohnhaus in Saalfeld, das Haus Bergfried, bei Lossow & Kühne in Auftrag gegeben. Das damals als vorbildlich nach betriebstechnischen Erfordernissen gestaltete Fabrikationsgebäude ist harmonisch in die Landschaft eingebettet. Die Monumentalität des Baukörpers wird durch das schiefergedeckte Mansard-Walmdach, Gesimsbänder und einen aus auf der Baustelle gebrochenen Gestein errichteten bossierten Natursteinsockel gemindert. Neben dem Hauptgebäude wurden auch eine Großgarage sowie ein „Wohlfahrtsgebäude" mit Badeanstalt für die Belegschaft errichtet.

In der Nähe
Vier Wohnhäuser für Beamte, Am Sperberhölzchen 5–8, wurden ebenfalls von Lossow & Kühne um 1926 oberhalb des Fabrikgeländes errichtet. Diese Häuser als Teil einer Werkswohnungsanlage sind insofern bemerkenswert, als sich die Architekten dabei bemüht haben, bei aller Ähnlichkeit der Grundrisse gerade den Eindruck des Industriell-Schematischen zu vermeiden. Dabei wurde der Bezug zu lokalen Bauweisen besonders durch Dachformen und Materialien hergestellt.

Lit.: Deutsche Bauzeitung 38/1927

Agricola-Krankenhaus

SLF

Saalfeld
Rainweg
*Kollektiv H. Hopp, W. Wolfram,
H. Matthes*
1952–1961

Die Meisterwerkstatt von Hanns Hopp an der Deutschen Bauakademie war 1951 bereits mit der Planung der Tbc-Heilstätte in Bad Berka beauftragt worden. Anfang 1951 wurde ein Kreiskrankenhaus für Saalfeld mit 700 Betten in den Fünfjahresplan Thüringens aufgenommen, das mehrere Gesundheitsbauten unter einem Dach zusammenfassen sollte, wobei der Verkürzung der Wege im Haus besonderes Gewicht beigemessen wurde. Der Bau am südwestlichen Stadtrand über einem doppelkreuzförmigen Grundriss bildet zwei große Hofräume, einerseits in der Mittelachse mit einem Portikus, auf der Rückseite dagegen öffnen sich Loggien der Krankenzimmer mit filigranen, eingestellten Säulen. Zwei von Zwiebeltürmen bekrönte Dachreiter über den Kreuzungspunkten der Flügelbauten mindern weiter die Strenge des Baues. Das dunkelrot gefasste Gebäude ist sorgfältig renoviert und geringfügig ergänzt worden. Ein Wirtschaftshof bricht aus der Symmetrie des Krankenhausbaues und wartet mit nicht minder sorgfältig ausgearbeiteten Details auf.

Lit.: Deutsche Architektur 3/1955

Hohenwartetalsperre

Hohenwarte

Aktiengesellschaft „Obere Saale"
1935–44

Der Oberlauf der Saale südöstlich von Saalfeld, einst eine steilhängige Tallandschaft entlang dem gewundenen Flusslauf, wurde seit 1920 bis ins Jahr 1965 wesentlich durch die Anlage einer Kette von Stauseen verändert. Mit dem Bau der Talsperren wurde das Ziel verfolgt, die Hochwassergefahr zu mindern, elektrische Energie zu gewinnen und die durch Niedrigwasser bedrohte Elbeschifferei im Sommer zu ermöglichen. Die Gewichtsstaumauer mit gekrümmter Achse in Hohenwarte staut dabei als zweitgrößte Saaletalsperre nach der flussaufwärts gelegenen Bleilochtalsperre einen ca. 7,3 qkm großen See auf. Die Höhe der 412 m langen Staumauer aus Beton über der Talsohle beträgt 67,1 m. Am Staumauerfuß nimmt ein walmgedecktes Maschinenhaus die Turbinensätze auf. Eineinhalb Kilometer flussabwärts liegt das Pumpspeicherwerk Hohenwarte II, das zwischen 1956–63 nach Planungen der Energieprojektierung Berlin, Außenstelle Dresden, errichtet wurde. Unterhalb der Staumauer wurde 1937–39 als Ersatz für das vom Stausee überflutete Dorf Preßwitz der Ort Hohenwarte samt Saalkirche errichtet.

In der Nähe
Hohenwarte II ist ein Pumpspeicherwerk. Speicherwerke beruhen auf dem Prinzip, bei geringer Stromnachfrage Wasser aus dem tiefer liegenden Ausgleichsbecken Eichicht in einen höher gelegenen Speicher zu pumpen, der dann bei hohem Strombedarf wieder nach unten über Turbinen geleitet wird. Am Fuß der Druckwasserleitungen liegt das Krafthaus. Der elegante ausgefachte Stahlbetonskelettbau ist weitgehend verglast. Nach Plänen von VEB Industrieprojektierung Berlin beherbergt das Krafthaus 8 Turbinensätze, die bis zu 27 m in den Sockel hinunterragen.

Lit.: Thüringer Talsperrenverwaltung (Hrsg.): Talsperren in Thüringen, Erfurt 1993

Haus des Volkes

SLF

Probstzella
Bahnhofstraße
Hermann Klapproth, Alfred Arndt
1926–27

In der Nähe
Alfred Arndt erweiterte die Gesamtanlage des Volkshauses durch eine Terrasse mit Kaffeepavillon (1927), ein Garagenhaus (1928), einen Musikpavillon (1931), einen Getränkekiosk (1931) und einen Stand für Rostbratwürste und Zuckerwatte (1933), in Probstzella außerdem das Haus Bauer 1927–28 (am Grauweg 19, weitgehend verändert) sowie das Haus Direktor Wetter, Hohe Straße (1936).

Ein Wachtturm der ehem. Grenzanlagen in der Nähe wurde als Denkmal erhalten.

In der Nähe des ehemaligen Grenzbahnhofs erhebt sich der sechsgeschossige Hotel- und Saalkomplex. Bauherr war der sozialdemokratische Unternehmer Franz Itting, der in der Region Kraftwerksanlagen betrieb. Die Grundkonzeption des Gebäudes geht auf Planungen des Saalfelder Architekten Klapproth zurück. Alfred Arndt, Geselle der Wandmalerei am Bauhaus Weimar und zur Bauzeit noch Student am Bauhaus Dessau, überzeugte den fortschrittlichen Bauherrn davon, dass ein modernerer Bau der Aufgabe angemessener sei. Dem Autodidakten in Sachen Architektur wurde der Auftrag übertragen. Arndt vereinfachte die ursprünglich geplante Fassadengliederung, ersetzte das Traufgesims durch ein Attikagesimsband und verzichtete auf den geplanten Mittelrisalit. Im Inneren wurden tragende Bauteile und Wände sowie die jeweiligen Bauteile des großen Saals und des Restaurants farblich voneinander abgesetzt. Bei der Gestaltung von Mobiliar und Ausstattung des Gebäudes orientierte sich Arndt an Arbeiten des Bauhauses. Um- und Anbauten durch die Grenztruppen der DDR zerstörten Teile der Ausstattung.

Lit.: Bauhaus-Archiv Museum für Gestaltung Berlin (Hrsg.): In der Vollendung liegt die Schönheit. Der Bauhaus-Meister Alfred Arndt 1898–1976, Kat. Berlin 1999

Ehem. Chemiefaserkombinat Schwarza

Schwarza
Industriegebiet Rudolstadt-Schwarza,
Breitscheidstraße
Otto Dziadek
1951–53

Neben der Stahlindustrie ist auch die Textilbranche ein wichtiger Wirtschaftszweig in der Region. Rudolstadt-Schwarza war seit 1970 Stammbetrieb des Chemiefaserkombinates Schwarza „Wilhelm Pieck". Nach den Entwürfen des Chefarchitekten im Entwurfsbüro für Industriebau Jena (s. auch Jena, ehem. Zeiss-Bau 23) entstanden in dem Industriekomplex mehrere Neubauten, darunter als dreiseitig die Halle umschließende, viergeschossige Randbebauung um eine Produktionshalle ein Sozialgebäude als eine industriell-strenge Variante einer „nationalen" Architektur. In einem axialsymmetrisch angeordneten vorgezogenen Mittelrisalit, der durch schmale Stahlbetonpfeiler gegliedert wurde, ist der Speisesaal der in drei Schichten arbeitenden Belegschaft geplant. Die Gliederung der Bauten mit Sichtbetonelementen und roten Klinkerverblendungen ist, wenn auch durch Anbauten teilweise veändert, erhalten. Der Architekt versuchte dabei sowohl den komplexen technischen Anforderungen des Betriebes gerecht zu werden als auch „eine gewisse architektonische Note" (1) in das Industrieareal zu bringen.

Im Zusammenhang
Zur „architektonischen Note" tragen mehrere Erweiterungen der fünfziger Jahre bei wie das ehem. Gebäude 408, das Hochhaus für die Polymerisation (großes Foto). Das ehem. Werksgelände wird heute unter Regie der Landesentwicklungsgesellschaft Thüringen zu einem Forschungszentrum für die Textiltechnik ausgebaut. Beispiele für interessante Neubauten sind etwa die Versuchsanlage der Polymer Engineering, Breitscheidstr. 150, von 1997–98. Die Entwürfe lieferte das Büro Bauconsult GmbH Erfurt, verantwortlich war Hartmut Probst.

(1) Dziadek 1956, S. 453.

Gasmaschinenzentrale der Maxhütte   SLF

Unterwellenborn
An der B 281
Architekt unbekannt
1923–28

In der Nähe
Auf dem ehem. Werksgelände der Maxhütte steht das heutige Verwaltungsgebäude des Stahlwerks Thüringen, ein Gebäude, das als einheitlicher Geschossbau errichtet und von der Planungs-AG für Bauwesen, Neufert, Mittmann, Graf 1995 unter Beibehaltung der tragenden Substanz ergänzt und erneuert wurde.

Von den einst umfangreichen Anlagen des VEB Maxhütte Unterwellenborn stehen heute nur noch die Gaszentrale und einige Röstofenfragmente. Die Maxhütte war 1872 in der Nähe des Erzbergbaureviers Kamsdorf gegründet worden, gehörte seit 1929 zum Flick-Konzern und war besonders im 2. Weltkrieg ein wichtiger Rüstungsproduzent. Nach 1945 war sie als einziger „Stahlstandort" ein Schlüsselbetrieb bei der Industrialisierung der DDR. Die Aktion „Max braucht Wasser" 1949 zum Bau einer Kühlwasserleitung für die Hütte durch freiwillige Arbeitseinsätze war eine der ersten propangandistischen Kampagnen der DDR-Politik. 1992 wurden die veralteten Hochofenanlagen stillgelegt und abgebrochen. Heute stehen dort die kombinierte Formstahlstraße (kl. Foto) und ein Elektrostahlwerk, die Restflächen werden durch die Landesentwicklungsgesellschaft Thüringen zu Industriegebieten ausgebaut. Die Gaszentrale ist ein schlichter zweigeschossiger Industriebau über 18 Achsen und längsseitigem Mittelrisalit mit Giebelfeld. In der Maschinenhalle standen mehrere Gasdynamos, die das im Hochofen anfallende Gichtgas verwerteten. Das Industriedenkmal soll in Zukunft kulturell genutzt werden.

SLF **Kulturhaus der Maxhütte**

Unterwellenborn

Hanns Hopp, Josef Kaiser
1951–55

„Kulturhäuser sind ein Geschenk des Sozialismus an den werktätigen Menschen. Als kulturpolitisches Zentrum der neuen Gesellschaft werden sie in Zukunft in unseren Dörfern und Städten als Begriff und als Bauwerk eine ebenso bedeutende Stellung einnehmen wie die eindrucksvollen Monumentalbauten in vergangenen Jahrhunderten. Wie diese werden sie sich in Raumfolge und Aufbau zum Typus vereinheitlichen und in ihrer künstlerischen Aussage zu einem Symbol unserer Zeit verdichten."(1) So beschrieb der maßgeblich am Bau beteiligte Josef Kaiser die baulichen und politischen Erwartungen an die spezifisch sozialistische Aufgabe. Das Raumprogramm orientierte sich am sowjetischen Vorbild. Im Zentrum der axialsymmetrischen, in der Talsenke zwischen Maxhütte, Dorf und Werkssiedlung weithin sichtbaren Parkanlage steht der große Saal. Ein kleineres Auditorium, Ballettsaal, Gaststätte, Zirkelräume und Bibliothek sind in den einen Ehrenhof bildenden Flügeln angeordnet. Die äußere Gestaltung des Bauwerks orientiert sich an „...unserer letzten Stilepoche, dem Klassizismus..."(2) Das Gebäude steht zurzeit leer.

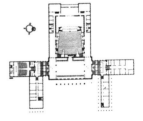

In der Nähe
In Nachbarschaft zum Kulturhaus entstanden zwischen 1951–54 das Wohngebiet „Vor der Heide" nach Entwürfen von E. Bauer und H. Grimm sowie eine Schule nach einem Wettbewerb 1948–49, an dem auch H. Henselmann, E. Hartmann und W. Lonitz teilnahmen. Lonitz erhielt durch die Gemeinde Unterwellenborn den Bauauftrag für den Schulbau, der zwischen 1950–51 ausgeführt wurde. Außerdem in Saalfeld-Gorndorf liegt, ebenfalls in der Nähe zum ehem. VEB Maxhütte, ein Wohngebiet, das seit 1951 in mehreren Bauabschnitten realisiert wurde.

(1) Kaiser 1954, S. 102.
(2) Kaiser 1954, S. 105.

Östliches Thüringen

Stadt Gera
G

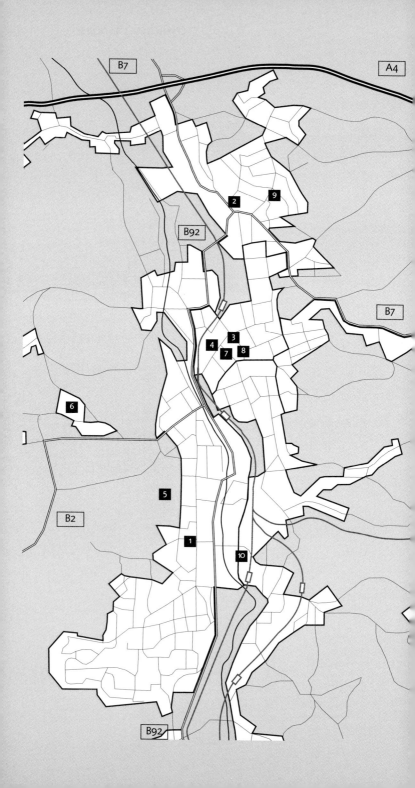

Östliches Thüringen
Stadt Gera

Gera
1 Ehem. Industriebau Traugott Golde
2 Haus Meyer
3 Ehem. Handelshof
4 Verlagsgebäude und Druckerei „Volkswacht"
5 Wohnhäuser Walter-Erdmann-Straße
6 Ehem. Bergarbeiterkrankenhaus
7 Wohn- und Geschäftsbebauung Breitscheidtstraße
8 Haus der Kultur

Gera-Bieblach
9 Wohngebiet Gera-Bieblach

Gera-Zwötzen
10 Ehem. Schulenburg & Bessler

Ehem. Industriebau Traugott Golde G

Gera
Wiesestraße 202
Thilo Schoder
1918–20

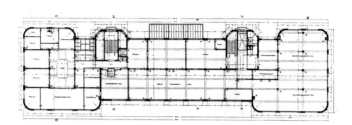

Im Zusammenhang
Die ehem. Frauenklinik Dr. Ernst Schäfer in der Juri-Gagarin-Str. 19 wurde 1929 ebenfalls von Thilo Schoder gebaut. Der sonst schmucklose dreigeschossige Klinkerbau ist an der Südseite wirkungsvoll über die Treppenhausverglasung gliedernde Betongesimsbänder mit einem viergeschossigen vorspringenden Eingangsbau für das Treppenhaus verschränkt. Das Gebäude wird heute gewerblich genutzt.

Der 100 m lange, zwei- und dreigeschossige Fabrikbau mit zwei Türmen war ursprünglich als Dreiflügelanlage geplant. Ausgeführt wurde jedoch nur der nördliche Flügel. Die Grundrisskonzeption des Baus folgt strikt den Erfordernissen des Produktionsablaufs eines damals expandierenden Industriezweiges, der Autokarosserieherstellung. Die Produktion erfolgte von oben nach unten. Folglich waren zur vertikalen Erschließung des Baus umfangreiche Aufzugs- und Treppenanlagen erforderlich, die in den Türmen untergebracht wurden. Auf gleicher Ebene mit den Werkstätten befanden sich auch Verwaltungs- und Büroräume mit dem Büro des Unternehmers. Die von gerahmten, großformatigen Fensteröffnungen durchbrochene Fassade dieses frühen Fabrikbaus in Eisenbeton mit harmonisch gerundeten Ecktürmen wird von einem gerundeten Walmdach abgeschlossen. Dabei griff der Architekt auf die Erfahrungen seines Lehrers van de Velde beim Bau des Kölner Werkbundtheaters zurück. Die südlich gelegene Wagenhalle von Schoder wurde zugunsten einer Einkaufszeile abgebrochen, über deren Architektur wir an dieser Stelle lieber schweigen.

Lit.: Der Industriebau 3/1923

Haus Meyer

Gera
Julius-Sturm-Straße 6
Thilo Schoder
1926–27

Das großzügige Wohnhaus auf einem zwei-flügeligen, L-förmigen Grundriss wurde auf einem abfallenden Gartengrundstück errichtet. Im EG befinden sich die repräsentativen Räume, besonders der zonierte Übergang von innen nach außen über die zentrale Wohnhalle, die beide Flügel verbindet, ist interessant. Alle Wohnräume sind nach Süden orientiert. Die äußere Erscheinung des Gebäudes prägen geschlossene, ineinander verschränkte Kuben aus farbigem Klinker und eine flache Dachlandschaft. Das Gebäude ist zentral überhöht durch einen im 3. OG liegenden Gymnastiksaal mit hoch liegenden Fenstern. Der Architekt orientiert sich einerseits in der Zonung und flügelartigen Anordnung der Räume an Frank Lloyd Wrights Prairie-Häusern, in der Gliederung der Baumassen aber an den Formen des Neuen Bauens, ohne jedoch in der Auflösung der tektonischen Elemente besonders weit zu gehen. Heute dient das gut erhaltene Haus dem MDR als Studio.

Lit.: Rüdiger, Ulrike (Hrsg.): Thilo Schoder. Architektur und Design. 1888–1979, Kat. Jena 1997

Ehem. Handelshof   G

Gera
Schloßstraße
Hans Brandt, Kurt Jahn
1928–29

In der Nähe
Das barocke Portal des ehem. Kutschenbachschen Hauses, das im Krieg ausbrannte, wurde 1966 nach Entwürfen von Hans-Dieter Sachse und Werner Lonitz in ein fünfgeschossiges Apartmenthaus am Johannisplatz 2 integriert. Das Meisterwerk Geraer Bildhauerkunst aus dem Jahr 1729 bildet einen Durchgang zum Markt. Das Apartmenthaus ist ein interessantes Beispiel für die Bemühungen, den als erhaltenswert erachteten Stadtkern im Rahmen der großen Neugestaltungspläne der sechziger Jahre zu erhalten.

Das Ergebnis eines beschränkten Wettbewerbs für ein weiteres städtebauliches Wahrzeichen unter in Gera ansässigen Architekten Ende 1927 war nicht eindeutig. Der Entwurf für die Geraer Stadtbank und -sparkasse des als Bankspezialist eingeladenen bekannten Berliner Architekten Hans Brandt erhielt den ersten Preis; das Preisgericht vergab auch dritte Preise, darunter den der Jury als hervorragend beurteilten Fassadenentwurf des Geraer Hofbaurates Kurt Jahn. Somit waren an dem Gebäude eigentlich drei Architekten beteiligt, der planende Architekt, der bauleitende Kurt Jahn und der für die Gesamtkoordination zuständige Stadtoberbaurat Wilhelm Luthardt. Der zehngeschossige Turm ist etwas in den Straßenraum vorgezogen und wurde markant an die Kreuzung dreier Straßen gerückt. Die markant herausgezogene Gebäudeecke in den letzten beiden Obergeschossen wird gefasst von einem schmalen Traufgesims. Die Baumasse der vier- und fünfgeschossigen Flügelbauten ist mit dem Turmschaft verklammert. Der Stahlbetonskelettbau wird im werksteinverkleideten Sockelgeschoss für große Schaufensteröffnungen durchbrochen.

G   Verlagsgebäude und Druckerei „Volkswacht"
Ehem. Leipziger Buchdruckerei

Gera
De-Smit-Straße 6
Paul Schraps
1928–29

Die Druckerei der sozialdemokratischen Tageszeitung „Volkswacht" und die Gewerkschaften planten in der Arbeiterhochburg Gera den Bau eines Verwaltungs- und Verlagszentrums für die Leipziger Buchdruckerei mit eigenem Druckereitrakt sowie für Geschäftsräume der SPD und eine Volksbuchhandlung. Weiter sollte ein Gewerkschaftshaus integriert werden. Aus einem Wettbewerb im Jahr 1927 ging der Leipziger Architekt Johannes Koppe als erster, Thilo Schoder als zweiter Preisträger hervor. Beauftragt wurde aber nach schlechtem altem Wettbewerbsbrauch der Geraer Architekt und Sozialdemokrat Paul Schraps, der über die besseren Kontakte zum Auftraggeber verfügte und darüber hinaus als Architekt vieler Wohnbauten für die ärmeren Schichten, z. B. mit den Geraer Eigenheimsiedlungen Am Kupferhammer des Gemeinnützigen Siedlungsvereins Ostthüringen auf dem Siedlungsgelände Schafwiesen (1925) bekannt geworden war. Das dreiflügelig angelegte, vier- und fünfgeschossige kubische Gebäude wurde nur teilweise fertiggestellt. Das Gewerkschaftshaus wurde nicht realisiert. Der Komplex wurde 1996 erweitert.

In der Nähe
In der K.-Keicher-Straße nahm 1956 mit 5 dreigeschossigen Wohnblöcken die Industrialisierung des Wohnungsbaues im Bezirk ihren Anfang. Die O-Serie der in Ziegelblockbauweise erstellten Bauten geht auf die Planer G. Vogel, G. Lempe, F. Schmerling zurück, die einen Typengrundriss, der vom Ministerium für Aufbau entwickelt worden war, in Montagebauweise mit tragenden Querwänden ausführten. Die städtebauliche Planung des bis 1958 vollendeten Wohngebietes zwischen J.-Gagarin- und K.-Keicher-Straße geht auf Entwürfe von L. Bortenreuter und K. Sommerer zurück. Das Ensemble wurde durch weitere Blöcke, teilweise mit Läden, ergänzt. (Entwurf: W. Lonitz & Kollektiv)

Wohnhäuser   G

Gera
Walter-Erdmann-Straße 28 und 30
Thilo Schoder
1928–31

In der Nähe
Das Wohnhaus von Schoder für den Arzt Dr. Hans Simmel aus dem Jahr 1928–29 in der Vollersdorfer Straße 13. Der flachgedeckte Holzskelettbau, verkleidet mit einer horizontalen Stülpschalung, enthielt auch eine Arztpraxis. Der Bauherr war eines der ersten Opfer der NS-Rassenpolitik in Gera im Jahr 1933.

Die zwei nahezu identischen Wohnhäuser auf dem Hang des Fuchsberges machen ernst mit der aus wirtschaftlichen Gründen gebotenen Rationalisierung der Planung. Um Honorar zu sparen, unterscheiden sich die Grundrisse der beiden benachbarten Häuser kaum, sie werden auch durch eine gemeinsame Außentreppe für beide Häuser erschlossen. Die Bauherrenschaft, zwei befreundete Lehrer, war nicht mit Reichtümern gesegnet und deswegen wohl mit den kleinen Wohnräumen im Erdgeschoss einverstanden, welche die dreifache Staffelung des Baukubus ergeben. Das Speisezimmer, das Wohnzimmer und die Diele können durch Falttüren entweder räumlich zusammengelegt oder getrennt werden. Der Flur wird bei dieser Lösung eingespart. Die weiß geputzten Fassaden der Häuser werden im Südosten von Eckfenstern durchbrochen, die einen schönen Ausblick über das Tal gewähren. Sonntags, so wurde berichtet, wanderte die Bevölkerung Geras schon während der Bauphase zu den „amerikanischen Häusern".

Die Bauten sind, teilweise geringfügig erweitert, erhalten.

Lit.: Rüdiger, Ulrike (Hrsg.): Thilo Schoder. Architektur und Design. 1888–1979, Kat. Jena 1997

Ehem. Bergarbeiterkrankenhaus

Gera
Hermann-Schomburg-Straße 9
*Hermann Schmidt,
Günther Krumbein,
Werner Massopust, Horst Walter*
1957–64

Das heutige Klinikum II wurde als Spezialklinik für die Bergarbeiter des Uranbergbaues der Wismut AG errichtet, die ein besonders hohes gesundheitliches Risiko zu tragen hatten. Der Bau besteht aus einem achtgeschossigen Bettenhaus mit 600 Betten als Hauptklinik mit 14 Stationen, einer baulich getrennten, östlich vorgelagerten Infektionsabteilung und der westlich gelegenen Frauenklinik. Es zählt damit neben dem Krankenhaus in Saalfeld, Belzig und Hennigsdorf zu den frühen Krankenhäusern der DDR, die formal von der zur Bauzeit vorherrschenden Doktrin der Nationalen Tradition bestimmt waren, aber schon in den sechziger Jahren von der Entwicklung der komplexen medizinischen Versorgung durch allgemeine Krankenhäuser eingeholt wurden. Da die Kosten für den Bau und Betrieb von Krankenhäusern, bedingt durch die technische Entwicklung, stiegen, gab es in der DDR Ende der sechziger Jahre Überlegungen, den Bau und vor allem die Planung stärker zu rationalisieren.

In der Nähe
Ehem. Villa Paul Schulenburg von Henry van de Velde, 1913–14, Straße des Friedens 120. Die zweigeschossige Villa aus rotem Backstein mit Pförtnerhaus ist das wichtigste Jugendstilbauwerk Geras. Die Wohnräume des luxuriösen Hauses greifen ineinander und zeichnen sich nach außen durch zweigeschossige Erker ab. Die ursprüngliche Raumgliederung im Inneren wurde durch Umbauten teilweise zerstört. Der Bauherr richtete auf dem großen Grundstück eine Orchideenzucht ein, für die Thilo Schoder ein heute nicht mehr vorhandenes Gewächshaus entwarf.

Lit.: Deutsche Architektur 11/69

Wohn- und Geschäftsbebauung Breitscheidstraße G

Gera
Breitscheidstraße 4–12 (A) und 1–7 (B)
*Städtebau: Lothar Bortenreuter, Dieter Jantke,
Lutz Weidemann, Horst Vogler u. Kollektiv (A)
Hochbauentwurf: Hartmut Seidel, Brita Kloth,
Rolf Deckert*
1974–76 (A), 1972–74 (B)

In der Nähe
Die westl. Seite der Breitscheidstr. 1–7 und die weitere Bebauung bis zur Friedrichstr. wurde verstanden als zielgerichtete „…Umgestaltung des westlichen Bereiches des Stadtzentrums durch Ablösung der chaotischen Funktions- und Bebauungstrukturen." Sie wurde von 1972–74 nach Entwürfen von C. Seyfarth, G. Hahnebach, H. Seidel (Bebauung Breitscheidstr.) ebenfalls mit elfgeschossigen Wohnscheiben bewältigt.
In der Reihe erdgeschossiger Pavillonbauten ragt die zweigeschossige „Gera-Information" mit ihrem verglasten OG besonders heraus.

Die Bebauung der Breitscheidstraße ist ein wichtiger Teil der radikalen städtebaulichen, verkehrsgerechten Neugestaltung der teilweise kriegszerstörten westlichen Innenstadt Geras. Die Bebauung der Ostseite der Breitscheidstraße ist dabei eine baulich interessante Besonderheit, wie sie z. B. auch in der Karl-Liebknecht-Str. in Berlin zu finden ist: elfgeschossige Wohnbauten des Typ P2 in Kombination mit baulich integrierten, zweigeschossigen Versorgungsbauten, ausgeführt in Stahlskelettbauweise.

„Baukörpergestalt, Raumgliederung und Höhenstaffelung der Ladenvorbauten sind in Verbindung mit der horizontalen Linienführung des Sonnenschutzes vor den Schaufenstern und den dazu in Kontrastwirkung stehenden geschlossenen Wandflächen die … Gestaltungselemente dieser Einkaufszone.

Der breite boulevardähnliche Fußweg ist unter Ausnutzung des natürlichen Geländegefälles etwa 1,80 m über das Straßenniveau angehoben und wird durch eine Baumreihe (Spitzahorn) begrenzt."

Lit.: Architektur der DDR 5/1978

Haus der Kultur

Gera
Zentraler Platz/Schloßstraße
*Städtebau: Lothar Bortenreuter u. Kollektiv
Projekt: Manfred Metzner, Günther Ignaczak
Günther Gerhardt, Karlheinz Günther,
Gerd Kellner, Günter Meißgeier
1977–81*

Die Strukturplanungen für den Wiederaufbau des zerstörten Stadtzentrums waren 1960 abgeschlossen. Wesentliche Ziele waren die Beseitigung der Mängel der, wie man es damals empfand, unorganisch gewachsenen und kriegszerstörten Innenstadt, der Ausbau des Straßennetzes für heutige und zukünftige Anforderungen und die Schaffung eines der Bedeutung der Bezirkshauptstadt entsprechenden zentralen Platzes bei gleichzeitiger Erweiterung der kulturellen und wirtschaftlichen Einrichtungen. Damit verbunden war eine restlose Umgestaltung des Zentrums. Das ehem. Haus der Kultur, heute Kultur + Kongresszentrum Gera, bis heute größte Veranstaltungshalle in Ostthüringen mit 1.780 Plätzen, erinnert an größere Stadtvisionen. Das Haus bildet mit seiner breit gelagerten, sandsteinverkleideten und an der Front zum zentralen Platz großzügig verglasten Fassade einen wichtigen Punkt in der Abfolge großräumiger, heute nicht geschätzter offener Stadträume. Die 450 qm der Foyerwand des großen Saales wurde von 25 Bildhauern unter der Regie von Jo Jastram 1979–81 mit dem plastischen Relief „Lied des Lebens" gestaltet.

In der Nähe
Das Parkhaus Sorge an der Ecke Gagarinstr./Clara-Zetkin-Str. bildet eine markante Ecksituation: Die Straße wird unter einer offenen Gebäudeecke hindurch geführt. Die Fassade wird durch punktgehaltenes Glas gestaltet. Das Gebäude wurde von dem Architekten Reuß aus Memmelsdorf (bei Bamberg) 1995–96 gebaut. In der Reichstr. 27–45 entstanden bereits 1959–63 nach Entwürfen von G. Vogel, G. Meißgeier, W. Reif, K. Günther Wohngebäude in Ziegelgroßblockbauweise mit zweigeschossigen Ladeneinbauten, die mit einem zehngeschossigen Eckturm abschließen.

Lit.: Deutsche Architektur 2/1960

Wohngebiet G

Gera-Bieblach
J.-R.-Becher-Straße, Glück-Auf-Weg,
Straße d. Bergmanns
*Lothar Bortenreuter, Karl Sommerer
u. Kollektiv (Städtebau)*
1958–89

In der Nähe
Das größte Neubauviertel Geras ist das Wohngebiet Gera-Lusan mit einem Wohnungsbestand von heute 16.500 Wohnungen, das etwa vier Kilometer vom Stadtzentrum zwischen Lusan, Oberröppisch und Zeulsdorf in sieben Bauabschnitten seit 1973 errichtet wurde. Landschaftlich bestimmendes Element war dabei die Talmulde, die das Gebiet mittig durchläuft. Da das hängige Gelände teilweise umfangreiche Erdarbeiten angesichts der linearen Baukörperstruktur der Montagebauweise erfordert hätte, wurden in Lusan erstmals gekrümmte Plattenbautypen entwickelt.

Das Stadtquartier Bieblach war im Jahr 1989 noch nicht baulich abgeschlossen. Deswegen ist dort noch ein Großteil der Entwicklung des Montagebaues unverkleidet zu sehen. Das Stadtquartier auf nach Westen und Südwesten geneigtem Gelände liegt im Norden der Stadt und wird von der J.-R.-Becher-Straße, die einem muldenartigen Geländebruch folgt, mittig erschlossen. Darunter besonders zu erwähnen sind die fünfgeschossigen Punkthäuser Glück-Auf-Weg 2–8 nach Entwürfen von G. Gerhardt und H. Wartenberg, die noch in 0,8-MP-Blockbauweise errichtet wurden und eine Plattenstruktur nur vortäuschen. Entlang der J.-R.-Becher-Straße (Nr. 2, 4, 8 und 12) gruppieren sich die zehngeschossigen Punkthochhäuser von H.-D. Sachse aus dem Jahr 1965, die in Grundriss und mit den auf dem Dach untergebrachten Gemeinschaftseinrichtungen noch an das Hochhaus an der Weberwiese in Berlin erinnern. Die in 2-Mp-Streifenbauweise errichteten Haustypen wurden in Jena und Plauen mehrfach wiederverwendet. Im Wohngebiet Gera-Nord und in Bieblach-Ost ist das Sortiment an Bauserien der siebziger und achtziger Jahre zu bestaunen.

Lit.: Deutsche Architektur 6/1966

G Ehem. Seidenweberei Schulenburg & Bessler

Gera-Zwötzen
Lange Straße 71
Thilo Schoder
1925–26

Der Auftraggeber dieses Erweiterungsbaues über einem vorhandenen zweigeschossigen Fabrikationsgebäude war der modernen Architektur gegenüber offene Unternehmer Paul Schulenburg. Dieser ließ bereits 1913–14 nach Plänen van de Veldes sein privates Wohnhaus in der Straße des Friedens 120 errichten. Das florierende Textilunternehmen wurde um Maschinensäle, Büroetagen und Garderoben erweitert, wobei kolossale Pfeiler aus Klinker der Struktur des Altbaus vorgeblendet wurden. Ein mittiges, symmetrisch angeordnetes Treppenhaus ist mit einer von Schoder hier erstmals realisierten Vertikalstruktur aus abgerundeten, eng geschichteten Betonplatten und gerundeten Fenstern gegliedert. Die zwei neuen, flach gedeckten Geschosse wirken horizontal geschichtet durch umlaufende Gesimse, Brüstungselemente und Fensterbänder. Die tragenden Stahlbetonbauteile treten innen hinter die Fensterbänder zurück. Die Inneneinrichtung, Reste davon sind noch erhalten, bestand aus dunklen, geometrisch ornamentierten Holzverkleidungen. Betonoberflächen wurden sorgfältig werksteinartig behandelt.

In der Nähe
Ein zweiter Bauabschnitt der Bauten auf dem Werksgelände aus dem Jahr 1927–28 stammt ebenfalls unverkennbar von Thilo Schoder. Die bereits bestehende Shedhalle neben dem aufgestockten Hauptgebäude wurde nach Norden hin bis zur Langen Str. erweitert, unweit ist auch die Schleifmaschinenfabrik Gebr. Weissker, Kaimberger Staße 9, des gleichen Architekten, die mit ihrer repräsentativen Eckfassade an einem Eckgrundstück an das Haus Lessner in Weimar erinnert.

Lit.: [Schoder, Thilo]: Thilo Schoder, Berlin [u. a.] 1929

Östliches Thüringen

Saale-Holzland-Kreis
SHK

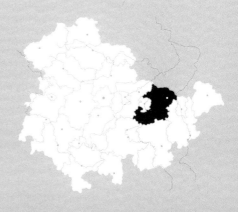

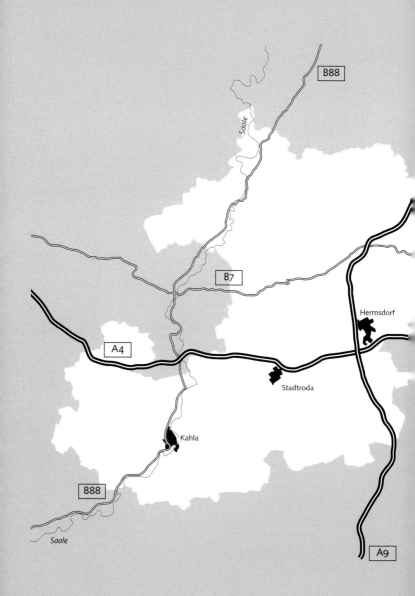

Östliches Thüringen
Saale-Holzland-Kreis

Hermsdorf
Siedlung „Am Neuen Haus"
Versorgungszentrum Waldsiedlung

Kahla
Ärztehaus

Stadtroda
Landesfachkrankenhaus
  Neurologie/Psychiatrie

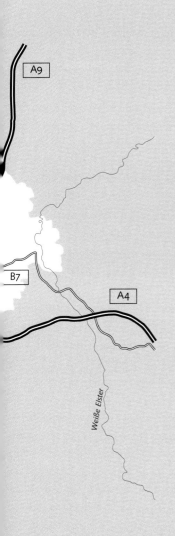

Siedlung „Am Neuen Haus" SHK

Hermsdorf
Am Neuen Haus 2–7
Thilo Schoder, Ernst Trommler
1926–27

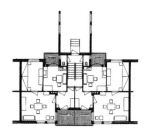

In der Nähe:
Hermsdorfer Kreuz, Autobahnraststätte Hermsdorf, Architekt unbekannt, 1937–38.
In der Eisenbergstraße in Hermsdorf sind die Wohn- und Geschäftshäuser 79, 80 und 83 sehenswert, über die leider keine Informationen verfügbar sind.

Die unweit von der Autobahn gelegene Siedlung „Am Neuen Haus" war die erste Siedlung, die von dem Architekten Thilo Schoder in Thüringen gebaut wurde. Die in einer Reihe stehenden dreigeschossigen Wohnblöcke besitzen zur Straßenseite hin Risalite und Balkone; an der Rückseite befinden sich niedrigere Anbauten. Die Planung der Anlage, an der auch Ernst Trommler mitarbeitete, bezieht bereits 1926–27 die Inneneinrichtung der Wohnungen mit ein. Es erfolgte eine Erstausstattung mit Einbaumöbeln, auch sanitärtechnische Neuerungen wurden berücksichtigt. Diese detaillierte Gestaltung ergänzte die optimal genutzte Wohnfläche. Die ehemals abwechslungsreich gestaltete Fassade mit vor- und zurückspringenden Bauteilen wurde 1953 durch geplante Wohnungserweiterungen auf der westlichen Straßenseite begradigt. Das Flachdach wurde durch ein Satteldach ersetzt. Die bereits erwähnte Umbaumaßnahme sowie das Verputzen veränderten den ursprünglichen Charakter enorm, nur auf der Hofseite lässt sich dieser noch erahnen.

Lit.: Rüdiger, Ulrike (Hrsg.): Thilo Schoder. Architektur und Design. 1888–1979, Kat. Jena 1997

SHK   **Versorgungszentrum Waldsiedlung**

Hermsdorf
Waldsiedlung
Kollektiv Wolfgang Fiedler
1972

Inmitten der Waldsiedlung befindet sich das dazugehörige Versorgungszentrum. Die Anlage gliedert sich in wabenförmige eingeschossige Baukörper, die unterschiedliche Funktionen wie Dienstleistungen, Praxen, Post und Sparkasse beherbergen. Einzelne Pavillons stehen frei, andere sind miteinander kombiniert. Um alle wabenförmigen Pavillons wurden unter der Traufe Kragplatten angeordnet, die zusammen mit der Grundrissform dem Ensemble ein weiteres gemeinsames Gestaltungselement geben. Die Fassaden bestehen aus Glas oder massiven Wandteilen mit verkleidenden Betonornamentsteinen.

Die Gestaltung der Außenanlagen passt sich der winkelförmigen Struktur der Anlage an. So verlaufen die Treppen parallel zum Grundriss der wabenförmigen Anlage und akzentuieren den Freiraum. Bei dem Ensemble wurde bei der Planung eine einheitliche Gestaltung angestrebt.

In der Nähe
Ehem. Tridelta Werke, Hermsdorf.
Die Tridelta Werke prägten das Stadtbild Hermsdorfs. Heute siedeln sich auf dem weitläufigen Gelände neue Firmen an.

363

Ärztehaus
Ehem. Verwaltungsgebäude der Porzellanwerke

SHK

Kahla
Bahnhofstraße 25
Hans Wiesinger
1922–23

Das 1922–23 gebaute Verwaltungsgebäude der ehem. Porzellanfabrik Kahla wird heute als Ärztehaus genutzt.

Das ehem. Verwaltungsgebäude gliedert sich in einen viergeschossigen Hauptbau und zwei niedrigere Flügel. Die Fassaden des Komplexes sind einheitlich gestaltet. Auffällig sind die „Blendarkaden", die bis zur Traufe hinauf gezogen sind.

Das Erscheinungsbild des verputzten Verwaltungsgebäudes steht im großen Kontrast zu den verklinkerten Industriebauten der Porzellanwerke Kahla, die sich entlang der parallel verlaufenden B 88 erstrecken. In die gesamte, weitläufig verteilte Fabrikanlage (kleines Foto), 1844 gegründet, wurde 1964 auch ein neu erbautes Verwaltungsgebäude eingegliedert, um die bestehende räumliche Entfernung zum alten Verwaltungsbau zu verringern.

Die heutige Firmenbezeichnung lautet Kahla/Thüringen Porzellan.

Lit.: Verein zur Regionalförderung von Forschung, Innovation und Technologie für die Strukturentwicklung e. V. (Hrsg.): Porzellanfabrikation in Kahla, Stadtroda o. J.

SHK Landesfachkrankenhaus Neurologie/Psychiatrie

Stadtroda
Bahnhofstraße 1
Kappler Architekten
1996–99

Das Gelände des Landesfachkrankenhauses liegt auf einer Anhöhe. Um einen großen begrünten Platz entlang der Straße gruppieren sich Gebäude aus verschiedenen Bauzeiten.

In die Anlage wurden in mehreren Bauabschnitten Neubauten für die Abteilungen der Neurologie/Psychiatrie und der Arbeits- und Beschäftigungstherapie integriert. Die Innere Abteilung wird saniert und durch den Anbau eines Treppenturmes ergänzt.

Das Gebäude für die Arbeits- und Beschäftigungstherapie (B) zeichnet sich durch großzügige Fensterflächen mit schmalen Verdachungen aus, die durch die Betonung der Horizontalen das Fassadenbild prägen. Der offen gestaltete Eingang an der Gebäudeecke integriert sich in die asymmetrische Anlage mit dem zusätzlichen herausgeschobenen Baukörper für den Pförtnerbereich.

Dieser Bau und die beiden anderen Gebäude heben sich durch die „leichte" Architektur und die Materialkombination von Putz-Glas-Holz aus dem Altbaubestand hervor.

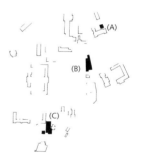

Östliches Thüringen

Saale-Orla-Kreis
SOK

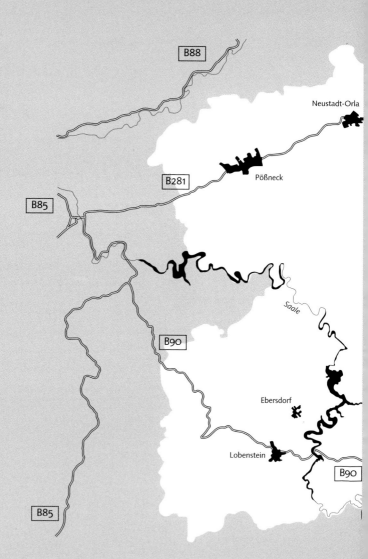

Östliches Thüringen
Saale-Orla-Kreis

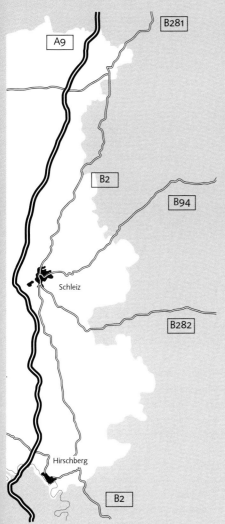

Schleiz
Verkehrshof

Ebersdorf
Schule

Hirschberg
Kulturhaus

Lobenstein
Landratsamt

Neustadt/Orla
Fitnesscenter
Kino „Capitol"
Wohnhaus Dimitroffstraße
Verwaltungs- und Produktions-
  gebäude Docter Optics

Pößneck
Siedlung „Am Gruneberg"
Siedlung „Am Gries/Neustädter
  Straße"
Wohnungsbauten Bahnhofstraße
Verwaltungsgebäude der AOK

Verkehrshof   SOK

Schleiz
Oschitzer Straße 80
Fritz Sauer/VEB Industrieprojek-
tierung Erfurt
Baujahr unbekannt

In der Nähe
Das Landratsamt Schleiz in der Oschitzer Straße 4 wurde 1936–37 gebaut. Der Architekt ist leider unbekannt.

Der Verkehrshof Schleiz liegt an einer Ausfahrtstraße des Ortes. Zu dem Verkehrshof gehören die Omnibushaltestellen mit Werkstätten, die Einzelgaragen für LKW und PKW und ein Sozialgebäude. Das Grundsystem besteht aus einem Kreisverkehr, damit keine Probleme bezüglich der Wenderadien entstehen. Die Halle ist, um die Binderspannweiten zu verringern, in zwei Teile gegliedert. Im Mittelbereich bringen Oberlichtbänder zusätzliches Licht.

In der Fassade werden die Hallen über den optisch gut integrierten Mittelteil verbunden. Ein gleichmäßiges Raster für die Fensteröffnungen ist hier die Grundlage. Das Gebäude entstand in den 50er Jahren, die genaue Bauzeit ist nicht bekannt.

Ein besonderes Augenmerk verdient die Tankstelle, die sich mit ihrer weit überkragenden Dachfläche etwas aus dem Ensemble herauslöst.

Lit.: Deutsche Architektur 7/1959

Ebersdorf
Weg der Jugend 6
*Günther Hack,
Hermann Henselmann*
1949–53

Die Schule ist in den landschaftlichen Rahmen eines Parks eingebunden. Der gesamte Komplex der Lehrgebäude ist im Pavillonstil gehalten und wurde nach einem Schweizer Vorbild erbaut. Die Kombination der Materialien Holz, Dachschiefer, Grünstein und Glas wurde von dem Erfurter Architekten Günter Hack umgesetzt. Der oft als Architekt genannte Prof. H. Henselmann hatte den Standort bestimmt und vermessen und war vermutlich am Entwurf beteiligt.

Zwischen den drei kammartig angeordneten Gebäudeflügeln wurden Gartenteile für den Unterricht im Freien gestaltet.

In den Jahren 1969–71 wurde in dem Inneren für jedes Fach ein Fachkabinett eingerichtet. Die ästhetische und fachspezifische, motivierende Wandgestaltung dieser Fachkabinette nahm der Kunsterzieher M. Werner vor.

In der Nähe
Im Schlosspark findet sich das Kulturhaus Ebersdorfs. Der schlicht gehaltene Bau, gebaut in den 50er Jahren, besticht durch die hohen Fenster, die auf den Saal hinweisen.

Lit.: Arbeitsgemeinschaft zur Erforschung der Geschichte Ebersdorfs (Hrsg.): Schriftenreihe zur Erforschung der Geschichte Ebersdorfs, Hefte 1–5, 1991/1992

Kulturhaus   SOK

Hirschberg
Gerberstraße
*Studentenkollektiv der
Weimarer Hochschule, Leitung
Hermann Henselmann*
1948–49

In der Nähe
Die Schule in Hirschberg, erbaut von dem Architekten Ernst Flemming 1938–39, steht in einem großen Kontrast zu dem zuvor ebenfalls von Flemming erbauten Verwaltungsgebäude der AOK in Pößneck.

Das auf einem Eckgrundstück errichtete Kulturhaus wurde in verschiedene Gebäude der ehemaligen Lederfabrik integriert, von denen nur noch Teile erhalten sind. Der Bau der ehemaligen Lederfabrik entstand in den Jahren 1948–49 kurz nach dem Ende des II. Weltkrieges unter schwierigen Bedingungen. Unter Leitung von Prof. H. Henselmann, dem damaligen Direktor der Bauhochschule Weimar, entwickelte eine Gruppe von Studenten höheren Semesters, darunter auch ein Sohn Otto Grotewohls, einen Entwurf. Dieser Entwurf nahm das bereits vorhandene Dieselmotorenhaus der Lederfabrik als Grundlage.

Der Bau bewältigt durch seine abgerundete Ecke die städtebauliche Lage an der Straßenkreuzung. Die ungewöhnliche Dimension von geschlossenen Wandflächen der Fassaden zur Straße hin werden auf der einen Seite durch ein tief liegendes Fensterband und auf der anderen Seite durch die großzügige Fensterfläche vor dem Saal akzentuiert.

SOK   Landratsamt

Lobenstein
Heinrich-Behr-Straße 4 a
Rolf Metzner
1973

Das 1972 von dem Architekten Rolf Metzner geplante Gebäude wurde als Verwaltungsgebäude des Rates des Kreises Lobenstein verwirklicht.

Das überdimensionierte, einzige Hochhaus wirkt jedoch in einer Kleinstadt wie Lobenstein unangepasst. Durch die Hanglage des Gebäudes entsteht ein noch imposanterer Eindruck. Der Besucher, der von der unterhalb liegenden Poststraße kommt, muss das Amt regelrecht erklimmen. Nicht zuletzt durch die nicht eingehaltene Bauhöhe im Vergleich zu den Nachbargebäuden wird das Landratsamt eher als negatives Baubeispiel der 70er Jahre betrachtet. Die Fassadengestaltung mit den Holzelementen, die den Balkoncharakter hervorheben, zeigen eine Horizontalität, die die vertikale Betonung eines Hochhaus nur geringfügig mindern kann.

In der Nähe
Das Kulturhaus der Stadt Lobenstein liegt in einem Schlosspark, der das Kulturhaus, das Schloss und einen Pavillon miteinander verbindet. Aufgrund der Nähe zwischen den Gebäuden wurde das Kulturhaus in seiner Gestaltung dem Schloss und dem Pavillon angepasst. Das Gebäude wurde von Otto Meinel und Rolf Metzner 1953 erbaut.

Fitnesscenter
Ehem. Maschinenfabrik Seelemann

SOK

Neustadt/Orla
Mühlstraße 22
Thilo Schoder
1922–23

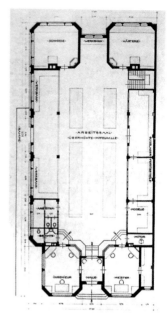

In der Nähe
1923 entwarf Thilo Schoder das Landhaus Seelemann, bei dem der Bauherr wahrscheinlich mit dem Besitzer der Maschinenfabrik identisch war. Das Landhaus blieb leider ein Projekt und wurde nicht realisiert.

In den Jahren 1922–23 wurde nach dem Entwurf von Thilo Schoder die Maschinenfabrik Seelemann & Söhne gebaut. Die Lage in Neustadt/Orla zeichnet sich durch einen Seitenzweig der Mühlstraße aus. Das heutige Fitnesscenter ist durch die Nähe zum unmittelbar unterhalb liegenden Parkhaus sehr gut erschlossen. Das ansteigende Gelände wird durch ein Kellergeschoss ausgeglichen, das auch als zweiter Eingang dient.

Das langrechteckige Gebäude besitzt einen erhöhten, durch Lichtgaden illuminierten Mittelteil (ehemalige Werkhallen). Die angegliederten niedrigeren Seitenschiffe sind zu den Schmalseiten hin als Eckrisalite vorgezogen und rahmen jeweils die dort befindlichen Eingänge. Die Eckräume über wabenförmigen Grundrissen verweisen auf die weiteren Bauten Schoders wie z. B. das Haus Lessner in Weimar.

Lit.: Rüdiger, Ulrike (Hrsg.): Thilo Schoder. Architektur und Design. 1888–1979, Kat. Jena 1997

Kino „Capitol"

Neustadt/Orla
Mauergasse 2
H. Pechstädt
1937

Das Kino Capitol liegt an der Straßenkreuzung Mauergasse/Rodaer Straße. Der Eingang an der Schmalseite wird über einen Vorplatz mit einer niedrigen Mauereinfassung erschlossen, dessen Ecken abgerundet sind. Dieses gestalterische Motiv wird in der vorkragenden Überdachung des Entrées wieder aufgenommen. Die zweiflügelige Tür ist zurückgesetzt, durch die tiefe, abgeschrägte Laibung wirkt der Eingangsbereich geradezu monumental, was durch den Materialkontrast zur Putzfassade noch unterstützt wird.

Die Fassade der Längsseite wird im vorderen Bereich symmetrisch gegliedert, wobei das vertikale Fensterband die Mittelachse mit dem dahinter liegenden Treppenhaus betont. Der anschließende Baukörper, der den eigentlichen Kinosaal beherbergt, wird nur durch ein Ornamentband in der Attikazone gestaltet.

In der Nähe
Die ehem. Weberei in der Triptiser Straße 13 wurde ebenfalls von dem Architekten H. Pechstädt 1937 gebaut.

Wohnhaus Dimitroffstraße SOK

Neustadt/Orla
Dimitroffstraße 24
Architekt unbekannt
1930–31

Das 1930–31 entstandene Wohnhaus, ein kubischer, flach gedeckter Bau, besitzt einen an der südlichen Seite angegliederten Vorbau mit integrierter Treppe und einen spitz zulaufenden Erker an der Westseite. Letzterer öffnet sich in der oberen Hälfte durch zwei schmale hohe Fenster.

Eine weitere Akzentuierung erfährt der Baukörper auf dieser Seite durch jeweils zwei übereinander platzierte, um die Ecke geführte Fenster. Die übrige Fassade wird im Erdgeschoss und Obergeschoss nur durch jeweils drei kleine Fenster durchbrochen, die mittels Sichtklinker verbunden wurden.

Das in einem ruhigen Viertel gelegene Wohnhaus steht mit seinen interessanten beschriebenen Charakteristika im Kontrast zu den umliegenden Häusern, insbesondere auch durch die klare Formgebung und die weißen Fassadenflächen.

SOK Verwaltungs- und Produktionsgebäude Docter Optics

Neustadt/Orla
Mittelweg 29
*Architekten RSE
Reiser, Stremme, Engelhard*
1997–98

Der in einer Senke nahe der Bundesstraße liegende Gebäudekomplex zieht speziell durch den weiß verputzten Verwaltungsbau, der an die Produktionshallen angegliedert ist, die Aufmerksamkeit auf sich.

Die Funktionsteilung dieser Bereiche, die je nach Anforderung erweiterbar sind, wird auch im architektonischen Erscheinungsbild ablesbar. Der kühle, sachliche Eindruck des grau gehaltenen Produktionstraktes unterstützt mit seiner Materialwahl das Hervorheben des Verwaltungsbereiches. Im Inneren besteht zwischen Verwaltung und Produktion ein intensiver Sichtkontakt durch eine hohe Transparenz in Form von Glaselementen.

Der zweistöckige, die Verwaltung beherbergende Bau schiebt sich nach Osten aus dem Ensemble heraus. Die rahmenden Wandscheiben der Fassade sind in dieser Richtung abgeschrägt. Das untere Geschoss springt der Schräge folgend zurück, während das Obergeschoss auskragt.

Der Produktionspalette des Unternehmens verpflichtet, werden eigens Beleuchtungssysteme entwickelt. Durch Lichthöfe und Außenbeleuchtung wird dieses Konzept noch bestärkt.

In der Nähe
Die Sport- und Festhalle in der Friedhofstraße wurde von Kösler, Sulger & Partner und Mener + Hilschmann 1994–97 geplant und umgesetzt. Die dreizügige Halle wird für unterschiedliche Veranstaltungen genutzt und hebt sich durch die Kombination der eingesetzten Materialien in der Stadt hervor.

Siedlung „Am Gruneberg" SOK

Pößneck
Am Gruneberg,
Heinrich Tessenow
1921–22

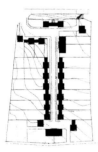

In der Nähe
Die Siedlung an der Saalbahnstraße, erbaut 1921–22 von Heinrich Tessenow, ist durch die Sanierung leider stark verändert wurden.

Die Siedlung „Am Gruneberg" ist die erste, die Heinrich Tessenow in Pößneck plante und umsetzte. Seit 1920 arbeitete Tessenow an der Siedlung, die 1921–22 von der „Gemeinnützigen Baugesellschaft m.b.H. Pößneck/Thüringen" errichtet wurde.

Die Siedlung sollte den Charakter einer Kleinhaussiedlung mit Einfamilienhäusern haben, aber auch kostengünstig geplant und gebaut werden. Die Umsetzung der Bauaufgabe sollte nicht nur städtebaulich, sondern auch durch die Gestaltung der Häuser vorgenommen werden.

Die Siedlung ist in zwei zueinander parallel liegende Reihen mit vorderem und hinterem Abschluss aufgeteilt (Lageplan), die Reihung wird durch die Baumbepflanzung aufgelockert. Die einzelnen Häuser gliedern sich in einen Massivbau und einen Annex. Ein Gartenbereich sorgt für Abgeschiedenheit, die den Privatbedürfnissen gerecht wird.

Leider ist heute keines der Typenhäuser mehr im Original erhalten.

SOK   Siedlung „Am Gries/Neustädter Straße"

Pößneck
Am Gries/Neustädter Straße
Heinrich Tessenow
1921–22

Die Siedlung in der Neustädter Straße und Am Gries besteht aus Ein- und Zweifamilienhäusern (kleines Bild rechts). Der Stadtrand, der die Siedlung früher markierte, hat sich in Richtung Neustadt/Orla verschoben.

Die Fassaden sind von leicht asymmetrischen Giebeln bekrönt, die den Höhenunterschied des ansteigenden Geländes ausgleichen.

Eines der weningen im ursprümglichen Zustand erhaltenen Gebäude steht in der Neustädter Straße 130 (großes Bild oben). Die Originalpläne von diesem Objekt wurden 1991 in der Ausstellung „Heinrich Tessenow 1876–1950" des Deutschen Architekturmuseums in Frankfurt/Main und auf der 5. Architekturbiennale in Venedig gezeigt.

Lit.: Michelis, Marco de: Heinrich Tessenow. 1876–1950.
Das architektonische Gesamtwerk, Kat. Stuttgart 1991

Wohnungsbauten Bahnhofstraße   SOK

Pößneck
Bahnhofstraße 20–22
Gerber + Kerner
1927–28

In der Nähe
Das Hotel in der Poststraße 5 wurde
von den Architekten Lossow + Kühne
1937 durch verschieden Umbaumaß-
mahmen verändert.

Die Wohnbauten in der Bahnhofstraße wurden für den Gewerkschaftsbund der Angestellten Pößnecks realisiert, Bauherr war die Gemeinnützige Bau- und Siedlungs-Aktiengesellschaft „Heimat" Berlin-Zehlendorf.

Die Lage am Hang in der Nähe des Zentrums wird durch einen vorgelagerten Grünbereich aufgelockert.

An den sonst relativ schlicht gehaltenen Gebäuden fällt der skulpturale Schmuck erst bei näherer Betrachtung auf. Über dem Hauptportal ist eine Gruppe von drei Personen zu sehen. Gegenstand der Darstellungen sind Frauen, dokumentiert wird ihre damalig vorrangige Stellung in Haus und Familie. Dergestalt werden traditionelle Werte der Erbauungszeit in die Gegenwart transportiert. Dieser Bau steht in direktem Kontrast zu dem Verwaltungsgebäude der AOK in Pößneck.

Lit.: Amtsblatt Pößneck 7/98

SOK — Verwaltungsgebäude AOK

Pößneck
Neustädter Straße 95
Ernst Flemming
1930–31

Das 1930 begonnene, schon damals für die Allgemeine Ortskrankenkasse geplante Gebäude sollte ursprünglich aus zwei Flügeln und einem Kopfbau bestehen, doch der Verwaltungsbau an der Saalbahnstraße ist nie verwirklicht worden.

Die städtebauliche Situation wurde durch den an der Ecke platzierten Zylinder, der gleichzeitig den Eingang markiert, und das straßenbegleitende Verwaltungsgebäude gelöst. Dieser Gedanke findet sich auch in der Gestaltung der Fassaden.

In der originalen Bauzeichnung ist die horizontale Fenstergliederung der Verwaltungsflügel deutlich zu erkennen. Der Zylinder hingegen wird akzentuiert durch vertikale Fensterbänder.

Interessant ist die spätere Wandlung des Architekten Ernst Flemming von diesem klaren, dem Bauhaus verhafteten Stil zu einem Stil, wie ihn das Gebäude der Schule in Hirschberg repräsentiert.

In der Nähe
Das Wohnhaus in der Wihelm-Külz-Straße 30, erbaut 1930 von dem Architekten Hermann Klapproth, besteht aus zwei ineinander geschobenen Baukörpern, die in Grundriss und Fassade ablesbar werden.

Lit.: Amtsblatt Pößneck 1/98

Östliches Thüringen

Kreis Greiz
GRZ

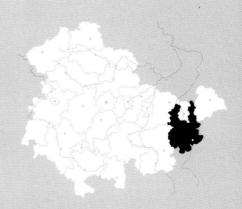

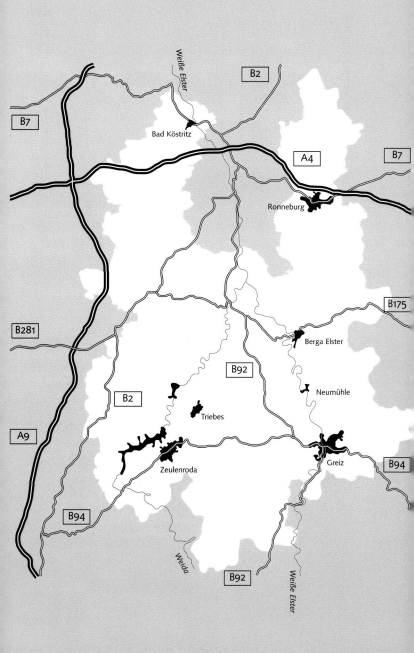

Östliches Thüringen
Kreis Greiz

Greiz
Wohnhaus „Greizer Rundhaus"
Siedlung am Hainberg
Industriegebäude Ehem. Weberei E. Brösel
Sportschule „Kurt Rödel"
Gebäudeensemble Ehem. Großgarage

Bad Köstritz
Parkhotel

Berga/Elster
Wohnkomplex Ehem. Nachtsanatorium
Klubhaus

Neumühle
Etagenwohnhaus Franz-Feustel-Höhe

Ronneburg
Juliot-Curie-Schule

Triebes
Wohnhäuser Zeulenrodaer Straße

Zeulenroda
Wohnhaus mit Postamt
Friedrich-Solle-Schule
Produktionshalle Bauerfeind

Wohnhaus, „Greizer Rundhaus" GRZ

Greiz
Gommlaer Berg 1b
Martin Körber
1925

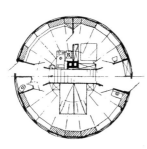

Im Zusammenhang
Der Bauhausmeister Georg Muche und der Architekt Richard Paulick entwarfen 1927 ein Wohnhaus (ehem. „Haus Ackermann", Hermann-Löns-Straße 25). Kurz zuvor entstand das Dessauer Versuchshaus auf der Grundlage einer Stahlskelettkonstruktion – in Greiz sollte diese Bauweise ebenfalls eingesetzt werden, der Bau wurde jedoch in einfacher Ziegelbauweise ausgeführt.

Der Architekt Martin Körber baute 1925 dieses von ihm selbst bewohnte Haus, das gleichzeitig als Versuchshaus patentiert wurde. Der Bau über einem zweiundzwanzigeckigen Grundriss besteht aus einer Stahlskelettkonstruktion mit gleichartigem Stützensystem. Das Haus besitzt, die Hanglage nutzend, ein halbes Kellergeschoss, ein Erdgeschoss und ein ausgebautes Dachgeschoss, welches von einer durchfensterten Laterne bekrönt wird. Die bis zur Laterne reichenden Stützen, die dem Haus die Form geben, wurden in den unteren Geschossen mit Wandplatten verkleidet; eingebaute Wandschränke verhindern das Problem der Möblierung in den halb- oder viertelkreisförmigen Innenräumen, die um die Treppe in der Mitte des Hauses angeordnet sind.

Es bestand die Möglichkeit, das Haus durch den Einschub eines viereckigen Mittelteils beliebig zu erweitern. Das „Greizer Rundhaus" war für die Serienfertigung vorgesehen, blieb jedoch das einzige, das zur Ausführung kam.

Lit.: Bauwelt 27/1926

Siedlung am Hainberg

Greiz
Beethovenstraße 27–33/
Vater-Jahn-Straße 5–13/
Franz-Feustel-Straße 1–15
Paul Schraps
1928–31

Die Siedlung am Hainberg wurde in drei Bauabschnitten nach Plänen des Geraer Architekten Paul Schraps vom „Spar- und Bauverein Greiz und Umgebung" erbaut. Die dreistöckigen Mehrfamilienhäuser gruppieren sich entlang dreier Straßenzüge; der durch die Gebäudeanlage umschriebene Innenhof ist über Torwege erreichbar.

Die Fassadengestaltungen sowie die Grundrisse variieren fast unmerklich. Insgesamt sind sechs unterschiedliche Haus- und Wohnungstypen vertreten. Im Erscheinungsbild wird dies an den sonst schlicht gehaltenen Gebäuden erkennbar an den Treppenhäusern, die aus der Fassadenflucht vor- oder zurückspringen, wobei die dort eingelassenen Fenster- und Türöffnungen von Sichtklinker gerahmt werden. Besonders markant ist die Gestaltung der Eckhäuser. An den Straßenecken sind die Fassaden mit den dahinter liegenden Treppenhäusern eingezogen, so dass spitzwinklige Gebäudekanten entstehen. Auch hier betonen Sichtklinkereinfassungen die Fenster.

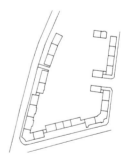

Im Zusammenhang
Eine ebenfalls von Paul Schraps entworfene Siedlung (Greiz-Gommla, 1926–27, Friedensstraße 15–21) zeigt eine klare Fassadengestaltung, jedoch mit überraschenden Details: Die Treppenhäuser treten winklig aus der Fassade heraus und sind mit kleinen pyramidenförmigen Helmdächern bekrönt. In Greiz-Obergrochlitz, Auf der Windhöhe 18, befindet sich das für die freie Turn- und Sängergemeinde errichtete Vereinshaus des gleichen Architekten.

Industriegebäude
Ehem. Weberei E. Brösel

GRZ

Greiz
Zeulenrodaer Straße 23
Lossow & Kühne
vor 1929

Die Architekten Lossow & Kühne schufen hier einen stattlichen Bau, der dem Auge des Betrachters zunächst durch seine ausgewogenen Proportionen imponiert. Das Gebäude stand ehemals in direkter Verbindung zu großzügigen Werkhallen mit Sheddächern.

Der flach gedeckte Grundkörper verfügt über vier Geschosse, die Attikazone ist als Mezzaningeschoss mit kleinen quadratischen Öffnungen ausgebildet. Die klare Kubatur des Baukörpers wird zu einer Seite durch jeweils an den Gebäudeecken eingeschobene Treppentürme ergänzt, die den übrigen Bau um etwa ein halbes Geschoss überragen.

Die ornamentlosen Fassaden des Hauptbaus mit gleichmäßiger Anordnung der Fenster werden nur durch schmale Gesimse stukturiert. Die Formgebung der Treppentürme vermögen das stereotype Erscheinungsbild zu mildern: Die Fenster sind, dem Treppenlauf folgend, versetzt angelegt und von durchgehenden Vertiefungen gerahmt. Auch die fensterlosen Seiten der Treppentürme zeigen ähnliche Vertiefungen und betonen die vertikale Wirkung.

Im Zusammenhang
Fast herrschaftlich präsentiert sich die 1922 von Lossow & Kühne erbaute Sparkasse (ehem. Bankgebäude der Darmstädter- und Nationalbank, kleines Foto) in der Brückenstraße 2, und auch die Villa für Gotthard Reissmann der gleichen Architekten (1927, Prof.-Ludwig-Straße 2) zeigt eher traditionell verhaftete Architektur.

Lit.: [Lossow, W.; Kühne, M. H.]: Die Architekten Lossow & Kühne, Dresden, Reprint der Ausg. Berlin; Leipzig; Wien 1930, Berlin 1998

GRZ

Sportschule „Kurt Rödel"
Ehem. „Haus der Turnerschaft"

Greiz
Vater-Jahn-Straße 2
Architektenfirma Bock, Paatzsch und Thier
1929–30

Die imposante und platzbeherrschende Anlage mit zugehörigem Sportplatz wurde 1929–30 für die Turnerschaft Greiz erbaut. Sie gliedert sich in flach gedeckte Baukörper mit vereinzelten kleinen Anbauten. Zum Platz hin ist dem Bau eine Terrasse vorgelagert, deren zweiarmiger Treppenaufgang späteren Umbauten weichen musste (s. o., historische Aufnahme, 1931). Die Fassaden waren glatt verputzt, nur der untere Teil der Terrasse wurde profiliert in Sichtklinker ausgeführt. Am gesamten Bau wie auch an den Anbauten wurde die leicht vorspringende Attikazone durch eine helle Farbgebung als schmales Band hervorgehoben und korrespondierte mit dem gleich behandelten Terrassenabschluss. Die tief eingeschnittenen Fenster mit schmaler Sprossung und der ebenfalls helle Farbton der Faschen komplettierten den homogenen Eindruck.

Die Sportschule befindet sich seit 1999 in Sanierung; es bleibt zu hoffen, dass die den Bau prägenden Nuancen des einstigen Erscheinungsbildes wieder zutage treten.

Der Zustand vor der Sanierung (kleines Foto) bietet schon allein durch die veränderte Farbfassung in Gelb und Rosa (!) ein dem damaligen Charakter in keiner Weise mehr entsprechenden Anblick.

Gebäudeensemble   GRZ
Ehem. Großgarage des städtischen Kraftomnibusverkehrs

Greiz
Adelheidstraße 80/82
Kurt Jahn
1927–28

In der Nähe
Ein bemerkenswertes Gebäude, heute Sitz der Firma VBS Verkehrstechnik, Bauzubehör, Straßenbedarf, befindet sich in der Genossenschaftsstraße 3. Der Entwurf aus dem Jahre 1929 für den Allgemeinen Konsumverein für Greiz und Umgebung GmbH stammt von Paul Schraps, in dem Bau sollten Büro- und Lagerräume untergebracht werden.

In den zwanziger Jahren veranlasste die Stadt Greiz die Vernetzung mit den umliegenden Orten durch Omnibusverkehr. Eigens hierfür wurde eine Gebäudeanlage errichtet, in der neben den Garagen für 25 Busse auch eine Werkstatt, die Tankstation, die Verwaltung sowie Lager- und Personalräume untergebracht werden konnten.

Verschiedene, in der Höhe gestaffelte Baukörper umschließen einen Hof, der sich über eine Einfahrt durch einen auf Stützen gelagerten Gebäudeteil erschließt, welcher gleichzeitig den höchsten Punkt der Anlage markiert.

Eine horizontale Betonung erreicht der Architekt durch die lang gestreckten Baukörper und ebenso durch die optische Wirkung der seitlichen Erweiterungen oder Verbindungen der Fenster mittels Sichtklinker. Gestalterische Details wie halbrunde Anbauten bzw. Gebäudeschwünge oder ein kleiner, winklig aus der Fassade herausgeschobener Erker treten an den Bauten unvermittelt und überraschend in Erscheinung.

Lit.: Hüfner, Hugo: Die deutsche Stadt. Greiz, Berlin; Leipzig; Wien 1929

Parkhotel
Ehem. Villa Zersch

Bad Köstritz
Pappelallee 1
Paul Schultze-Naumburg
1928

Die bis vor kurzem als Hotel genutzte und zurzeit leer stehende Villa wurde 1928 für den Brauereibesitzer Zersch errichtet. Die Lage am Rande der Stadt ist geprägt von vereinzelter Bebauung mit großzügigen Gärten und grenzt direkt an landwirtschaftlich genutzte Felder. Der Bau ist konsequent den Traditionen verpflichtet – das Mansarddach, gleichmäßig angeordnete Fenster mit Fensterläden sowie das Portal mit Flachbogen vermitteln Gutshauscharakter. Auf der Rückseite des zweigeschossigen Hauses befindet sich ein halbrunder Anbau, der als Terrasse von dem ausgebauten Dachgeschoss aus zugänglich ist und mit einer umlaufenden Balustrade geschmückt wird. Eine Gebäudeecke dieser Seite war als Glasveranda nutzbar.

Lit.: Borrmann, Norbert: Paul Schultze-Naumburg, 1869–1949. Maler-Publizist-Architekt, Essen 1989

Wohnkomplex GRZ
Ehem. Nachtsanatorium (A); Wohnsiedlung (B); Gaststätte „Schöne Aussicht" (C)

Berga (Elster)
Robert-Guezou-Straße/Karl-Marx-
Straße/Ernst-Thälmann-Straße
1956, Umbau 1973–75 (A);
1953–55 (B, C)

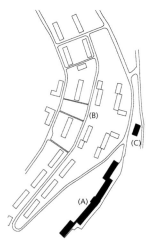

An einem Hang im Südosten der Stadt gruppieren sich entlang der Höhenlinien die mehrgeschossigen Wohnhäuser der Siedlung. Oberhalb der Siedlung befindet sich die Gaststätte „Schöne Aussicht" und das ehemalige Nachtsanatorium, in welchem sich die Bergarbeiter nach einem geregelten Arbeitstag Behandlungen unterzogen (s. Foto oben, Lageplan). Die Anlage gliedert sich in einen Hauptbau mit erhöhtem Mittelrisalit mit seitlich flankierenden schmaleren Flügeln und zwei weitere Gebäude, die mit den Seitenflügeln durch schmale Gänge verbunden sind. Dem Hauptgebäude sind im Erdgeschoss Laubengänge mit darüber liegenden Balkonen vorgelagert. Der Mittelrisalit wird betont durch ausgeprägtere Einfassungen der Fenster, Balkon und Pfeiler sind massiver ausgeführt. Im Hauptgebäude befanden sich der Speisesaal, die Küche, die Bibliothek, ein Musikzimmer sowie verschieden nutzbare Aufenthaltsräume und Patientenzimmer. Die angegliederten Bauten beherbergten den Kultursaal bzw. die medizinischen Behandlungsräume. In den Jahren 1973–75 erfolgte die Umnutzung als Ferienheim der IG Wismut. Im Zuge der Sanie-

GRZ — Wohnkomplex

Ehem. Nachtsanatorium (A); Wohnsiedlung (B); Gaststätte „Schöne Aussicht" (C)

W. Lonitz, W. Erler, G. Vogel (A),
G. Meißgeier, E. Jahn,
H. Heinemann (B), F. Sauer (C)

rung (1999) wurde die Anlage entkernt und als Wohnkomplex umgebaut. Die Glasmalereien der Fenster im Mittelrisalit konnten erhalten werden, sie zeigen die Entwicklung des Bergbaus.

Die für die Bergarbeiter der Wismut errichtete Wohnsiedlung (s. Foto oben) setzt sich aus zwei- bis dreigeschossigen Wohnblöcken zusammen mit glatt verputzten Fassaden und Walmdächern, die den Typenbauten ein ausdruckslos einheitliches Erscheinungsbild verleihen. In der gleichen Zeitspanne entstand die Gaststätte „Schöne Aussicht", ein schlichter eingeschossiger Bau mit Walmdach und Natursteinsockel, der auf drei Seiten über einer Art Arkatur zu einer Terrasse vorgezogen ist.

In der Nähe
Staatliche Grund- und Regelschule, ehem. Karl-Liebknecht-Oberschule, Bahnhofstraße, Architekt G. Lempe, 1956 (Anbau 1968) mit Inschrift (Hof) „ex oriente lux".

Lit.: Deutsche Architektur 3/1957

Klubhaus

GRZ

Berga (Elster)
Brauhausstraße 15
Architekt unbekannt
1956

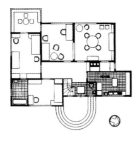

In der Nähe
In der Gartenstraße 24 errichtete Thilo Schoder ein schlichtes, flach gedecktes Holzhaus (ehem. Wohnhaus Dr. Karl Findeisen, 1930–31). Zur Straßenseite hin ist der Bau eingeschossig; der Eingang wird betont durch eine vorgelagerte Treppe, die der Form des weit auskragenden Vordaches entspricht. Leider ist der ursprüngliche Zustand durch Anbauten und veränderte Farbgebung nicht erhalten.

Das Klubhaus in Berga befindet sich in unmittelbarer Nähe zu der Wohnsiedlung und dem ehemaligen Nachtsanatorium (s. vorige Seite). Es liegt an einem schmalen Weg, der zu einer Seite durch das steil abfallende Gelände begrenzt wird.

Der lang gestreckte Bau erhebt sich über einem annähernd T-förmigen Grundriss, zwei seitliche Anbauten flankieren den erhöhten Mitteltrakt. Zum Weg hin bildet die folglich dreigeteilte Fassade mit der Giebelbekrönung die Eingangsfront. Der Mitteltrakt nimmt die beiden Eingänge auf, die über eine breite Freitreppe zu erreichen sind.

Die Fassaden über einem niedrigen Hausteinsockel werden durch Lisenen gegliedert, dazwischen sind an der Giebelseite Fenster sowie zwei Türen eingelassen, über denen sich im Mitteltrakt kleine, elliptische Fenster öffnen.

Die Gliederung und Ornamentierung im Stil des Neobarock heben das Gebäude aus dem übrigen Baubestand heraus.

Der Saal des Klubhauses wird für verschiedene Veranstaltungen genutzt, und in einem Teil des Baus ist eine Gaststätte untergebracht.

Lit.: Hartung, Ulrich: Arbeiter- und Bauerntempel: DDR-Kulturhäuser der fünfziger Jahre – ein architekturhistorisches Kompendium, Berlin 1997

Etagenwohnhaus

Neumühle
Franz-Feustel-Höhe
Paul Schraps
1928–29

Das von Paul Schraps für den „Spar- und Bauverein Greiz und Umgebung" entworfene Wohnhaus zieht zunächst durch seine exponierte Lage die Aufmerksamkeit auf sich. Der frei stehende dreigeschossige Bau ist aus flach gedeckten Kuben zusammengesetzt, an einer Längsseite springt die Wandfläche im oberen Geschoss zwischen zwei Seitenrisaliten zurück. Der Bau erscheint durch die versetzt angeordneten Fenster verschiedener Größe ungewöhnlich proportioniert.

Der geschlossene Eindruck wird durch sparsam eingesetzte Details aufgelockert: An einer Längsseite sind jeweils zwei übereinander liegende Fenster um die Ecke zur Schmalseite herumgezogen, die oberen Fenster werden durch Kragplatten akzentuiert. Die Eingänge an den Schmalseiten werden von einer Wandscheibe und dem ebenfalls als Kragplatte ausgebildeten Vordach gerahmt.

Lit.: Landratsamt Greiz (Hrsg.): Denkmalpflege und Denkmalschutz im Landkreis Greiz, Greiz 1996

Juliot-Curie-Schule GRZ

Ronneburg
Goethestraße 28
*Walter Erler, Werner Lonitz,
Günter Lempe*
1953–57

Eine Wand des Vestibüls zeigt das Sgraffito „Die Jugend besucht den Bergmann". Die Pfeiler sind mit Tier- und Planzenmotiven geschmückt, die von Mäandern gerahmt werden.

Unscheinbar und angegraut wirkt die Schule, die inmitten einer Wohnsiedlung im Nordosten Ronneburgs liegt. Entlang der Straße erstreckt sich der dreigeschossige Hauptbau mit einem giebelbekrönten Risalit, der den Eingang aufnimmt. Die zwei angegliederten und um ein Geschoss niedrigeren Flügel begrenzen an der Südseite des leicht abfallenden Geländes zusammen mit einer niedrigen Natursteinmauer den Pausenhof, der über großzügige Freitreppen erreichbar ist.

Die Fassaden sind glatt belassen, lediglich ein unter der Traufe umlaufendes Gesimsband und die Einfassungen der rhythmisch angeordneten Fenster und Türen der Hofseite sind farbig gefasst und teilweise mit profilierten Stürzen versehen.

Im Vestibül des Hauptbaus befinden sich an den Wänden und den Pfeilern figürliche und ornamentale Sgraffiti, in die Glasscheiben der Zwischenpendeltüren wurden Tiermotive eingeätzt. In der Aula (Westflügel) sind ebenfalls Wandmalereien mit Kinderdarstellungen erhalten.

Lit.: Deutsche Architektur 2/1957

Wohnhäuser

Triebes
Zeulenrodaer Straße 24/26; 28/30
Kurt Jahn
1927

Der Geraer Architekt Kurt Jahn entwarf 1927 die beiden Wohnhäuser im Rahmen eines Wohnungsbauprogrammes der Stadt Triebes. Die an einer Hauptstraße gelegenen Wohnblöcke über langrechteckigen Grundrissen sind durch eine niedrige Mauer mit spitzbögigen Tordurchgängen verbunden. Die Häuser sind dreigeschossig und zu den beiden Schmalseiten auf die Höhe von zwei Geschossen abgestuft. Die Fassaden über dem Klinkersockel sind glatt verputzt, rhythmisch angeordnete Fenster vermitteln einen einheitlichen Eindruck, welcher durch winklig oder risalitähnlich herausgezogene Mauervorsprünge jeweils auf den Längsseiten der Häuser aufgelockert wird.

Die Kubatur der Wohnblöcke blieb nach der kürzlich erfolgten Sanierung weitgehend erhalten, es wurden nur geringfügige Veränderungen vorgenommen wie der Ausbau der Dächer über den zweigeschossigen Gebäudeabschnitten zu Terrassen.

Lit.: [N.N.]: Das großzügige Wohnungsbauprogramm..., in: Weidaer Zeitung 14. Februar 1927.

Wohnhaus mit Postamt GRZ

Zeulenroda
Schopperstraße 61
*Oberpostbaurat der
Oberpostdirektion Erfurt*
1931 Baubeginn

In der Nähe
Zu der Firma Zeuro Möbel GmbH gehört die heute nicht mehr genutzte ehemalige Kraftzentrale (Schopperstraße 89). Der gewaltige Klinkerbau gliedert sich in zwei quaderförmige Baukörper mit länglichem Turmaufsatz auf dem der Straße abgewandten Gebäudeteil. Die Fassaden werden durch vertikale Klinkerrippen in Felder geteilt. Die Betonung der Vertikalen wird durch die schmalen Fensterbänder noch verstärkt.

Im Auftrag der Oberpostdirektion Erfurt wurde 1931 mit dem Bau des Postamtes in Zeulenroda begonnen, die Planung oblag dem damaligen Oberpostbaurat. Durch die Höhenstaffelung beherrscht das Gebäude die Lage an der Straßenkreuzung. Der um die Ecke geführte dreigeschossige Baukörper ist zu einer Seite abgestuft und schließt mit zwei Geschossen ab. Auf der anderen Seite ist ein eingeschossiger Bau eingeschoben, der um die Rückseite des höheren Baukörpers herumgezogen wird.

Die Eckbetonung des flach gedeckten Klinkerbaus wird durch die Rundung von zwei Gebäudekanten des dreigeschossigen Baukörpers und die horizontale Rahmung der dort befindlichen Fenster verstärkt. Der Architekt war bemüht, dem Bau durch perspektivische Täuschung zu größerer Wirkung zu verhelfen: Bei zunehmender Geschosshöhe vermindert sich die Größe der Fenster, wodurch er mächtiger erscheint.

Friedrich-Solle-Schule

Zeulenroda
Giengener Straße 18
*Dieter Jantke, Freimut Schmerling,
Wolfgang Fiedler*
zwischen 1961 und 1971

Die ehem. Hubert-Westhoff-Oberschule wurde im Zusammenhang mit dem Wohngebiet West errichtet. Sie gliedert sich in den dreigeschossigen Hauptbau mit niedrigeren Seitenflügeln, eine geplante Turnhalle wurde nicht ausgeführt.

Die schmucklose Fassade des Hauptbaus mit gleichmäßiger Fensteranordnung erfährt eine markante Zäsur: In der Mitte ist ein risalitähnlicher Vorbau, der von zwei Pfeilern getragen wird, aus der Fassadenflucht herausgezogen, die architektonische Formensprache passt sich jedoch nicht dem übrigen Bau an. Grobe, farbig gefasste Betonelemente scheinen die Konstruktion zu betonen, die verbleibenden Wandflächen sind mit kleinformatigen Platten verblendet. Ein Gestaltungswille ist zwar erkennbar, droht aber den Gesamteindruck zu überladen.

Der Vorplatz erhielt einen Brunnen nahe der Straße mit der Plastik „Kinder" von A. Priebe, die zwei unbekleidete Kinder, ein sitzendes Mädchen neben einem stehenden Knaben, darstellt.

In der Nähe
Die Talsperre Zeulenroda wurde in den Jahren 1968–75 erbaut (projektiert von H. Naumann, D. Gläser, S. Seifert). Der runde, 43 m hohe Trinkwasserentnahmeturm erhebt sich als markantes Zeichen aus dem Stausee.

Lit.: Brandler, G. [u. a.]: Architekturführer der DDR. Bezirk Gera, Berlin 1981

Produktionshalle
Betriebserweiterung Bauerfeind Phlebologie GmbH & Ko. KG

GRZ

Zeulenroda
Weissendorfer Straße 5
HPP Hentrich-Petschnigg & Partner
KG, Büro Köln
1998

Durch seine Dimension und die Kombination der Materialien Stahl und Glas hebt sich der Gebäudekomplex unübersehbar aus der Landschaft heraus. Das Firmengelände ist auffallend gut gestaltet: Zwischen dem Wegesystem wurden Grünflächen und ein Teich angelegt.

Die weithin sichtbare Pylonenkonstruktion der Produktionshalle am Rande des Industrie- und Gewerbegebietes von Zeulenroda zieht durch seine markante Silhouette die Aufmerksamkeit auf sich. Das schon bestehende Verwaltungsgebäude und eine Produktionshalle der Firma wurden um diese zweite Fertigungshalle erweitert.

Die gewählte Hängekonstruktion aus zehn Stahlrohrpylonen ermöglicht einen weitgehend stützenfreien Innenraum, in welchen die für die Produktion notwendigen Anlagen flexibel eingebracht werden können. Ein zweigeschossiger Bereich an der Südseite nimmt die Büros mit den erforderlichen Nebenräumen, die Hallentechnik sowie Personalräume und eine Kantine auf.

Die Fassade ist mit einer Verkleidung aus horizontal gewellten Metallplatten versehen. Sie öffnet sich im unteren Bereich durch vertikale Fensterelemente und einem darüber umlaufenden Fensterband, wodurch die Halle reichlich mit Tageslicht versorgt wird.

Östliches Thüringen

Kreis Altenburger Land
ABG

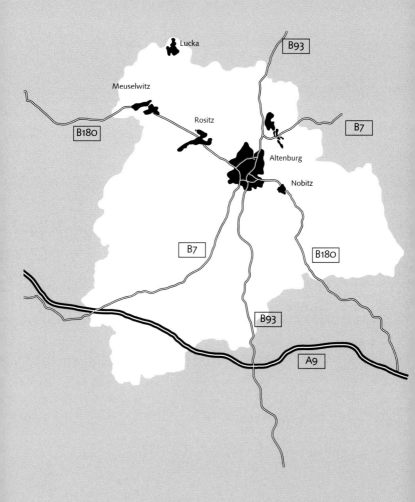

Östliches Thüringen
Kreis Altenburger Land

Altenburg
Wohnanlage „Eisenbahnersiedlung"
Doppelwohnhaus
Wohnbebauung Dichterviertel
Wohnhof, Etagenmietshäuser
Wohn- und Geschäftshaus, ehem.
  Geschäftshaus des Städtischen
  Gaswerkes

Lucka
Grundschule, ehem. Volksschule

Meuselwitz
Kindertagesstätte, Grundschule

Meuselwitz-Zipsendorf
Turnhalle

Nobitz
Verwaltungsgebäude Flugplatz

Rositz
Verwaltungsgebäude, ehem. Kulturhaus Völkerfreundschaft

Wohnanlage „Eisenbahnersiedlung" ABG

Altenburg-Rasephas
Knausche Straße 2–12, Niemöllerstraße 1–13, Friedrich-List-Straße 1–8, Zacharias-Kresse-Straße 1–6
R. O. Koppe
1922–26

In der Nähe
Im Ortsteil Kauerndorf in der Eisenbahnstraße 18 befindet sich eines der zahlreichen städtischen Wohnungsbauprojekte des Stadtbaurates Dr. Hugo Heidrich. Der flach gedeckte kubische Klinkerbau mit gleichmäßig angeordneten Fenstern ist außer einem profilierten Abschlussgesims schmucklos.

In den Jahren 1922 bis 1926 entstand für das Eisenbahnpersonal infolge des erhöhten Wohnungsbedarfs durch den neuen Bahnhof die Eisenbahnersiedlung. Die Ausführung erfolgte durch die Bauhütte Ostthüringen. Über mehrere Straßenzüge ordnen sich einzeln stehende oder in Reihe errichtete, zweigeschossige Mehrfamilienhäuser verschiedenen Bautyps an. Die Häuser stehen teils mit der Längsseite, teils mit der Giebelseite zur Straße oder gruppieren sich um einen Platz. Durch die unterschiedlichen Kubaturen, Dach- und Gaubenformen der Gebäude erhält die Siedlung den Charakter eines gewachsenen Dorfes. Über dem Natursteinsockel sind die Häuser verputzt, die Fassaden sind durch unterschiedliche gestalterische Details wie Gesimse gegliedert und weisen eine regelmäßige Anordnung der Fenster auf. Markant sind die beiden Häuser an der Niemöllerstraße, die sich im Erdgeschoss mit Arkaden in Rustikamauerwerk öffnen. Sie bilden das städtebauliche Eingangstor der Siedlung.

Lit.: Damrich, Nicola; Grohé, Stefan (Hrsg.): Siedlungsarchitektur in Thüringen 1880–1950, unveröffentlichtes Manuskript

Doppelwohnhaus

Altenburg
Uhlandstraße 8/10
Thilo Schoder
1927–28

Für Kurt Döberitz und Oskar Möbius, die Geschäftsführer der Bauhütte Ostthüringen, entwarf Thilo Schoder im Jahre 1927 ein Doppelwohnhaus. Der zur Gartenseite abgestufte Bau ist axialsymmetrisch aufgebaut.

In der Mitte der beiden unteren Geschosse der Straßenseite sind je zwei große Fenster eingelassen, seitlich davon befinden sich im Erdgeschoss Eingänge, im ersten Obergeschoss kleine Rundfenster. Darüber schließt sich jedoch die Wandfläche, wodurch die Front des Hauses merkwürdig unproportioniert wirkt. Der Sockelbereich ist mit Sichtklinker verblendet, der an den verglasten Treppenhausecken als schmales Band hochgeführt wird. Horizontal und vertikal angelegte Betonscheiben setzen als Verdachung oder Rahmung an verschiedenen Stellen Akzente in der Fassadengestaltung.

Lit.: Rüdiger, Ulrike: Thilo Schoder. Leben und Werk in Deutschland, Jena 1997

Wohnbebauung, „Dichterviertel" ABG

Altenburg
Heinrich-Heine-Straße/Schiller-
straße/Goethestraße/Lessingstraße/
Kleiststraße/Uhlandstraße
*Hermann Bartsch, Carl Mazukuly,
Emil Möller, O. Rauter*
1929–1936

Im östlichen Gebiet Altenburgs erstreckt sich das „Dichterviertel" entlang mehrerer Straßenzüge. Die Wohnblöcke sind nach der Hanglage gestaffelt und gruppieren sich teilweise um begrünte Höfe. An den Gebäuden unterschiedlicher Erbauungszeit ist auch die Handschrift verschiedener Architekten ablesbar: Bauten mit traditionellen Satteldächern und konventioneller Fassadengestaltung stehen flach gedeckten, kubischen Baukörpern gegenüber. Allerdings war es auch möglich, wie die Wohnblöcke Hermann Bartschs verdeutlichen, dass ein Architekt beide „Typen" realisierte. Geradezu spannungsvoll zeigt sich dieser Kontrast in der beidseitig bebauten Heinrich-Heine-Straße (Foto o., Blick aus der Goethestraße). Die Sichtklinkerflächen, die die Fenster zu horizontalen Bändern zusammenfassen, verwendet er jedoch harmonisierend als gestalterisches Element an beiden Bautypen.

Lit.: Heidrich, Hugo (Hrsg.): Die deutsche Stadt. Altenburg in Thüringen, Berlin; Leipzig; Wien 1930

ABG Wohnhof, Etagenmietshäuser

Altenburg
Terrassenstraße 10–20
Hugo Heidrich
Baujahr unbekannt

Der in Berlin geborene Architekt Hugo Heidrich kam 1920 über Umwege nach Altenburg, wo er bis 1934 das Amt des Stadtbaurates bekleidete. In dieser Zeit wurden nach seinen Entwürfen insbesondere zahlreiche Wohnhausbauten errichtet.

Der Wohnhof in der Terrassenstraße ist eine dreigeschossige Anlage über U-förmigem Grundriss, der sich zur Straßenseite öffnet. Zu den Eingängen im erhöht liegenden Hof führen Treppen, die Mauer zwischen den Treppen ist wie der Sockel des Wohnhofes in Naturstein ausgeführt. Die Klinkerfassaden der massig wirkenden Anlage werden durch breite Bänder des gleichen Materials an den Gebäudeecken profiliert; ein Gestaltungselement, das sich auch als seitliche Rahmung der Eingangstüren wiederfindet.

Der Klinkerbau direkt neben dem Wohnhof (Haus Nr. 8, Foto o. im Hintergrund) stammt etwa aus der gleichen Bauzeit, hier geben schmale Klinkerbänder der Fassade ein leichtes Profil. Im Erdgeschoss öffnen sich große, spitzbogige Fenster, die den geschlossenen Charakter der übrigen Bebauung etwas mildern.

In der Nähe
Mit der Sparkasse in der Wettiner Str. 1 (Architektengemeinschaft Stumperl & Partner, Worms) entstand 1996 ein Neubau, der in die bestehende Altbausubstanz als Erweiterung eines Gründerzeitbaus integriert wurde. Durch die leicht abgewandelten Aufnahme der Fassadengliederung und die Verblendung mit gelbem Sandstein passt sich die Architektur an, ohne sich unterzuordnen.

Lit.: Heidrich, Hugo (Hrsg.): Die deutsche Stadt. Altenburg in Thüringen, Berlin; Leipzig; Wien 1930

Wohn- und Geschäftshaus ABG
ehem. Geschäftshaus des Städtischen Gaswerkes

Altenburg
Kunstgasse 21
Hugo Heidrich
Baujahr unbekannt

Im Zusammenhang
Der regen Bautätigkeit Hugo Heidrichs verdankt Altenburg nicht nur Wohnhäuser wie auch die Wohnhausbauten in der Brauhausstr. 37/38/39 (1928–29) und in der Geschw.-Scholl-Str. 13a/b, sondern auch den ehem. städtischen Fuhrpark (Geschw.-Scholl-Straße 10, 1927–28) und den Rundbau des Krematoriums im Grüntaler Weg (Mitarbeiter: Architekt Gross, 1928, s. Foto o.).

Das außergewöhnliche Bauwerk liegt inmitten der Altstadt an einer Straßenkreuzung, die sich zu einem Platz vor dem „Kleinen Teich" aufweitet. Die Bauzeit ist unbekannt, lässt sich jedoch auf das Jahrzehnt zwischen 1920 und 1930 eingrenzen.

Ein ausladender Gebäudeschwung folgt dem Straßenlauf. Das schmale flach gedeckte Gebäude verfügt über zwei Geschosse, zinnenähnliche Aufsätze in Form von durchbrochenen Dreiecken über dem Abschlussgesims scheinen expressionistisch beeinflusst. Im Erdgeschoss der kulissenhaften Fassade öffnen sich große Schaufenster und jeweils mittig darüber sind bündig mit der Wandfläche kleine Fenster eingelassen.

Der Schriftzug „Ausstellungsraum: Städtisches Gaswerk Altenburg Thür.", der auf die ehemalige Nutzung hinweist, ist an der Fassade noch original erhalten.

Lit.: Heidrich, Hugo (Hrsg.): Die deutsche Stadt. Altenburg in Thüringen, Berlin; Leipzig; Wien 1930

ABG   **Grundschule**
                                                                 ehem. Volksschule

Lucka
Neue Bahnhofstraße/Pestalozzistraße
Hermann Bartsch
1926–27

Hermann Bartsch studierte in Berlin Architektur und arbeitete dort unter Bruno Taut und Hermann Muthesius. Später eröffnete er sein eigenes Büro in Altenburg, das er bis zum Ende des 2. Weltkrieges leitete. Bartsch war an zahlreichen Bauvorhaben in Altenburg und Umgebung beteiligt. Der Auftrag für den Bau einer Volksschule in Lucka stand in Verbindung mit Plänen zur Stadterweiterung, was der Architekt in seinem Entwurf besonders berücksichtigte. Für die ausgeführten Gebäudeteile, der Hauptbau mit angegliederter Turnhalle, war ein Erweiterungsbau auf dem Grundstück vorgesehen. Auch die Gestaltung der Schule war darauf ausgelegt, bei einer dichteren Bebauung wirkungsvoll zu erscheinen: Der dreigeschossige Hauptbau mit dem mittig herausragenden Uhrentürmchen ist weit von der Straße zurückgesetzt, der davor erschlossene Platz erfuhr eine gärtnerische Ausgestaltung und war in der Mitte ursprünglich von einer Pergola eingefasst. Der vorgezogene Eingang wirkt mit seiner Bauplastik äußerst repräsentativ.

In der Nähe
Im Gebiet um die Neue Bahnhofstraße und die Clara-Zetkin-Straße entstand in den Jahren 1959–70 ein Wohngebiet (n. Entw. von H. Bauer, G. Schwarze, W. Heidrich) mit Kaufhalle, Schule und Kindereinrichtung in Typenbauweise.

Lit.: [Bartsch, Hermann]: Hermann Bartsch, Berlin; Leipzig; Wien 1931

Kindertagesstätte (A), Grundschule (B) ABG

Meuselwitz
Pestalozzistraße 24 (A) und 26 (B)
Hermann Bartsch
1928–29 (A), 1928–1930 (B)

In unmittelbarer Nachbarschaft zueinander wurde 1928 mit dem Bau eines Kindergartens und einer Volksschule begonnen. Die Schule war Teil eines größeren Bauvorhabens, das dem Mangel an Schulräumen Abhilfe schaffen sollte. Neben einem Hauptgebäude an der Straße sollten weitere Gebäude im Pavillonstil auf dem großzügigen Grundstück errichtet werden.

Der dreigeschossige Bau (Foto o.), dem sich ein schmaler, niedriger Seitentrakt anschließt, war ehemals zur Straßenseite hin auf zwei Geschosse abgestuft. Zugunsten einer Raumerweiterung wurde dieser Gebäudeteil aufgestockt, so dass der Bau mächtiger erscheint als im Entwurf von Bartsch vorgesehen. Klinkermauerwerk belebt einerseits die Fassade und weist andererseits auch auf wichtige Funktionen des Gebäudes hin. Die Eingangsbereiche und das Treppenhaus wurden aufwändig gestaltet. Besonders auffällig aber ist der eckig herausgezogene Mauervorsprung, in dem die Flurfenster sitzen.

Lit.: Sachsen-Altenburgischer vaterländischer Geschichts- und Heimatkalender 1931

Kindertagesstätte (A), Grundschule (B)

Die Kindertagesstätte „August Frölich" ist ein zweigeschossiger Bau mit verdecktem Pultdach und erhöhtem Mittelrisalit, der das Treppenhaus beherbergt. Auf der Gartenseite öffnete sich das obere Geschoss zu einer zur Hälfte überdachten und seitlich mit Glasbausteinen ausgefachten Terrasse. Später wurde die gesamte Terrasse verglast, wodurch das ursprüngliche Erscheinungsbild aber kaum verändert wurde.

Die Schule und die Kindertagesstätte stehen durch ihre kubische Formgebung und die Gestaltung, unter anderem mit Sichtklinker, in Kontrast zu früheren Bauten Bartschs. Hier trennt sich der Architekt von traditioneller Formauffassung, wie sie noch an der kurz zuvor gebauten Schule in Lucka zu finden ist (s. Seite 411).

In der Nähe
Wohnanlage, Altenburger Str. 56–58, Architekt Thilo Schoder, 1927–28.

Zwei in Nord-Süd-Ausrichtung erbaute Häuserzeilen mit Flachdächern und Dachterrassen, Balkonen sowie u. a. Loggien und Treppentürmchen, die in Sichtklinker ausgeführt waren. Umbauten ab 1938 zerstörten kontinuierlich den Charakter der Schoder-Bauten durch aufgesetzte Satteldächer, polygonal erweiterte Treppentürme und verputzte Klinkerflächen.

Turnhalle ABG

Meuselwitz-Zipsendorf
Zeitzer Straße 77
Ewald Scheller
1929

In der Nähe
Das Wohnhaus mit Sparkasse und Arztpraxis in der Mittelstraße 34 wurde im Jahre 1929 ebenfalls nach dem Entwurf von Ewald Scheller gebaut. Das architektonische Formenvokabular der plastisch gestalteten Details sind mit denen der Turnhalle durchaus vergleichbar, wie das vorgetäuschte, hier mit Scheinkonsolen ergänzte Gesims. Auffällig sind die gaubenverdeckenden Mauerscheiben des auf klare Frontwirkung ausgelegten Klinkerbaus.

Der aus Zeitz stammende Architekt Ewald Scheller war bei dem Entwurf zu der heute als Turnhalle genutzten Kulturhalle darauf bedacht, diese als kulturellen Mittelpunkt des Ortes auch gebührend zu inszenieren. Um eine starke Straßenwirkung zu erzielen, setzte er den Klinkerbau weit von der Straße zurück; ein von einer Hecke gesäumter Weg führt direkt auf den Eingangsbereich. Zwei kubische Seitentrakte sind leicht in den erhöhten, mit einem Walmdach eingedeckten Mittelbau eingeschoben. Der zurückgesetzte Eingangsbereich wird von einem auf Stützen gelagerten Balkon überdacht.

Der plastische Eindruck von architektonischen Details wächst beim Näherkommen. Erst bei geringerer Entfernung wird die Profilierung der Stützen und Laibungen der Eingänge deutlich und die erhabene Rahmung der Fenster wird sichtbar. Ein Fries aus versetzt gemauerten Klinkersteinen täuscht ein vorkragendes Gesims vor. Nur an der Rückseite weist eine Lisenengliederung mit zwischenliegenden Fenstern auf einen großen Saal hin.

ABG

Verwaltungsgebäude
der Flugplatz Altenburg-Nobitz GmbH

Nobitz

Architekt unbekannt
nach 1936

Am Rande des Leinawaldes, ca. 6 km östlich von der Stadt Altenburg, wurde Anfang der 30er Jahre mit den Vorbereitungen zum Bau des neuen Flugplatzes begonnen. Auf dem militärisch genutzten Gelände bestand seit dem Ende des 19. Jahrhunderts ein Exerzierplatz und wenig später ein Flugstützpunkt, der im 1. Weltkrieg zum Flugplatz ausgebaut, nach Kriegsende jedoch demontiert wurde.

Ab 1936 entstanden u. a. Flugzeughallen, Start- und Landebahn, Werftanlagen, Mannschaftsunterkünfte und Kontrollgebäude. Zu diesen zählte auch die ehemalige Flugleitzentrale, in dem heute die Verwaltung des Flugplatzes untergebracht ist. Das Hauptgebäude über einem L-förmigen Grundriss besitzt einen Kopfbau mit funktional angelegtem halbrundem Abschluss, der sich in einer breiten Fensterfront öffnet. Ein zurückspringendes Obergeschoss ist über einem niedrigen Sockel fast vollständig verglast. Die so entwickelte horizontale Dynamik des Gebäudes wird durch die auskragenden Flachdächer enorm verstärkt.

Nach dem 2. Weltkrieg wurde das Gelände vom sowjetischen Militär genutzt, bis es 1992 in die Hände der Flugplatz Altenburg-Nobitz GmbH überging und zum Regionalflughafen (neuer Terminal 1996) ausgebaut wurde.

Lit.: Die Gemeinde Nobitz (Hrsg.): Ein Streifzug durch Historie und Gegenwart, Altenburg 1997

Verwaltungsgebäude
Ehem. Kulturhaus Völkerfreundschaft

Rositz
Altenburger Straße 48b
Architekt unbekannt
1951–52

ABG

Das heutige Verwaltungsgebäude der Gemeinde wurde im Auftrag des VEB Teerverarbeitungswerkes Rositz errichtet. Von der Straße etwas zurückgesetzt, erhebt sich der zweigeschossige Bau mit flachem Walmdach über einem annähernd L-förmigen Grundriss. Der zur Straße ausgerichtete Flügel nimmt den aus der Mitte gerückten, leicht eingezogenen Eingang auf, der besonders augenfällig gestaltet wurde. Ein Raster aus schmalen Steinplatten mit angefügtem Balkon im Obergeschoss rahmt die Türen und Fenster. An der Straßen- und einer Seitenfassade werden die übereinander liegenden Fenster jeweils durch ein umlaufendes Profil miteinander verbunden, welche auf Konsolen zu sitzen scheinen.
  Der verputzte Bau wirkt äußerst massiv, auch der Klinkersockel vermag diesen Eindruck nicht zu mindern.

Lit.: Vereinigung der Landesdenkmalpfleger in der BRD (Hrsg.): Historische Theater in Deutschland. Östliche Bundesländer, Bd. 2, Erfurt 1994

3. Anhang

Architektenregister
Ortsregister
Literatur
Bildnachweis

Architektenregister

Acker, Anton 298, 299
Ackermann, Kurt u. Partner 293
Ahnert, Stadtbaurat 52
Ahrens, Walter 137
AIG Architekten und Ingenieure 106
Aktiengesellschaft „Obere Saale" 339
Andres, Günter 152, 153, 160
Andretzke, Günther 225
Andrich, Joachim 178
Angermüller, Klaus 284
APB Architekten 82
Architekten 4a 54
Architekten Ohlmeier 64
Architekten RSE Reiser, Stremme, Engelhard 377
Architektenbüro AV 1
Architektenfirma Bock, Paatzsch und Thier 389
Architektengemeinschaft Stumperl & Partner 409
Arndt, Alfred 8, 15, 340
Arnold, Walter 183
Axthelm, Otto 158
Bach, Anita 185, 188
Backofen & Seidenzahl 42
Bäumer, Willem 17, 181
Balke, Ulrich 215
Banse, Werner 47
Bartning, Otto 14, 15, 17, 139, 210, 211, 249
Bartsch, Hermann 408, 412, 411
Bauabteilung Kaufhof 290
Bauer, E. 343
Bauer, Helmut 411
Bauleitung Nordhausen der
 Deutschen Verkehrsfliegerschule 248
Bautechnisches Büro, AEG 42
Behlert, Carl 83, 86, 312
Behnisch, Behnisch u. Partner 304
Benecke, Günther 287, 288
Bestelmeyer, German 104
Bierbaum, Georg 126, 138, 140
Bohnheis, Hugo 62
Bolz, Lothar, 22
Bortenreuter, Lothar 26, 351, 354, 355, 356
Boxberger u. Herbart 328
Brandenburg, C. 261
Brandt, Hans 350
Brandt, Klaus 89
Braun & Voigt 163
Brecht, Torsten 188
Bretfeld, Elisabeth 187
Brockert, Max 134
Buchholz, Walter 326, 328
Bunnenberg, Alfred 286
Burkhalter, Marianne 192
Büttner, Oskar 285
Claasen 90
Cordier, Werner 261
Crienitz, Alfred 137
Dahlbender 45
Decker, Ulf 217
Decker, Claudia 217
Deckert, Rolf 354
Deiters, Ludwig 180
Diedecke, Herman 45
Dockhorn 255
Doerinkel, Werner 314
Dorst, Erik 66
Drewes, Wolfgang 148
Drohn, Wolf-Dieter 144, 145

Dröner, Karl 326
Dübbers, Karl 53
Dziadek, Otto 341, 206
Ebhardt, Bodo 112
Ehler, Ferdinand 255
Eiermann, Egon 19, 225
Eisele, Bernhard 107
Ellenberger, Helmut 188
Emmerich, Paul 224
Enders, Hermann 150, 151
Englberger, Otto 183, 240
Entwurfsbüro für Hochbau Meiningen des Rates
 des Bezirkes Suhl 78
Entwurfsbüro für Hochbau Gera 213
Entwurfsbüro für Hoch- und Industriebau Erfurt 64
Entwurfsbüro für Hochbau Meiningen 71
Erler, Walter 393, 396
Experimentierwerkstätten der
 Deutschen Bauakademie Berlin 89
Fabianski, Erich 125
Fahrenkamp, Emil 16, 204
Fenchel, Heiner 143
Fiedler, Wolfgang 363, 399
Fienold, Heinz 260
Fieting, Willi 144, 145, 261, 310
Fischer, Friedrich 216, 272
Fischer, Theodor 10, 12, 240
Flagmeyer, Rolf 152, 153
Flakowski, F. 285
Fleischhauer, Herbert 331
Flemming, Ernst 60, 134, 181, 182, 304, 372, 381
Forkel 327
Forster & Schnorr 28, 263, 265
Freund, Oberbergrat 254
Friedrich, Kurt 90
Fritze, Eduard 85
Frömder, Wolfgang 265
Fugmann, Carl 16, 47, 146, 147, 272
Gebauer, Arno 187
Gebauer, Heinz 155
Gebhardt, Günther 355
Gebrüder Luckhardt 16
Gerber & Kerner 380
Gerboth, Jürgen 110
Gernandt, Hugo 278
Gerth, Ingo 144, 145
Giesler, Hermann 18, 181
Gißke, Erhard 278
Gläser, Dietrich 399
Glaser, R. Baufirma 302
Göbel, Erich 160
Göpfert, Rolf 305
Götze, Ernst 234
Götze, Rainer 50
Goutier, Ladislaus 252
Grillpazer, F. 187
Grimm, H. 343
Grimm, Heinz 287, 288
Gropius, Walter 12–14, 29, 173, 175, 189, 207, 209
Gross 410
Grotewohl, Hans 180
Gruber, Rolf 106, 164
Günther, Karlheinz 355
Habicht (Baurat) 277
Hack, Günther 371
Hahnebach, G. 354
Hähnel, Christian 150, 151

421

Haiger, G. 185
Hannelore, Henze 155
Hanner & Hering 140
Harms + Partner 172
Hartmann + Helm 195
Hartmann, Egon 142, 343
Hartmann, Gunar 152, 153
Hasert, C. 275
Haubenreißer, Gerhard 92, 104, 114, 150, 151, 278
Hauschild, Erich 156, 157
Heidrich, Hugo 409, 410
Heidrich, Werner 411
Hein Architekten 217
Heinemann, Herbert 393
Henfling, Wolfgang 92
Henn, Ewald 50, 70
Henselmann, Hermann 8, 21f., 25, 88, 215, 243, 343, 371, 372
Henze, Martin 253
Herrling, Heinrich 127
Hertlein, Hans 19, 206
Hetzer, Otto 182
Hilger, Robert 225
Hinssen, Felix H. 16, 128, 129, 132
Hofferbert, (Stadtbaurat) 45
Hofmann, Helmut 53
Höger, Fritz 48
Holinski, Helmut 50
Hopp, Hanns 23, 146, 147, 226, 343, 338
Hornschuh, Günter, Planungsgruppe Stieldorf 279
HPP Hentrich Petschnigg & Partner KG 400
Huber, Joachim 188
Hügel, Adolph 92
Huß (Stadbaurat) 273, 277
Hüther, Dietrich 61
IFB Dr. Braschel GmbH 217
Ignaczak, Günther 355
Ihlenfeldt, Burkhart 154, 160
Illgen, Willy 302
Issel, Werner 100
Jackowski, Eitel 156, 157
Jacob, Lutz 77
Jacobsen, Otto 15, 131
Jaeck, Siegfried 154
Jahn, Eberhard 393
Jahn, Kurt 350, 390, 397
Jansen + Lippach 45
Jantke, Dieter 354, 399
Jordan 233
Junk & Reich 194
Jungk, Ullrich 187
Jürgensen, Peter 124
Kaiser, Josef 23, 343
Kaltenbrunn, Eva 156, 157
Kammerer & Belz, Kucher und Partner 82, 85 162
Kappler Architekten 365
Karsten, P. 184
Katzig, Hans-Jürgen 301
Kauffmann, Theilig u. Partner 313
Kehl, Karl 255
Keler, Peter 15
Kellner, Gerd 355
Kellner, Theo 16, 102, 128, 129, 132, 138
Keßler, Bernhard 292
Kiefer, Peter Klaus 185, 187
Kist, Koop, Fehmet, Waldmann 161
Kister, Eberhard 70

Klapproth, Hermann 340, 381
Klass, Johannes 123, 126, 133, 135, 146, 157
Klemm, Bernhard 84
Kloth, Britta 354
Koch, Norbert 144, 145
Köhler, Hans 19, 103
Kollhoff, Hans 83
König, Werner 250
Koppe, Johannes 351
Koppe, R.O. 406
Köppel Stefan 188
Körber, Martin 386
Kösler, Sulger & Partner 377
Kottke, Heinz 214
Krumbein, Günther 144, 145
Krumbein, Günther 353
Kühne, Ernst 49
Kühne, Max Hans 15, 336
Kulka, Peter 80
Künzel, Sieglinde 227
Lahnert, H. 184
Landmann, Wilhelm 101
Landwehr 128
Lang, Günter 316
Langguth, Egon 291
Lehrmann, August 174, 178
Lempe, Günter 351, 393, 396
Liese-Grässer, Wolfgang 105
Lingemann, Uli, Infra Plan 318, 319
Lingner, Reinhold 150
Lom, Walter van 81
Lonitz, Werner 343, 350, 351, 395, 396
Lörcher, Carl Ch. 272
Lorenzen, Alfred 109
Lossow & Kühne 336, 337, 380, 388
Lotz & Gebhard 299
Ludes, Stephan 187
Lukassek, Wolfgang 261
Luther, Heinz 25, 287, 289, 290, 292
Lütje, Richard 133
Mäder, Jochen 113
Marocke, Alfred 272, 276
Martinkovic, Kresimir 25, 88
Massopust, Werner 353
Mattes, Franz-Josef 107
Matthes, H. 338
Mauke, Ernst 213, 214
Mazukuly, Carl 408
Mebes, Paul 224
Meck, Andreas 188
Meier-Scupin & Petzet 28, 264
Meinel, Otto 373
Meinhardt, Karl 121, 122
Meißgeier, Günter 355, 393
Mempel, Gottfried 155
Mendelsohn, Erich 16
Mener + Hilschmann 377
Metzner, Manfred 355
Metzner, Rolf 373
Meyer, Adolf 62, 207, 209
Meyer, Ludwig 69, 133
Michalski, Frank 27, 186
Michel, Walter 85
Mittmann, Peter 196
Möckel, Ulrich 62
Möller, Emil 408
Moser, Hans 71

Muche, Georg 177, 386
Müller, H. 313
Müller, Herbert 156, 157
Müller, Karl. H. 125
Müller, Louis A.G. 274
Müller, Walter 70
Naumann, Helmut 399
Nebel, Jürgen 49
Nessel, Hans Joachim 292
Neufert, Ernst 8, 14, 196, 210, 211
Neuland, Richard 99
Neumann, Erich 155
Neumann, Helmut 160
Nichtitz, Günther 156, 157
Nickel, Probst, Meyer, Karl 161
Nicolic, Vladimir L. 216, 306
Nitsch, Walter 152, 153, 154
Oberpostdirektion Erfurt 16, 76, 90, 326, 398
Ohl & Vattrodt 254
Ollertz, Franz 150, 151, 260
Ortleb, V. 291
Ortmann 53
Oschmann, Gerhard 108, 173
Ott, Carlos
Otto, Karl 284
Otto, (Reg.- u. Baurat) 262
Paulick, Richard 386
pbr Rohling 195
Pechstädt, H. 375
Peeger, Arthur 306
Pfitzmann 99
Pflänzel, Ulrich 286
Pook, Wilhelm 136
Preißel, Berthold 62
PREUSSAG 242
Probst, Hartmut 341
Pützer, Friedrich 204
Räder, Hermann 67, 286, 288, 320
Rämmler, Thomas 187
Rauch, Heinz 215
Rauter, O. 408
Reichling, Hans 50
Reif, Walter 355
Reimann, Jons 163
Rettig, Heinrich 111
Reuß 355
Rheinmetall-Borsig AG Zentralbauverwaltung 232, 233
Richter, Siegfried 152, 153, 185
Rieht, Friedrich 215
Riemann, Konrad 266
Riemer, Kurt 184
Rießland, Heinz 241
Rinke, Paul 50, 51
Roeser, A. 49
Rogler, Rudolf 17
Röllig, Ewald 185
Rossmann & Partner 146, 147
Rost, Otto 249
Roth, Christoph 154
Roth, Georg 146, 147
Roth, Hans Jürgen 251
Rudolf, Bernd 188
Saal, Johannes 125, 144, 145
Sachse, Hans-Dieter 350
Sahl, Joachim 226
Samodelkin, Gleb 242

Sander, Renate 110
Sauer, Fritz 370, 393
Sauerbier, Wagner, Giesler 67
Schacke, Ehrenfried 287
Schade, Udo 92
Schädlich, Christian 60
Schäfer-Agather, Architekten-Contor 305
Schappler, Walter 149
Scharoun, Hans 98
Schaub, Hartmut 142, 278
Scheller, Ewald 414
Schenk, Roland 287
Schettler + Wittenberg 167
Schieferdecker, Jürgen 84
Schirrmeister, Georg 142, 181, 210
Schlag, Hans 206
Schlott, Fred 70, 92, 115
Schmerling, Freimut 399
Schmidt, Alfred 44, 46, 48
Schmidt, Emil 184
Schmidt, Gustav 331
Schmidt, Hermann 52, 153, 353
Schmidt, Hermann sen. 144, 145
Schmidt, Karl-Heinz 193
Schmidt, Walter 108, 110, 152, 153
Schmitthenner, Paul 53
Schneider, Karl 15, 130
Schneider, Laurenz 317
Schneider, Lutz 25, 88
Schneider, Michael 144, 145
Schneider, Otto 330
Schneider-Wesseling, Erich 312
Schoder, Thilo 13, 15, 16, 66, 176, 315, 343, 349, 351, 352, 357, 362, 374, 394, 407, 413
Schönfelder, Walter 155
Schraps, Paul 351, 387, 390, 395
Schrauff, Ludwig
Schreiber, August 275
Schreiber, Hans 148
Schreiter & Schlag 15, 16, 68, 69, 206, 208, 212, 213, 214
Schröder, Arthur 303
Schroeder, Georg 50,. 51
Schulrabe, Siegward 152, 153, 154
Schultze-Naumburg, Paul 17, 251, 298, 391
Schupp & Kremmer 254
Schwarz, Martin 89, 300
Schwarzbach, Heinz 152, 153
Schwarze, Gottfried 411
Schwarzkopf, Albert 24
Schwerdtfeger, Friedrich 21
Seeland, Helmut 144, 145
Seidel, Claus 150
Seidel, Hartmut 354
Seifert, Jürgen 186
Seifert, Peter 27, 88, 287
Seifert, Siegfried 399
Seiffert 46
Selinger & Vogels 65
Seyfarth, Clothar 354
Simon, Erhard 90, 291
Sittig, Gerhard 288
Sohrmann, Johann 248
Sommerer, Karl 186
Spahr, Fritz 102, 138
Sportbauten Leipzig 87
Stabe, Friedrich 250, 251, 252

Stahn, Günter 27
Stahr, Joachim 152, 153, 154, 160, 178, 240
Stamm-Teske, Walter 191
Steinbrink, Martin 49, 128
Steinecke, Helmut
Steiner, Karl 43
Stöcker, Horst 265
Stodik, Karl 120
Streitparth, Jochen 312
Sumi, Christian 192
Szabo, Janos 159
Tamme, Bruno 98, 99
Taut, Bruno 216
Tessenow, Heinrich 13, 14, 378, 379
Thiede, Gerhard 146, 147
Thiele, Klaus 150, 151
Thomann, Klaus 152, 153
Timmermann, Helga 83
Trautmann, Armin 79
Trautvetter, Volker 62
Trommler, Ernst 362
Trzebowski, Wagner, Günther 217
Tschierschky, Siegfried 183
Unbehaun, Helmut 160
Valentyn, Thomas van den 172, 190
VEB Bau/Montagekombinat Erfurt IPRO 186
VEB Hochbauprojektierung Erfurt 150, 151, 301
VEB Industrieprojektierung 370
VEB Rationalisierung und Projektierung Berlin 105
VEB Rationalisierung und Projektierung Berlin, BT Gotha 86
VEB Stadtbau Weimar 186
Velde, Henry van de 10, 12, 13, 172 ,176, 353
Vetterlein, Karl Friedrich 312
Vogel, Günther 351, 355, 393
Vogeler, G. 179
Vogeler, Max 174, 179
Vogler, Horst 354
Vogler, Regierungsbaumeister 91
Voigt, Wolfgang 144, 145
Von Gerkan, Marg & Partner 179, 279, 293
Wagner, Horst 234
Walter, Horst 353
Walter, Zachariae 77
Walther, Hans 122
Wanzelius, Louis 146, 147
Weber, F. 304
Weber, Peter 192
Wehrmann, G. 51
Weidemann, Lutz 354
Weinmiller, Gesine 165
Weiß, Heinrich 64, 142
Welsch, Ute 301
Wenzel, Klaus 87
Wenzel, Hans 111
Wessel, Gerhard 312
Wicht, Rolf 148
Widder, Gerd 260
Wiel, Leopold 21
Wiel, Thomas 187
Wiesinger, Hans 364
Winking, Bernhard 189
Winkler, Klaus-Jürgen 184
Wohnstadt Thüringen 167
Wolfram, Werner 233, 338
Worschech, Claus 166, 194
Wurm, Robert 217

Wuttke + Ringhoff 179
Zeidler & Roberts Partnership 289
Ziegenrücker, Hilmar 158
Ziegler u. Fricke 305
Ziegler, Günther 213
Zimmermann, Ulf 305
Zimmermann, Ullrich 165, 157

Ortsregister

Altenburg 406–410
Apolda 224, 225
Arnstadt 298-300
Arnstadt-Rudisleben 301
Artern 242
Bad Berka 226
Bad Colberg 313
Bad Frankenhausen 242
Bad Köstritz 391
Bad Langensalza 278
Bad Liebenstein 62
Bad Salzungen 60, 61
Berga/Elster 392–394
Bischofferode 266
Bleicherode 254, 255
Breitungen 86
Brotterode 87
Bruchstedt 278
Dachwig 107
Dermbach 63
Ebersdorf 371
Eisenach 42–54
Erfurt 120–124, 126–137, 139–167
Erfurt-Gispersleben 138
Erfurt-Hochheim 125
Finsterbergen 108
Fischbach 108
Friedrichroda 109, 110
Geisa 64
Gera 348–355
Gera-Bieblach 356
Gera-Zwötzen 357
Gerstungen 65
Gießübel 314
Gotha 98–106
Gräfentonna 111
Greiz 386–390
Großfurra-Neuheide 243
Heiligenstadt 260, 261
Hermsdorf 362, 363
Hildburghausen 312
Hirschberg 372
Hohenfelden 227
Hohenwarte 339
Ilmenau 302–306
Jena 202–216
Jena-Göschwitz 217
Jena-Lobeda 218
Kahla 364
Küllstedt 262
Leinefelde 263–265
Lobenstein 373
Lucka 411
Masserberg 315–319
Meiningen 77–79, 82
Meiningen-Jerusalem 80, 81, 83
Meuselwitz 412, 413
Meuselwitz-Zipsendorf 414
Mühlhausen 272–277
Neuhaus a. Rennweg 331
Neumühle 395
Neustadt/Orla 374–377
Nobitz 415
Nordhausen 248–252
Nordhausen-Krimderode 253
Oberhof 88, 89
Ohrdruf 112

Pößneck 378–381
Probstzella 340
Ronneburg 396
Rositz 416
Rudolstadt-Schwarza 341
Ruhla 66–69
Saalfeld 336–338
Schleiz 370
Schleusingen 320
Schmalkalden 84, 85
Seebach 70
Sömmerda 232–234
Sondershausen 240, 241
Sonneberg 326–330
Stadtroda 365
Suhl 284, 286–293
Suhl-Heinrichs 285
Tabarz 113
Tambach-Dietharz 114, 115
Thal 67
Thomas-Müntzer-Siedlung 235
Triebes 397
Trusetal-Herges 87
Unterwellenborn 342, 343
Vacha 71
Volkenroda 279
Waldhaus 321
Weimar 172–179, 181–195
Weimar-Ettersberg 180
Weimar-Gelmeroda 196
Zella-Mehlis 90–92
Zeulenroda 398–400
Zwinge 266

Literaturverzeichnis – Literatur allgemein

Angermüller, Klaus: Der Thüringer Wald. Ein Zentrum der Erholung der Werktätigen, in: Deutsche Architektur 5/1972, S. 286ff.

Barth, Holger (Hrsg.): Projekt sozialistische Stadt. Beiträge zur Bau- und Planungsgeschichte der DDR, Berlin 1998.

Bauhaus-Archiv; Museum für Gestaltung Berlin (Hrsg.): In der Vollendung liegt die Schönheit. Der Bauhaus-Meister Alfred Arndt 1898–1976, Kat. Berlin 1999.

Beier, Michael; Hubrich, Hannes; Gruber, Rolf: apropos architektouren... thüringen 1999, Erfurt 1999.

Bolz, Lothar: Vom Deutschen Bauen, Berlin 1951.

Borrmann, Norbert: Paul Schultze-Naumburg 1869–1949. Maler-Publizist-Architekt, Essen 1989.

Brandler, Gotthard [u. a.]: Architekturführer DDR. Bezirk Gera, Berlin 1981.

Brandler, Gotthard; Werner, Klaus; Meuche, Hermann: Architektur und Bildende Kunst. Probleme ihrer Synthese, Berlin [u. a.] 1974.

Bredow, Jürgen; Lerch, Helmut: Otto Bartning. Materialien zum Werk des Architekten, Darmstadt 1983.

Brüggemann, Silvia; Fügener, Katrin; Schwarzkopf, Christoph: Architekturführer Erfurt-Weimar-Jena, Weimar 1999.

Damrich, Nicola; Grohé, Stefan (Hrsg.): Siedlungsarchitektur in Thüringen 1880–1950, unveröffentlichtes Manuskript.

[Dehio, Georg]: Handbuch der deutschen Kunstdenkmäler. Thüringen, München 1998.

Deutsche Bauakademie (Hrsg.): Architektur der DDR, Berlin ^{2}1980.

Deutsches Nationalkomitee des ICOMOS (Hrsg.): Stalinistische Architektur unter Denkmalschutz? München 1996.

[Deutsches Nationalkomitee für Denkmalschutz]: Verfallen und vergessen oder aufgehoben und geschützt? Architektur und Städtebau der DDR – Geschichte, Bedeutung, Umgang, Erhaltung, (Tagungsdokumentation) Bonn 1995.

Droste, Magdalena (Hrsg.): Bauhaus 1919–1933, Köln 1991.

Durth, Werner; Düwel, Jörn; Gutschow, Niels: Architektur und Städtebau der DDR. Ostkreuz: Personen, Pläne, Perspektiven, Bd. 1, Frankfurt a. M. ^{2}1999.

Durth, Werner; Düwel, Jörn; Gutschow, Niels: Architektur und Städtebau der DDR. Aufbau. Städte, Themen, Dokumente, Bd. 2, Frankfurt/M. 1998.

Durth, Werner; Gutschow, Nils: Architektur und Städtebau der fünfziger Jahre (Schriftenreihe des Deutschen Nationalkomitees für Denkmalschutz, Bd. 33), Bonn 1987.

Durth, Werner: Deutsche Architekten. Biographische Verflechtungen 1900–1995, München 1992.

Durth, Werner; Nerdinger, Winfried: Architektur und Städtebau der 30er/40er Jahre, (Schriftenreihe des Deutschen Nationalkomitees für Denkmalschutz, Bd. 46), Bonn 1993.

Düwel, Jörn: Baukunst voran! Architektur in der SBZ/DDR, Berlin 1995.

Engst, Werner: Architekt BDA Ernst Flemming, Sonderheft Neue Baukunst 11/1925.

Fendel, Ute: Wiederaufbau nach dem 2. Weltkrieg in Deutschland Ost und West. Ein Vergleich anhand kommunaler Repräsentativbauten, Diss. Bonn 1994.

Flierl, Bruno: Gebaute DDR: über Stadtplaner, Architekten und die Macht. Kritische Reflexionen 1990–1997, Berlin 1998.

Forschungsgemeinschaften Hochschule Weimar (Hrsg.): Lehmbaufibel. Darstellung der reinen Lehmbauweisen, Leipzig 1947.

Gorys, Erhard: Thüringen, München [u. a.] 1992.

Grönwald, Bernd: Computer in Stadtplanung und Architektur, in: Architektur der DDR 4/1988, S. 7f.

Gruber, Rolf [u. a.]: apropos architektouren... thüringen 1998, Erfurt 1998.

Gruber, Rolf; Hubrich, Hannes; Beier, Michael: apropos architektouren... thüringen 1997, Erfurt 1997.

Habermas, Jürgen: Der Philosphische Diskurs der Moderne. Zwölf Vorlesungen, Frankfurt a. M. ^{6}1998.

Hain, Simone; Schroedter, Michael; Stroux, Stephan: Die Salons der Sozialisten: Kulturhäuser in der DDR, Berlin 1996.

Hartung, Ulrich: Arbeiter- und Bauerntempel: DDR-Kulturhäuser der fünfziger Jahre. Ein architekturhistorisches Kompendium, Berlin 1997.

Henselmann, Hermann: Gedanken, Ideen, Bauten, Projekte, Berlin 1978.

Henselmann, Hermann: Planung des Aufbaus. Ein Beitrag zum Problem zeitgemäßer Baukunst, in: Aufbau 3/1946, S. 265ff.

Hochschule für Baukunst und Bildende Künste (Hrsg.): Grundlagen des ländlichen Siedlungswesens, Weimar 1948.

Hoscislawski, Thomas: Bauen zwischen Macht und Ohnmacht. Architektur und Städtebau in der DDR, Berlin 1991.

Hubrich, Hannes; Korrek, Norbert; Beier, Michael: apropos architektouren... thüringen 2000, Erfurt 2000.

Hüter, Karl-Heinz [u. a.]: Architekturführer DDR. Bezirk Erfurt, Berlin 1979.

Hüter, Karl-Heinz: Das Bauhaus in Weimar, Berlin 1976.

Hüter, Karl-Heinz: Über den Stand, die Probleme und die Aufgaben der Erforschung der Hochschulgeschichte, in: Wissenschaftliche Zeitschrift der HAB Weimar 3/1961, S. 239ff.

Institut für Denkmalpflege in der DDR (Hrsg.): Denkmale der Produktions- und Verkehrsgeschichte, Teil 1, Berlin 1989.

Institut für Denkmalpflege in der DDR (Hrsg.): Gedenkstätten. Arbeiterbewegung, Antifaschistischer Widerstand, Aufbau des Sozialismus, Leipzig 1974.

Institut für Denkmalpflege in der DDR, Arbeitsstelle Erfurt (Hrsg.): Denkmale in Thüringen, Weimar 1973.

Jaeger, Roland: Neue Werkkunst. Architektenmonographien der zwanziger Jahre, Berlin 1998.

John, Jürgen: Kleinstaaten und Kultur in Thüringen vom 16. bis 20. Jahrhundert, Weimar [u. a.] 1994.

John, Jürgen; Jonscher, Reinhard; Stelzner, Axel: Geschichte in Daten. Thüringen, Berlin; München 1995.

Junker, Wolfgang: Das Erbe des Bauhauses ist in der DDR in guten Händen, in: Architektur der DDR 1/1977, S. 1–4.

Koch, Robert; Pook, Eberhard (Hrsg.): Karl Schneider. Leben und Werk. 1892–1945, Hamburg 1992.

Krenz, Gerhard: Architektur zwischen Gestern und Morgen. Ein Vierteljahrhundert Architekturentwicklung in der DDR, Berlin 1974.

Kühne, Lothar: Bedingungen des Monumentalen in der sozialistischen Architektur, in: Deutsche Architektur 4/1969, S. 176ff.

Landeszentrale für politische Bildung Thüringen (Hrsg.): Blätter zur Landeskunde, Erfurt 1999.

Landeszentrale für politische Bildung Thüringen (Hrsg.): Quellen zur Geschichte Thüringens, Bde. 1–14, Erfurt 1995–2000.

Landeszentrale für politische Bildung Thüringen (Hrsg.): Thüringen gestern & heute, Bd. 2: Thüringen auf dem Weg ins „Dritte Reich", Erfurt 1996.

[Lossow, William; Kühne, Max H.]: Architekten Lossow & Kühne Dresden, Reprint der Ausg. Berlin; Leipzig; Wien 1930, Berlin 1998.

Lukassek, Wolfgang: Katholischer Kirchenbau in Ostdeutschland 1945–1992, in: Das Münster 3/1996, S. 186ff.

Mendelsohn, Erich: Das Gesamtschaffen des Architekten, Berlin 1930.

Merseburger, Peter: Mythos Weimar. Zwischen Geist und Macht, Stuttgart 1998.

[Möbius, Helga; Beyer, Klaus G.]: Thüringen, Leipzig ³1990.

Müller, Hans: Thüringen. Reisen durch eine deutsche Kulturlandschaft, Köln 1991.

Müller-Wulckow, Walter: Bauten der Arbeit und des Verkehrs aus deutscher Gegenwart, Königstein im Taunus 1926.

Müller-Wulckow, Walter: Deutsche Baukunst der Gegenwart, Königstein im Taunus 1929.

Müller-Wulckow, Walter: Die deutsche Wohnung der Gegenwart, Königstein im Taunus 1930.

Müller-Wulckow, Walter: Wohnbauten und Siedlungen, Königstein im Taunus 1929.

Münzberg, Josef; Richter, Gerhard; Findeisen, Peter: Architekturführer DDR. Bezirk Halle, Berlin 1977.

Nerdinger, Winfried (Hrsg.): Bauhaus-Moderne im Nationalsozialismus, München 1993.

Nerdinger, Winfried: Theodor Fischer. Architekt und Städtebauer, Berlin 1988.

Nowak, Cornelia (Hrsg.): Expressionismus in Thüringen. Facetten eines kulturellen Aufbruchs, Kat. Jena 1999.

Palutzki, Joachim: Architektur in der DDR, Berlin 2000.

Pehnt, Wolfgang: Die Architektur des Expressionismus, vollst. neu bearb. Auflage, Ostfildern-Ruit 1998.

Rat des Bezirkes Erfurt; Bezirksbauamt (Hrsg.): Bauen im Bezirk Erfurt, Weimar 1984.

Rat des Bezirkes Leipzig; Bezirksbauamt (Hrsg.): Bauen im Bezirk Leipzig, Leipzig 1982.

Reichert, Herbert; Thunert, Hellmuth: Schemapläne für Kulturhäuser, in: Deutsche Architektur, 4/1953, S. 167ff.

Rüdiger, Ulrike (Hrsg.): Thilo Schoder. Architektur und Design. 1888–1979, Kat. Jena 1997 (I).

Rüdiger, Ulrike: Thilo Schoder. Leben und Werk in Deutschland, Jena 1997 (II).

Schädlich, Christian: Der Postmodernismus – eine alternative Architektur? in: Architektur der DDR 6/1982, S. 340ff.

Scheidig, Walter: Die Bauhaus-Siedlungsgenossenschaft in Weimar 1920–1925, in: Dezennium 2/1972, S. 249–262.

Schirmer, Heidemarie; Ulbricht, Justus H. (Hrsg.): Kathedrale der Zukunft – Zur Gründung des Bauhauses vor 80 Jahren, Thesis 4-5/1999.

Schulz, Joachim; Müller Wolfgang; Schrödl, Erwin: Architekturführer DDR. Bezirk Leipzig, Berlin 1976.

Speer, Albert (Hrsg.): Neue deutsche Baukunst, Amsterdam; Berlin; Wien 1943.

Strubelt, Wendelin (Hrsg.): Jena. Dessau. Weimar. Städtebilder der Transformation 1988–1990. 1995–1996, Opladen 1997.

[Thilo Schoder]: Thilo Schoder, Berlin [u. a.] 1929.

Thüringer Finanzministerium (Hrsg.): Thüringer Staatspreis 1998 für Architektur und Städtebau, Erfurt 1998.

Thüringer Talsperrenverwaltung (Hrsg.): Talsperren in Thüringen, Erfurt 1993.

Thüringisches Landesamt für Denkmalpflege (Hrsg.): Architektur und Städtebau. Das Büro Schreiter & Schlag. 1919–1952, Jena 1999.

Thüringisches Landesamt für Denkmalpflege (Hrsg.): Bibliographie zur thüringischen Kunstgeschichte und angrenzender Gebiete 1973–1993, Bad Homburg; Leipzig 1997.

Thüringisches Landesamt für Denkmalpflege (Hrsg.): Bewahren für Gegenwart und Zukunft. Denkmale in Thüringen, (Arbeitshefte des Thür. Landesamtes für Denkmalpflege 1/1992); Bad Homburg; Leipzig 1992.

Topfstedt, Thomas: Städtebau in der DDR. 1955–1971, Leipzig 1988.

Tripmacker, Wolfgang: Bibliographie Bauwesen-Architektur-Städtebau, München 1993.

Vereinigung der Landesdenkmalpfleger in der BRD (Hrsg.): Historische Theater in Deutschland. Östliche Bundesländer, Bd. 2, Erfurt 1994.

Voigt, Friedrich (Hrsg.): Staatlicher Bauwille in Thüringen 1932–1937, Weimar 1938.

Wirth, Hermann: Architektonischer Historismus in der Gegenwart – schöpferischer Impuls oder regressive Tendenz? in: Wissenschaftliche Zeitschrift der HAB Weimar, Ausgabe A, 5–6/1983, S. 459ff.

Wirth, Hermann: Der denkmalpflegerische Umgang mit den baulichen Hinterlassenschaften der 1950er Jahre in Ostdeutschland, in: Thesis 5/1997, S. 158–166.

Wirth, Hermann: Kleinstädtische und ländliche Bauten der NS-Zeit und ihre Adaption in den separierten deutschen Staaten der Nachkriegszeit, in: Ländliches und kleinstädtisches Wohnen im 20. Jahrhundert (Jahrbuch für Hausforschung Bd. 46), Marburg 1999, S. 279–287.

Wirth, Hermann: Wie das Regime, so seine Bauten. Die Koinzidenz von Machtstruktur und Baustruktur, in: Wissenschaftliche Zeitschrift der HAB Weimar, 1/2/1993, Ausgabe A, S. 27–36.

Zeigert, Dieter: Militärbauten in Thüringen. Studien zu Kasernenanlagen in Mitteldeutschland seit der Verabschiedung der Wehrverfassung des Deutschen Bundes 1821, (Arbeitshefte des Thür. Landesamtes für Denkmalpflege 11/1998) Bad Homburg [u. a.] 1998.

Zießler, Rudolf [u. a.]: Architekturführer DDR. Bezirk Suhl, Berlin 1989.

Zukowsky, John (Hrsg.): Architektur in Deutschland 1919–1939. Die Vielfalt der Moderne, München [u. a.] 1994.

Literaturverzeichnis – Literatur zu den Kreisen und kreisfreien Städten

Eisenach
Kulturamt Eisenach; Eisenacher Kulturkreis e. V. (Hrsg.): Eisenach. Gründerzeitvillen in der Südstadt, o. O. u. J.
Kultur- und Stadtplanungsamt Eisenach; Reiß, Herlind (Hrsg.): Eisenach. Industriebauten 1. AEG-Spuren, Eisenach 1996.
Steuernagel, Barbara: Fassadenarchitektur als Informationsträger – Untersuchungen an ausgewählten Kaufhäusern der 20er Jahre in Thüringen, Magisterarbeit Marburg 1994.

Wartburgkreis
Danner, Dietmar: Kontrast statt Widerspruch, Sonderdruck AIT 4/1997.
Hennig: Das thüringische Staatsbad Bad Salzungen, in: Baugilde 25/1941, S. 399–404.
Kohlrausch, Erich: Verwaltungsbericht der Stadt Ruhla 1925–1928, Ruhla 1928.
Müller, Walter: Zur Entwicklung von Seebach, Kreis Eisenach, in: Architektur der DDR 9/1974, S. 564–565.
Schmal, Peter: Das neue Schulungs- und Technologiezentrum der Firma alsecco in Gerstungen, in: Baugilde 6/1997, S. 130–135.

Kreis Schmalkalden-Meiningen
Günther, Ernst: Interhotel „Panorama" in Oberhof, in: Deutsche Architektur 11/1970, S. 649ff.
Klemm, Bernhard: Krematorium in Schmalkalden, in: Deutsche Architektur 10/1971, S. 622f.
[N.N.]: Behördenzentrum Meiningen, in: Wettbewerbe Aktuell, 7/1995, S. 47–58.
Remmele, Matthias: Die Mehrzweckkiste, Multifunktionale Halle als Stadtteilzentrum von Meiningen-Jerusalem, in: Bauwelt 40/1997, S. 2280ff.
Schneider, Lutz: Ferienheim „Rennsteig" in Oberhof, in: Deutsche Architektur 6/1969, S. 336.
Schneider, Lutz: Gaststättenkomplex „Oberer Hof" in Oberhof, in: Deutsche Architektur 1/1973, S. 36.
Stadtverwaltung Zella-Mehlis (Hrsg.): Das Rathaus unserer Stadt, Festschrift Zella-Mehlis 1925.
Thüringer Innenministerium (Hrsg.): Vom Plattenbauquartier zum attraktiven Stadtteil Meiningen-Jerusalem, (Arbeitsblätter für die Städtebauförderung 5) Meiningen 1999.

Kreis Gotha
Anding, K.; Backhaus, G.; Lange, H.: Wohnen im Zentrum – Wettbewerb Stadtzentrum Gotha, in: Deutsche Architektur 8/1969, S. 172ff.
Architektenkammer Thüringen (Hrsg.): apropos architekturen... thüringen 1995, Erfurt 1995.
Bekiers, Andreas: Bodo Ebhardt 1865–1945. Architekt, Burgenforscher, Restaurator, Berlin 1984.
Ebhardt, Klaus: Bodo Ebhardt 1865–1945, in: Burgen und Schlösser 2/1974, S. 141–144.
Escherich, Mark: Das Kaufhaus Conitzer & Söhne in Gotha, in: Der Architekt 2/1998, S. 76.
Freytag, Thomas; Peickert, Ulrich: Die Siedlung „Am schmalen Rain" Gotha, in: Architektur der DDR 12/1986, S. 758–761.
Haubenreißer, Gerhard: 8-Klassen-Grundschule Tambach-Dietharz, in: Deutsche Architektur 2/1957, S. 71.
Matthiesen, Helge: Bürgertum und Nationalsozialismus in Thüringen. Das bürgerliche Gotha von 1918 bis 1930 (Veröffentlichungen der Historischen Kommission für Thüringen: Kleine Reihe; Bd. 2), Jena; Stuttgart 1994.
[N.N.]: Fassade in Aluminium und Glas, in: Thüringische Landeszeitung/Lokalausgabe Gotha, 1.6.1985, o. S.
Rat des Kreises Gotha (Hrsg.): Denkmale des Kreises Gotha, Gotha 1989.
Reinhardt, Annerose; Gräfenhahn, Christel: Friedrichroda, Friedrichroda 1987
Roob, Helmut: Gotha. Ein historischer Führer, Sigmaringendorf 1991.
Schmidt, Walter: FDGB-Erholungsheim „August Bebel" in Friedrichroda, in: Architektur der DDR 10/1981, S. 619–622.
Wenzel, Matthias: Ein Zeuge des Dritten Reiches, in: Gothaer Heimatbrief 21/1995, S. 25f.

Erfurt
Escherich, Mark: Aspekte der Architektur der 1920er Jahre in Erfurt. Wohnungsbau und Geschäftshausarchitektur im Zeichen der Moderne, Erfurt 1999.
Galerie am Fischmarkt Erfurt; Angermuseum Erfurt; Erfurter Kunstverein (Hrsg.): Einsatz für die Moderne – Hommage à Kaesbach, Erfurt o. J.
Gebauer, Heinz: Bezirksparteischule der SED in Erfurt, in: Architektur der DDR 3/1976, S. 169–171.
Hausener, Katharina: Krematorium, in: Behrens, Jörg; Mann, Michael; Zimmermann, Birgitt (Hrsg.): Architektur in Erfurt. Von den 20ern bis zur Gegenwart, Erfurt 1999, S. 64f.
Hopp, Hanns: Das Hochhaus in Erfurt. Ein Beispiel für die Unterschätzung der nationalen Bautradition, in: Neues Deutschland, 24.1.1952, o. S.
Kaltenbrunn, Eva: Schwimmhalle, in: Deutsche Architektur 5/1969, S. 280f.
Kellner, Theo; Hinssen, Felix Hinz: Allgemeine Ortskrankenkasse zu Erfurt, in: Bauwelt 37/1930 (I), S. 1–8.
[Kellner, Theo; Hinssen, Felix Hinz]: Aus dem gemeinsamen Schaffen Theo Kellner und Felix H. Hinssen, Berlin; Leipzig; Wien 1930 (II).
Kierstein, Ulrich: Bauen für die Lebenden und die Toten – Anmerkumgen zu einer expressionistischen Architektur in Thüringen, in: Nowak, Cornelia (Hrsg.): Expressionismus in Thüringen. Facetten eines kulturellen Aufbruchs, Kat. Jena 1999, S. 378–391.
Kil, Wolfgang: Solide Handarbeit in dreierlei Grau. Zu Risiken und Nebenwirkungen der „Neuen Einfachheit" am Bundesarbeitsgericht in Erfurt, in: Weimar Kultur Journal 2/2000, S. 21f.
Klass, Johannes: Der Neubau des Grossen Hospitals zu Erfurt, in: Deutsche Bauzeitung 28, 29/1928, S. 241–246.
Leißling, Wolfgang: Zeitgeschichtliche Miniaturen. Baugeschichte im Spiegel der öffentlichen Meinungen, in: Thüringer Landtag (Hrsg.): Politisches Zentrum eines neuen Bundeslandes. Der Thüringer Landtag, Erfurt 1994, S. 87–96.
Lingner, Reinhold: Die Bauten der Internationalen Gartenbauausstellung, in: Deutsche Architektur 4, 5/1962 (I), S. 197–207.
Lingner, Reinhold: Gestaltungsprobleme der inter-

nationalen Gartenbauausstellung Erfurt 1961, in: Deutsche Gartenarchitektur 1/1962 (II), S. 1–5.
Lütje, Richard: Das Oberpostdirektionsgebäude in Erfurt, in: Deutsche Bauzeitung 99, 100/1930, S. 669–675.
Müller, Herbert: Das Uni-HP-System, in: Deutsche Architektur 10/1969, S. 631-633.
Nitsch, Walter und Henn, Ewald: Planung und Entwicklung von Wohngebieten in der Stadt Erfurt, in: Deutsche Architektur 1/1965, S. 45–52.
Nitsch, Walter: Neugestaltung der Innenstadt Erfurt, in: Deutsche Architektur 7/1968, S. 413–419.
Nitsch, Walter: Wohnungsbau und Stadtentwicklung in Erfurt, in: Architektur der DDR 3/1980, S. 152–159.
Rauterberg, Hanno: Schwer in Ordnung. Das Bundesarbeitsgericht in Erfurt ist das Erstlingswerk der Architektin Gesine Weinmiller – ein Quader ohne Kompromisse, in: Die Zeit, 30.9.1999, S. 45.
Thüringer Finanzministerium (Hrsg.): Thüringer Staatspreis 1998 für Architektur und Städtebau, Erfurt 1998.
Wiegand, Fritz: Das Rathaus zu Erfurt, Erfurt 1961.
Winkler, Klaus-Jürgen: Zwischen Tradition und Gegenwart: Vom Behördenhaus zum heutigen Ensemble des Thüringer Landtages, in: Thüringer Landtag (Hrsg.): Politisches Zentrum eines neuen Bundeslandes. Der Thüringer Landtag, Erfurt, 1994, S. 43–62.
Ziegenrücker, Hilmar: Eigenheimkomplex in Erfurt. Brühler Herrenberg, in: Architektur der DDR 3/1977, S. 148–150.

Weimar

Bach, Anita: Architektur, die allen zugute kommt, in: Architektur der DDR 9/1989, S. 42.
Becholdt, Frank-Andreas (Hrsg.): Restaurierung, Wiedererrichtung, Neubau. Musikgymnasium Schloss Belvedere Weimar, Frankfurt a. M. 1995.
Behne, Adolf: Das Musterhaus der Bauhausausstellung, in: Bauwelt 41/1923, S. 501f.
Brauns, Jörg (Hrsg.): Städtebauliche Planungswerkstatt. neues bauen am horn. Dokumentation, Weimar ²1999.
Bund der Architekten der DDR (Hrsg.): Rekonstrution der Innenstadt von Weimar, Weimar 1983.
Chlebos, Dieter. Wettbewerb Stadtzentrum Weimar, in: Deutsche Architektur 3/1969, S. 171ff..
Dallmann, Elke: Der Neubau des Musikgymnasiums in Weimar/Belvedere, Magisterarbeit Jena 1999.
Froschauer, Eva Maria: Auferstehung in Zitronengelb, in: Bauwelt 48/1999, S. 2625.
Froschauer, Eva Maria: Treppen und Lücken, in: Bauwelt 20/1999, S. 1056.
Gropius, Walter: Neue Arbeiten der Bauhauswerkstätten. München 1925.
Günther, Gitta; Huschke, Wolfram; Steiner; Walter (Hrsg.): Weimar. Lexikon zur Stadtgeschichte, Weimar 1993.
Kiefer, Peter Klaus: Weimar – Mensa am Park, in: bda 16 Bezirksgruppe Erfurt, Informationsblatt 2/1983, S. 3.
Kil, Wolfgang: Routine als Denkmalschutz. Neubau der Weimarhalle als Congress Centrum, in: Bauwelt 37/1999, S. 2056f.
Kleefisch-Jobst, Ursula: Studentenheim in Weimar, in: Bauwelt 33/1998, S. 1830–1833.

Mauersberger, Volker: Hitler in Weimar. Der Fall einer deutschen Kulturstadt, Berlin 1999.
Meßner, Paul: Bauten und Denkmale in Weimar. Ihre Geschichte und Bedeutung, (Weimarer Schriften Bd. 5) Weimar 1984.
Messow, Christoph: Viehauktionshalle und Hetzerhallen in Weimar, in: Bauwelt 23/1999, S. 1254f.
Meyer, Adolf: Ein Versuchshaus des Bauhauses in Weimar, München 1
Michalski, Gundula; Steiner, Walter: Die Weimarhalle. Bau- und Wirkungsgeschichte, (Weimarer Schriften Bd. 50) Weimar 1994.
Mütter, Katharina: Helles und Grelles; Reines und Feines.Restaurierung, Wiedererrichtung des Musikgymnasiums Schloss Belvedere bei Weimar, in: Bauwelt 28/1996, S. 1630–1637.
Neufert, Ernst: Ein Holzskelettbauversuch von Ernst Neufert, Berlin, in: Wasmuths Monatshefte für Baukunst 15/1931, S. 167–170.
Redecke, Sebastian: Van de Velde und der Minimalismus, in: Bauwelt 14/1996, S. 836–849.
Rogler Rudolf: Gestaltung einer Stadt. Das nationalsozialistische Weimar, in: Der Deutsche Baumeister, 2/1940, S.3f.
Salzmann, Dieter; Hubrich, Hannes: Bebauung Weimar Marktnordseite, in: Wissenschaftliche Zeitschrift der HAB Weimar 1/1989, S. 40.
Schley, Jens: Nachbar Buchenwald. Die Stadt Weimar und ihr Konzentrationslager. 1937-1945, Köln [u. a.] 1999.
Schubert, D.: Das Denkmal der Märzgefallenen in Weimar 1920 von Walter Gropius und seine Stellung in der Geschichte des neueren Denkmals, in: Jahrbuch der Hamburger Kunstsammlungen 1976, S. 199–230.
Seifert, Jürgen: Wettbewerb Schillermuseum Weimar, in: Architektur der DDR 9/1982, S. 555 ff.
Seifert, Jürgen; Michalski, Frank: Neubau Schillermuseum in Weimar, in: Architektur der DDR 9/1989, S. 20ff.
Stahr, Joachim; Andres, Gunter; Forberg, Gerhard: Internationaler städtebaulicher Wettbewerb Innenstadt Weimar, in: Wissenschaftliche Zeit schrift der HAB Weimar, Ausgabe A, 1/1989, S. 29.
Stock, Wolfgang: Bildungszentrum in Weimar, in: Baumeister 11/1999, S. 38–42.
Winkler, Klaus-Jürgen: Die Architektur am Bauhaus in Weimar. Berlin, 1993.
Winkler, Klaus-Jürgen: Neues Bauen in Weimar, in: Wissenschaftliche Zeitschrift der HAB Weimar, Ausgabe A, 3–4/1992, S. 181–194.
Winkler, Klaus-Jürgen; Oschmann, Gerhard: Das Gropius-Zimmer. Geschichte und Rekonstruktion des Direktorenarbeitsraumes am Staatlichen Bauhaus in Weimar 1923/24, Weimar 1999.
Wittmann: Die neue Goethe-Festhalle in Weimar, in: Deutsche Bauhütte 8/1932, S. 98f.
Wolf, Christiane: Gauforen – Zentren der Macht. Zur nationalsozialistischen Architektur und Stadtplanung, Berlin 1999.
Zimmermann, Gerd: Die Ordnung des Domizils, in: Bauwelt 44/1999, S. 2432–2437.
Zimmermann, Gerd; Brauns, Jörg (Hrsg.): KulturStadtBauen. Eine architektonische Wanderung durch Weimar – Kulturstadt Europas 1999, Kat. Weimar 1997.
Zimmermann, Gerd; Wolf, Christiane (Hrsg.):

Vergegenständlichte Erinnerung. Über Relikte der NS-Architektur, Weimar 1999.

Jena

Autorenkollektiv: Tourist-Stadtführer; Jena und Umgebung, Leipzig 1977.

Diers, Michael; Grohé, Stefan; Meurer, Cornelia (Hrsg.): Der Turm von Jena. Architektur und Zeichen, (Minerva. Jenaer Schriften zur Kunstgeschichte Bd. 9) Jena 1999.

Jaeggi, Annemarie: Adolf Meyer. Der zweite Mann. Ein Architekt im Schatten von Walter Gropius, Berlin 1994.

Joedicke, Jürgen: Schalenbau. Konstruktion und Verfahren, Stuttgart 1962.

Klügel, Siegfried: Bebauungskonzeption des 3. Bauabschnittes von Lobeda-Ost, in: Architektur der DDR 8/1975, S. 462–465.

Kesting, Rolf: Versorgungs- und Kulturzentrum in Jena-Lobeda, in: Architektur der DDR 12/1974, S. 720–723.

Klügel, Siegfried [u. a.]: Ein neues Jenaer Wohngebiet: Lobeda-West, in: Architektur der DDR 8/1974, S. 457–463.

Klopfer, Paul: Das Abbeanum in Jena, in: Wasmuths Monatshefte für Baukunst 1931, S. 516–520.

Koch, Herbert: Geschichte der Stadt Jena, unveränderter Nachdruck der Ausgabe von 1966, Jena; Stuttgart; Lübeck; Ulm 1996.

Markowski, Frank (Hrsg.): Der letzte Schliff. 150 Jahre Arbeit und Alltag bei Carl Zeiss, Berlin 1997.

Mauke, Ernst: Betriebspoliklinik für den VEB Carl Zeiß in Jena, in: Deutsche Architektur 8/1960, S. 424–428.

Mauke, Ernst; Balke, Ulrich: Jenas Innenstadt im Aufbau, in: Deutsche Architektur 7/1958, S. 366–376.

Neufert, Ernst: Bauentwurfslehre, Berlin ³1936.

Stommer, Rainer (Hrsg.): Reichsautobahn – Pyramiden des Dritten Reichs. Analysen zur Ästhetik eines unbewältigten Mythos, Marburg 1982.

Thüringisches Landesamt für Denkmalpflege (Hrsg.): Das Hauptwerk von Carl Zeiss Jena. Ursprung und Wandel, Bad Homburg; Leipzig 1997.

Verspohl, Franz-Joachim, Zießler, Rudolf (Hrsg.): Jenaer Universitätsbauten, (Minerva. Jenaer Schriften zur Kunstgeschichte, Bd. 1) Arnstadt 1995.

Kreis Apolda

Schirmer, Wulf (Hrsg.): Egon Eiermann 1904–1970. Bauten und Projekte, Stuttgart 1993.

Weinstock, Kerstin: Ulrich Müther, vom Land-Baumeister zum Schalenbauer, in: Deutsche Bauzeitung 10/1999, S. 152–60.

Matthiess, Willi: TBC-Heilstätte Bad Berka, in: Deutsche Architektur 3/1955, S. 112–118.

[N.N.]: Naherholungszentrum „Stausee Hohenfelden", in: Deutsche Architektur 1/1973, S. 47–50.

Kreis Sömmerda

Albold, Bärbel: Sömmerda. Kleinstadt und Industriestandort 1890–1930, Erfurt 1998

Schüle, Anngret: BWS Sömmerda. Die wechselvolle Geschichte eines Industriestandorts in Thüringen 1816–1995, Erfurt 1995.

Steinecke, Helmut; Szalkai, Petra: Rekonstruktion des Marktplatzes in Sömmerda, in: Architektur der DDR 1/1975, S. 40f.

Wirth, Hermann: Sömmerda, in: Rödel, Volker (Hrsg.): Reclams Führer zu den Denkmalen der Industrie und Technik in Deutschland. Bd. 2. Neue Länder, Stuttgart 1998, S. 301.

Kyffhäuserkreis

Tübke, Werner: Bauernkrieg und Weltgericht, Leipzig 1995.

[N.N.]: Schule Sondershausen, in: Deutsche Architektur 5/1965, S. 307.

Stahr, Joachim: Zur Joh. R. Becher-Oberschule in Sondershausen, in: Wissenschaftliche Zeitschrift der HAB 1/1963, S. 19-24.

Kreis Nordhausen

Fiedermann, A.; Hess, T.: Das Konzentrationslager Mittelbau Dora. Ein historischer Abriß, Berlin 1993.

Henn, E.: Planung und Bebauung des Stadtzentrums von Nordhausen, in: Deutsche Architektur 1/1965, S. 53ff.

Junker, Jörg-Michael (Hrsg.): Nordhausen zwischen Trümmerbahn und Stadtterrasse. Die Zeit der späten vierziger bis frühen sechziger Jahre, Horb am Neckar 1996.

Junker, Jörg-Michael: Nordhausen 1927. Die tausendjährige Stadt, Horb am Neckar 1994.

[N.N.]: Der Wettbewerb von Nordhausen (Ausschreibung und Preisrichterprotokoll), in: Deutsche Architektur 1/1958, 24ff.

Polenz, S.: Zum städtebaulichen Wettbewerb in Nordhausen, in: Deutsche Architektur 8/1958, S. 546f.

Rost, Otto: Die neue Entwicklung Nordhausens, in: Neue Baukunst 11/1929, S. 12.

Schmidt, Walter: HO Gaststätte „Stadtterrasse", in: Deutsche Architektur 7/1963, S. 444f.

Stabe, Friedrich: Neues Filmtheater in Nordhausen, in: Deutsche Architektur 7/1956, S. 479ff.

Weißbarth, Adolf: Entwicklung und Planung der Stadt Nordhausen, in: Deutsche Architektur 1/1965, S. 53ff.

Kreis Eichsfeld

Cordier, Werner: Meine Arbeiten, Berlin, 1922.

Frömder, Wolfgang: Muster- und Experimentalbau Leinefelde, in: Deutsche Architektur 8/1962, S. 450ff.

Katzig, H.-J.: Teilautomatisierte Texturseidenwirnerei in Leinefelde, in: Architektur der DDR 10/1974, S. 603ff.

Kleefisch-Jobst, Ursula: „ZukunftsWerkStadt" Plattenbau, in: Bauwelt 17/2000, S. 20ff.

Maak, Niklas: Unsere kleine Stadt, in: Süddeutsche Zeitung München, 29/30. Juli 2000, S. 18.

[N.N.]: Bischof Wanke weiht „St. Bonifatius" in Leinefelde, in: Eichsfeld (Monatszeitschrift) 11/1993, S. 336ff.

Schädlich, C.: Die Baumwollspinnerei in Leinefelde, in: Architektur der DDR 6/1989, S. 40.

Schmidt, Hans: Der Kompaktbau Leinefelde und die Industriearchitektur, in: Deutsche Architektur 8/1962, S. 460ff.

Unstrut-Hainich-Kreis

Bergmann, V.; Oertel, G.; Skade, R.: Denkmal und Moderne, in: Baukultur 4/1997, S. 6-9.
Gernandt, Hugo: Der Neubau des Bade- und Kur mittelhauses in Langensalza, in: Heimatschutz 6/1928, S. 23–27.
Günther, Gerhard; Korf, Winfried: Mühlhausen. Thomas-Müntzer-Stadt, Leipzig 1986.
Korf, Winfried: Bauwesen und Bauwerke in Mühlhausen von 1800 bis zum 2. Weltkrieg (I), in: Mühlhäuser Beiträge 6/1983, S. 31ff.
Korf, Winfried: Bauwesen und Bauwerke in Mühlhausen von 1800 bis zum 2. Weltkrieg (III), in: Mühlhäuser Beiträge 8/1985, S. 63f.
Krippner, Roland: Zeichen für Technik und Modernität. Zur Verwendung von Stahl im Kirchenbau, in: Detail 4/1999, S. 598–603.
[N.N.]. Der Wiederaufbau in Bruchstedt, in: Demokratischer Aufbau 6/1950, S. 246f.

Suhl

Angermüller, K.; Triebel, O.; Lenz, R.: Die städtebauliche und architektonische Gestaltung des Zentrums der Bezirksstadt Suhl, in: Deutsche Architektur 2/1969, S. 74ff.
Haas, Manfred: Zur Siedlungs- und Baugeschichte der Stadt Suhl, Suhl 1992.
Hellmund, Dieter: Wohnungsbau im Bezirk Suhl, in: Architektur der DDR 3/1987, S. 24–26.
Luther, Heinz: Stadthalle der Freundschaft in Suhl, in: Deutsche Architektur 8/1972, S. 488ff.
Luther, Heinz: Warenhaus Centrum in Suhl, in: Deutsche Architektur 10/1970, S. 589ff.
[N.N.]: Die moderne Berufserziehung, in: Thür. Allgem. Zeitung vom 06.04.1939, o. S.
Schenk, Roland: Suhl-Haus des FDGB, in: Deutsche Architektur 1/1964, S. 14f.
Scherzer, Landolf: Suhl. Bilder einer Stadt, Suhl 1994.
Schleiff, Heinrich: Denkmale in Suhl. Gedenkstätten und historische Bauwerke in der Bezirksstadt, Suhl 1985.
Stadtverwaltung Suhl (Hrsg.): Beiträge zur Geschichte der Stadt Suhl, Suhl 1991.
Walther, Norbert: Zur komplexen Umgestaltung des Bereiches Mühltorstraße-Drusselstraße in Suhl, in: Architektur der DDR 3/1987, S. 16–23.

Ilmkreis

Fieting, Willi: Großraumbüro in Erfurt-Rudisleben, in: Deutsche Architektur 11/1968, S. 646–649.
Gibas, Monika; Pasternack; Peer (Hrsg.): Sozialistisch behaust und bekunstet. Hochschulen und ihre Bauten in der DDR, Leipzig 1999.
Kaufmann, Klaus H.: Arbeitsumweltgestaltung in Großraumbüros, in: Deutsche Architektur 11/1968, S. 650–654.
Mader, Richard: Ilmenau, Gotha 1994.
Museen der Stadt Arnstadt (Hrsg.): Denkmale im Kreis Arnstadt (Veröffentlichungen der Museen der Stadt Arnstadt, Heft 12), Arnstadt 1988.
Preiß, Achim; Winkler, Klaus-Jürgen: Weimarer Konzepte. Die Kunst- und Bauhochschule 1860–1995, Weimar 1996.

Kreis Hildburghausen

Fuchs, Claudia: Kurklinik in Bad Colberg, in: Baumeister 10/1997, S. 24ff.

Salier, Hans-Jürgen: Chronik der Stadt, Hildburghausen 1999.
Sänger, Roland; Steinig, Manfred: Hildburghausen, Erfurt 1992.
Ziermann, Martin; Schäbitz, Sabine; Restemeyer, Diane: Die Bade- und Kuranlage in Bad Colberg in Thüringen, in: Wissenschaftliche Zeitschrift der HAB Weimar, Heft 1–2/1995, S. 1–44.

Kreis Sonneberg

Huth, Friedrich: Walter Buchholz und das Sonneberger Hochhausprojekt, Neue Baukunst 9/1925.
Schwämmlein, Thomas: Zeuge der Wirtschaftsblüte. Das Kresge-Gebäude in Sonneberg, in: Sonneberger Tageblatt, 1. Okt 1991, o. S.
Schwämmlein, Thomas: Er prägte das Stadtbild zu Sonnebergs bester Zeit-Hans Arthur Schoenau sowie: Ein Bummel durch die Sonneberger Architektur, in: Landkreis Sonneberg – Tradition und Zukunft, Jahrbuch 2/1997, S. 192–198.
Stadt Sonneberg (Hrsg.): 650 Jahre Sonneberg, Sonneberg 1999.

Kreis-Saalfeld-Rudolstadt

Dziadek, Otto: Aus der Arbeit des Entwurfsbüros für Industriebau Jena, in: Deutsche Architektur 9/1956, S. 452–454.
Escherich, Mark: Das „Haus des Volkes" in Probstzella von Alfred Arndt und Hermann Klapproth (1926/27), in: Der Architekt 7/1997, S. 400.
Hänel, E.: Das Haus Bergfried bei Saalfeld, in: Die Kunst 58/1928, S. 91.
Kaiser, Josef: Das Kulturhaus der Maxhütte, in: Deutsche Architektur 3/1954, S. 102–107.
Kühne, Max Hans: Haus Bergfried, Saalfeld. Ein Herrenhaus im Herzen Thüringens, Dresden [1929].
Wolfram, Werner: Kreiskrankenhaus in Saalfeld, in: Deutsche Architektur 3/1955, S. 119–121.
[N.N.]: Neubau der Schokoladenfabrik Mauxion in Saalfeld, in: Deutsche Bauzeitung 38/1927, S. 321–327.
Wiesemann, Gabriele: Hanns Hopp 1890–1971. Königsberg, Dresden, Halle, Ost-Berlin. Eine biographische Studie zu moderner Architektur, Schwerin 2000.
Wirth, Hermann: Die Villa Bergfried in Saalfeld und die Architekturströmungen in der ersten Hälfte des 20. Jahrhunderts, in: Wissenschaftliche Zeischrift der HAB Weimar 9/1992, S. 173–179.

Gera

Bortenreuter, Lothar: Die Planung des Zentrums der Stadt Gera, in: Deutsche Architektur 2/1960, S. 63–68.
Dr. Kielstein GmbH (Hrsg.): Projekt Haus Schulenburg Gera, o. O. u. J.
Gensel, N.: Zehngeschossiges Punkthaus in Gera-Bieblach, in: Deutsche Architektur 6/1966, S. 332f.
Klemm, Heinz [u. a.]: Wohnungsbauserie 70: Einführung im VEB (B) Wohnungsbaukombinat Gera, Berlin 1976.
Klopfer, Paul: Industriebau Golde. Architekt B.D.A. Thilo Schoder, in: Monatsschrift für die künstlerische und technische Förderung aller Gebiete industrieller Bauten 3/1923, S. 25–36.
Liebknecht, Kurt; Sachs, Hellmuth: Stand und Entwicklung der Krankenhausbauten in der DDR,

in: Deutsche Architektur 11/1969, S. 648–653.
[N.N.]: Wohnbauten und Läden im Stadtzentrum von Gera, in: Architektur der DDR 5/1978, S. 287–291.
Rat des Bezirkes Gera (Hrsg.): Lied des Lebens. Wandgestaltung im Foyer des Hauses der Kultur Gera, Gera 1983.
Schenke, Angelika; Schenke, Frank; Menchen, Georg: Gera, Leipzig 1987.

Saale-Holzland-Kreis
Verein zur Regionalförderung von Forschung, Innovation und Technologie für die Strukturentwicklung e.V. (Hrsg.): Porzellanfabrik in Kahla. Historischer Abriß, Stadtroda o. J.

Saale-Orla-Kreis
Arbeitsgemeinschaft zur Erforschung der Geschichte Ebersdorfs; Wachter, Günter; Fiedler, Hans: Arbeitshefte zur Erforschung der Geschichte Ebersdorfs, Hefte 1–5, Ebersdorf 1991–1992.
Escherich, Mark: Architektur des 20. Jahrhunderts (31). Siedlung „Am Gruneberg" in Pößneck von Heinrich Tessenow 1922, in: Der Architekt 9/1998, S. 492.
Melle, Ursula: Wer weiß Bescheid in Pößneck, in: Amtsblatt Pößneck 1/1998, S. 12 f.
Melle, Ursula: Wer weiß Bescheid in Pößneck, in: Amtsblatt Pößneck 3/1998, S. 13–15.
Michelis, Marco de: Heinrich Tessenow 1876–1950. Das architektonische Gesamtwerk, Kat. Stuttgart 1991.
Sauer, Friedrich: Verkehrshof Schleiz, in: Deutsche Architektur 7/1959, S. 378–379.

Kreis Greiz
Hüfner, Hugo: Die deutsche Stadt. Greiz, Berlin; Leipzig; Wien 1929.
Junghanns, Kurt: Das Haus für alle. Zur Geschichte der Vorfertigung in Deutschland, Berlin 1994.
Körber, Martin: Ein Rundwohnhaus, in: Bauwelt 27/1926, S. 631.
Landratsamt Greiz Hrsg.): Denkmalpflege und Denkmalschutz im Landkreis Greiz, Greiz 1996.
Lonitz, Werner: 16-Klassen-Grundschule in Ronneburg, in: Architektur der DDR 2/1957, S. 68–71.
Lonitz, Werner: Nachtsanatorium in Berga/Elster, in: Deutsche Architektur 3/1957, S. 135–137.
[N.N.]: Das grosszügige Wohnungsbauprogramm..., in: Weidaer Zeitung 14. Februar 1927, o. S.

Kreis Altenburger Land
[Bartsch, Hermann]: Hermann Bartsch, Berlin; Leipzig; Wien 1931.
Die Gemeinde Nobitz (Hrsg.): Ein Streifzug durch Historie und Gegenwart, Altenburg 1997.
Geißler, Wolfgang: Erweiterung der Bergarbeiterstadt Lucka, in: Deutsche Architektur 12/1959, S. 655–662.
Heidrich, Hugo: Die deutsche Stadt. Altenburg in Thüringen, Berlin; Leipzig; Wien 1930.
Heidrich, Werner: Zur Stadterneuerung von Altenburg. Probleme der Werterhaltung und Modernisierung der Altbausubstanz in der Stadt Altenburg, in: Deutsche Architektur 3/1973, S. 160–164.
Meisel, Ingrid: Wohnungsbau in Altenburg, in: Deutsche Architektur 3/1982, S. 162–165.
[N.N.]: Bebauung des Lerchenberges in Altenburg, in: Deutsche Architektur 5/1959, S. 254–256.
Schatz, Horst: Zur Stadterneuerung von Altenburg. Zur Baudurchführung in der Altstadt Altenburgs, in: Deutsche Architektur 3/1973, S. 165.
Thüringisches Landesamt für Denkmalpflege (Hrsg.): Zuckerraffinerie Rositz. Zur Industrie- und Kulturgeschichte, Bad Homburg 1996.
Trommer, J.: Die neue Volksschule in Meuselwitz, in: Sachsen-Altenburgischer vaterländischer Geschichts- und Heimatkalender, Altenburg 1931, S. 138–140.

Quellen, die nicht gesondert aufgeführt werden, wurden von folgenden Ämtern, Archiven, Behörden oder Privatpersonen zur Verfügung gestellt

Archiv der Bauhaus-Universität Weimar
Archiv der Predigergemeinde Erfurt
Baudezernat Stadt Suhl
Bauordnungsamt Erfurt
Bistumsarchiv des Bistums Erfurt, Bischöfliches Ordinariat
Firmenarchiv Neufert-Mittmann-Graf, Planungs- AG für Bauwesen
Gemeindeverwaltung Breitungen, Bauamt
Kreisarchive: Landkreis Eichsfeld (Heiligenstadt), Gotha, Meiningen, Sömmerda
Landratsamt Gotha, Bauamt
Privatarchive : Rudolf Lucas (Heiligenstadt), Werner Keyl (Celle), Christian Schädlich (Weimar), Cornelius Steckner (Köln), Joachim Stahr (Weimar)
Stadtarchive: Bleicherode, Eisenach, Meuselwitz, Mühlhausen, Sömmerda, Sonneberg, Triebes, Zella-Mehlis
Stadtbauämter: Berga, Hermsdorf, Ilmenau, Pößneck, Ronneburg, Ruhla, Zeulenroda
Stadtplanungsamt Eisenach
Stadtverwaltungen: Erfurt, Hirschberg, Lobenstein, Nordhausen, Suhl
Thüringisches Landesamt für Denkmalpflege (Erfurt)
Untere Denkmalschutzbehörden des Landes Thüringen
Verwaltungs- und Stadtarchiv Erfurt
Verwaltungsgemeinschaft Hermsdorf

sowie: Unterlagen von Architekten/Architekturbüros im Zusammenhang mit den aufgeführten Objekten

Bildnachweise

Albold, Bärbel: Sömmerda. Kleinstadt und Industriestandort 1890–1930, Erfurt 1998: 233
Architekten 4a: 54
Architekten RSE: 377
Architektur der DDR 1/1976: 356
Architektur der DDR 2/1957: 396
Architektur der DDR 2/1989: 243
Architektur der DDR 5/1978: 354
Architektur der DDR 10/1971: 84
Architektur der DDR 10/1981: 110
Architekturbüro AV 1: 173
Architekturbüro Braun & Voigt: 163
Architekturbüro Gruber und Bollwahn: 164
Bach, Claus: 193
Bauwelt 1/1930: 125
Bauwelt 2/1930: 17
Bauwelt 6/1940: 19
Bauwelt 22/1938: 224
Bauwelt 37/1930: 16, 129, 132
Bauwelt 40/1997: 80
Bauwelt 44/1999: 192
bda 16, Bezirksgruppe Erfurt, Informationsblatt 2/1983: 185
Bild- und Planarchiv der Bauhaus-Universität: 172, 175, 177, 180, 181, 182, 207, 208, 209, 216
Brandler, Gotthard [u.a.]: Architekturführer DDR. Bezirk Gera, Berlin 1981: 19
Bredow, J; Lerch, H.: Otto Bartning. Materialien zum Werk des Architekten, Darmstadt 1983: 249
Clemens, Alex: 165
Dallmann, Elke: 190, 206, 208, 212–215, 217, 350–353, 355, 357
Dallmann, Wilfried: 175, 179, 180, 183, 186, 188, 225
Deutsche Architektur 1/1964: 287
Deutsche Architektur 1/1973: 89
Deutsche Architektur 2/1957: 114
Deutsche Architektur 3/1954: 343
Deutsche Architektur 3/1955: 226, 338
Deutsche Architektur 3/1977: 158
Deutsche Architektur 5/1960: 23
Deutsche Architektur 5/1964: 265
Deutsche Architektur 6/1956: 356
Deutsche Architektur 7/1956: 250, 351
Deutsche Architektur 7/1963: 252
Deutsche Architektur 7/1968: 154
Deutsche Architektur 8/1960: 214
Deutsche Architektur 8/1969: 24
Deutsche Architektur 9/1956: 341
Deutsche Architektur 10/1969: 157
Deutsche Architektur 10/1970: 290
Deutsche Architektur 11/ 1968: 301
Deutsche Architektur, 1965, S. 346: 111
Deutsche Bauakademie (Hrsg.): Architektur der DDR, Berlin ^{2}1980: 25, 26, 152
Deutsche Bauzeitung 28-29 /1928: 123, 124
Deutsche Bauzeitung 38/1927: 337
Deutsche Bauzeitung 73/1929: 146
Deutsche Bauzeitung 99-100/1930: 133
Die Kunst 58/1928: 336
Dr. Kielstein GmbH (Hrsg.): Projekt Haus Schulenburg Gera, o. O. u. J.: 12
Eisele, Bernhard: 107
Escherich, Mark: 15, 98, 100-106, 109, 113, 115, 120, 121, 126, 128, 131, 134, 136–139, 142, 143, 145, 147–151, 153, 155–157, 159, 160, 162, 165, 166, 167, 232–235, 298–301
Escherich, Mark: Aspekte der Architektur der 1920er Jahre in Erfurt, Erfurt 1999: 127
Fachhochschule Erfurt, Fachbereich Architektur: 139, 150, 155, 157, 161
Fehr, Carla: 43–53, 60–64, 66–71, 217, 364, 370–381, 400
Fiedermann, A.; Hess, T.: Das Konzentrationslager Mittelbau Dora. Ein historischer Abriß, Berlin 1993: 253
Forster und Partner: 263, 265
Gruber, Rolf [u. a.]: apropos architektouren... thüringen 1998, Erfurt 1998: 164
Henselmann, Hermann: Gedanken, Ideen, Bauten, Projekte, Berlin 1978: 21, 25, 215
Historisches Bildarchiv Peter Stössel, Greiz: 389
Hubrich, Hannes; Korrek, Norbert; Beier, Michael: apropos architektouren... thüringen 2000, Erfurt 2000: 166, 217
Hüfner, Hugo: Die deutsche Stadt. Greiz, Berlin; Leipzig; Wien 1929: 386
Hüter, Karl-Heinz [u. a.]: Architekturführer DDR. Bezirk Erfurt, Berlin 1979: 137
IFB Braschel GmbH, Janzer, Wolfram: 202–205
Infra Plan GmbH: 318
Junker, Jörg-Michael (Hrsg.): Nordhausen zwischen Trümmerbahn und Stadtterrasse. Die Zeit der späten vierziger bis frühen sechziger Jahre, Horb am Neckar 1996: 22
K. u. P. Ackermann und Partner 293
Kammerer und Belz, Kucher und Partner: 82, 85
Kauffmann, Theilig & Partner: 313
[Kellner, Theo; Hinssen, Felix Hinz]: Aus dem Gemeinsamen Schaffen Theo Kellner und Felix H. Hinssen, Berlin, Leipzig, Wien 1930: 128
Koch, Robert und Pook, Eberhard (Hrsg.): Karl Schneider. Leben und Werk (1892–1945), Hamburg 1992: 130
Kohlhoff und Timmermann: 83
Köllner, Lothar (Ortschronist Ruhla): 66, 67
Kreisarchiv Arnstadt: 299
Kreisarchiv im Landratsamt Landkreis Eichsfeld, Heiligenstadt: 260
Kreisarchiv Meiningen: 76–78
Kühne Max H.: Haus Bergfried, Saalfeld. Ein Herrenhaus im Herzen Thüringens, Dresden [1929]: 336
Lang, Günter: 316, 317
Lom, Walter van: 81
Meier-Scupin und Petzet: 264
Mendelsohn, Erich: Das Gesamtschaffen des Architekten, Berlin 1930: 16
Müller-Wulkow, Walter: Deutsche Baukunst der Gegenwart, Königstein im Taunus, Leipzig 1929: 14
Museen der Stadt Erfurt (Hrsg.): Hans Walther, Kat. Erfurt 1986: 122
Nachlass Neuland, Gotha: 99
Neufert, Ernst: Bauentwurfslehre, Berlin ^{3}1936: 210, 211
Nicolic und Partner: 306
Ostermeyer, Stefan: 29
Planungsgruppe Stieldorf, G. Hornschuh: 279
Privatarchiv Joachim Stahr: 240
Privatunterlagen Raab, Ilmenau: 303
Rat der Stadt Erfurt (Hrsg.): Erfurt, Weimar 1960: 147, 148

Rat der Stadt Sömmerda (Hrsg.): Sömmerda. Eine Stadt im Sozialismus, Sömmerda 1985: 234
Rat des Bezirkes (Hrsg.): Grundlinie der Städtebaulich architektonischen Entwicklung des Bezirkes Erfurt, Erfurt o. J.: 108
Rat des Kreises Gotha (Hrsg.): Denkmale des Kreises Gotha, Gotha: 1989: 112
Rehb, Marion: 122
Privatbesitz Fr. Meinhardt, Meuselwitz: 413
Rüdiger, Ulrike (Hrsg.): Thilo Schoder. Architektur und Design. 1888-1979, Kat. Jena 1997: 176, 315, 349, 352, 362, 374, 394
Schädlich, Christian: 182
Schäfer, Ernst; Strobel, Walter: Erfurt, Leipzig 1966: 142, 144
Schirmer, Wulf (Hrsg.): Egon Eiermann 1904–1970. Bauten und Projekte, Stuttgart 1988: 225
Schmitz, Karl-Heinz: 193
Seliger + Vogels: 65
Speer, Albert (Hrsg.): Neue deutsche Baukunst, Amsterdam; Berlin; Wien 1943: 218
Stadtarchiv Meiningen: 303
Stadtarchiv Mühlhausen: 274–27
Stadtarchiv Sonneberg: 326, 328, 329
Stadtarchiv Suhl: 284
Stadtarchiv Zella-Mehlis: 91
Stadtbauamt Eisenach: 42
Stadtbauamt Pössneck: 381
Stadtgeschichtsmuseum Arnstadt: 298
Stadtverwaltung Zella-Mehlis (Hrsg.): Das Rathaus unserer Stadt, Zella-Mehlis 1995: 90
Stamm-Teske, Walter: 191
Stiftung Archiv der Akademie der Künste Berlin, Thilo-Schoder-Archiv: 12
[Thilo Schoder]: Thilo Schoder, Berlin [u. a.] 1929: 349, 357
Thüringisches Landesamt für Denkmalpflege Erfurt: 131, 140, 141
Vereinigung der Landesdenkmalpfleger in der BRD (Hrsg.): Historische Theater in Deutschland. Östliche Bundesländer, Bd. 2, Erfurt 1994: 286
Verwaltungs- und Stadtarchiv Erfurt: 127, 133
Voigt, Friedrich: Staatlicher Bauwille in Thüringen 1932–1937, Weimar 1938: 18
Wahl, Beate: 20, 362, 363, 365, 387–400, 406–416
Wasmuths Monatshefte für Baukunst 15/1931: 196
Weckherlin, Gernot: 207, 210, 211, 215, 216, 224, 226, 227, 337–343, 353, 354
Werk und Kunst 1/1930: 122, 127
Wiegand, Fritz: Das Rathaus zu Erfurt, Erfurt 1961: 135
Wieler, Ulrich: 27, 28, 76–82, 85–92, 240–243, 248–255, 260–264, 266, 272–279, 284–293, 302–306, 312, 314, 316–321, 326–331
Winkler, K.-J.; Oschmann, G.: Das Gropiuszimmer. Geschichte und Rekonstruktion des Direktorenarbeitsraumes am Staatlichen Bauhaus in Weimar 1923/24, Weimar 1999: 173
Wissenschaftliche Zeitschrift der HAB Weimar 1/1963: 240
Zimmermann, G.; Brauns, J. (Hrsg.): KulturStadt Bauen. Eine architektonische Wanderung durch Weimar – Kulturstadt Europas 1999, Kat. Weimar 1997: 174, 195
Zimmermann, G.; Wolf, C. (Hrsg.): Vergegenständlichte Erinnerung. Über Relikte der NS-Architektur, Weimar 1999: 18

Autoren

Elke Dallmann
    Kreis Altenburger Land
    Kreis Greiz

Mark Escherich
    Einführung 1919–45
    Erfurt
    Nördlicher Ilmkreis
    Kreis Gotha
    Kreis Sömmerda

Carla Fehr
    Eisenach
    Saale-Holzland-Kreis
    Saale-Orla-Kreis
    Wartburgkreis

Beate Wahl
    Kreis Altenburger Land
    Kreis Greiz

Gernot Weckherlin
    Gera
    Jena
    Kreis Saalfeld-Rudolstadt
    Weimar
    Weimarer Land

Ulrich Wieler
    Einführung 1945–2000
    Eichsfeldkreis
    Südlicher Ilmkreis
    Kreis Hildburghausen
    Kyffhäuserkreis
    Kreis Nordhausen
    Kreis Sonneberg
    Suhl
    Unstrut-Hainich-Kreis

Studentische Mitarbeiter
    Jana Scheibner
    Robert Wegener